비전으로
인생을
연주하라!

모든 인간은 하나님의 형상을
닮은 존엄한 존재입니다. 전 세
계의 모든 사람들은 인종, 민족, 피부색,
문화, 언어에 관계없이 존귀합니다. 예영
커뮤니케이션은 이러한 정신에 근거해
모든 인간이 존귀한 삶을 사는 데 필요한
지식과 문화를 예수 그리스도의 사랑으
로 보급함으로써 우리가 속한 사회에 기
여하고자 합니다.

비전으로
인생을 연주하라

찍은날 · 2009년 6월 12일 (초판 1쇄)
펴낸날 · 2009년 6월 18일
지은이 · 김성중
펴낸이 · 김승태
등록번호 · 제2-1349호(1992. 3. 31)
펴낸 곳 · 예영커뮤니케이션
주소 · (136-825) 서울시 성북구 성북1동 179-56
홈페이지 www.jeyoung.com

출판사업부 ·
T: (02)766-8931 / F: (02)766-8934
E-mail: edit1@jeyoung.com
출판유통사업부 ·
T: (02)766-7912 / F: (02)766-8934
E-mail: sales@jeyoung.com

copyright©2009, 김성중
ISBN 978-89-8350-522-4

*잘못 만들어진 책은 교환해 드립니다.

값 12,000원

영드림빌더 ③

VISION FOR THE YOUTH

비전으로 인생을 연주하라!

김성중 지음

예영커뮤니케이션

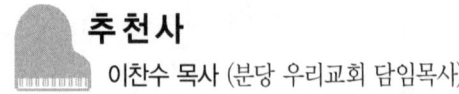

추천사
이찬수 목사 (분당 우리교회 담임목사)

　비전은 열정을 낳고, 열정은 열심을 낳고, 열심은 희망을 낳고, 희망은 행복을 낳습니다.

　믿는자들의 삶에서 가장 필요한 단어는 바로 '비전' 입니다. 비전 있는 자는 진실한 열정이 있습니다. 비전 있는 자는 시간을 낭비하지 않고, 최선을 다해 열심히 살아갑니다. 비전 있는 자는 삶의 긍정성을 품으며, 희망찬 미래를 바라봅니다. 비전 있는 자는 하나님께서 주신 인생의 시간 속에서 행복을 느낍니다.

　하나님을 만나고, 하나님께 헌신하고, 하나님을 통한 비전을 품으며, 그 비전을 이루기 위해 도전하는 삶을 살아간다면, 그것보다 더 이상적인 믿는자들의 삶은 없을 것입니다.

　성경 속에서 하나님께 쓰임 받은 자들이 가지고 있는 공통점이 있습니다. 그것은 바로 하나님께서 주신 비전을 바라보고, 비전에 의해 움직이는 삶을 살았다는 것입니다. 지금도 마찬가지입니다. 하나님께서는 비전 있는 사람을 찾으십니다. 순수한 열정을 가지고, 자신의 삶을 하나님의 비전을 위해 온전히 바치는 사람을 찾으십니다. 비전이 있기에 삶의 모든 고난과 어려움을 이겨 나갈 수 있는 강인한 사람을 찾으십니다.

　이 책은 하나님의 사람 모세의 탄생부터 소명을 받는 장면까지를 살펴보면서 어떻게 하면 비전 있는 인생이 될 수 있는지를 가르쳐 줍니다. 하나님께서 기뻐하시는 삶이란 어떤 것인지를 제시해 줍니다. 하나님께 귀하게 쓰임받기 위해서는 어떻게 해야 하는지를 알려 줍니다.

　이 책의 저자 김성중 목사님은 젊은이들을 진심으로 사랑하는 젊은 목사님입니다. 하나님의 비전을 바라보며, 비전에 의해 움직이려고 노력하는 요셉과 같은 사람입니다. 순수한 열정으로 하나님께 기쁨을 드리고자 헌신하는 다윗과 같은 사람입니다. 이 세상 가운데서 선한 영향력을 발휘하고자 애쓰는 모세와 같은 사람입니다.

이 책을 통해 하나님을 향한 순수한 열정과 비전있는 삶으로 나아가기 위한 김목사님의 도전이 여러분의 열정과 도전으로 자리잡기를 간절히 소망합니다. 현실에 안주하며, 하나님께서 주신 특별한 하루를 의미없는 하루로 보내고 있는 모든 신앙인들에게 이 책은 큰 도전을 주는 아주 유익한 비전 지침서가 되리라 확신합니다.

추천사

장경철 교수 (서울여자대학교 기독교학과 교수)

때로 우리의 삶이 힘겹게 되는 까닭은 어디에 있을까요? 그것은 자신의 삶에 대한 구체적인 목적과 사명을 발견하지 못했기 때문일 것입니다. 육신적으로 힘들고 경제적으로 어려운 것보다 더욱 우리를 힘들게 하는 것은 나의 삶이 불확실하다는 것입니다.

청년의 때는 불확실성과 동거하는 시대일 것입니다. 청년들에게는 많은 것들이 확실하지 않습니다. "내가 이렇게 준비를 한다면, 나의 앞길이 열릴 수 있을까? 내가 걷는 이 길이 나에게 맞는 길일까? 혹시 시간이 지난 후에 잘못된 길로 판명될 길을 내가 걷고 있는 것은 아닐까?" 이러한 물음들이 끊임없이 우리를 괴롭힙니다.

김성중 목사님의 책은 불확실함 가운데 고민하는 청년들을 향한 메시지가 담겨있는 책입니다. 이 책에는 이스라엘의 지도자였던 모세의 삶에 대한 분석이 있고, 청년들에게 필요한 인생의 원리가 담겨 있습니다. 김성중 목사님은 청년들과 함께 어울리면서 목회를 하는 분입니다. 그에게는 청년들을 향한 사랑이 있고 비전이 있습니다.

이 책에는 청년들이 비전을 품고 나아가는 데 도움이 되는 다양한 사례들이 담겨 있습니다. 저자는 비전에 대해서 추상적인 권면을 하는 것에 그치지 않습니다. 이 책에는 자신의 분야에서 비전을 찾아서 그 비전을 이루어 나갔던 사람들의 다양한 실례들이 담겨 있습니다. 현재의 불확실함을 넘어서 자신의 인생길을 개척해 나가기를 꿈꾸는 젊은이들에게 김성중 목사님의 책이 큰 도움이 될 것을 확신합니다.

VISION FOR YOU...

믿음이 없이는
하나님을 기쁘시게 하지 못하나니
하나님께 나아가는 자는
반드시 그가 계신 것과
또한 그가 자기를 찾는 자들에게
상 주시는 이심을 믿어야 할지니라
(히브리서 11장 6절)

CONTENTS 차 례

비전으로
인생을
연주하라!

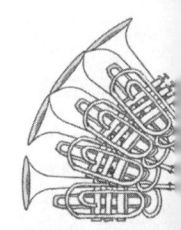

VISION

CONTENTS

이스라엘 사람들이 가장 좋아하고, 존경하는 인물은 바로 모세입니다. 모세는 이스라엘 민족을 이집트의 손에서 해방시키고, 가나안 땅으로 인도해낸 위대한 정치적 지도자였고, 구약성경의 창세기, 출애굽기, 레위기, 민수기, 신명기를 쓰고, 하나님의 율법을 이스라엘 백성들에게 알려준 종교적 지도자였습니다. 모세가 이스라엘 역사에 있어서 빛나는 일들을 감당할 수 있었던 이유는 그가 하나님의 비전을 받고, 그 비전대로 살았기 때문입니다. 하나님께서 모세를 통해 이루고자 하는 비전들을 모세가 발견하고, 그 비전에 순종하는 삶을 살았기 때문입니다.

우리 인생의 과제는 하나님께서 나를 통해 이루고자 하시는 일, 이것이 바로 비전인데, 그 비전을 발견하고, 비전을 이루고자 부단히 노력하는 것입니다. 비전 따라 사는 인생이 잘 사는 인생입니다. 그러나 우리는 안타깝게도 욕심을 따라 살아갑니다. 하나님께서 주시는 비전과는 상관없는 일들을 하고, 오직 돈과 명예와 권력을 얻기 위해 열심히 살아갑니다. 젊은이들 내면속에 비전은 없고, 세상적인 욕심만 가득 차 있습니다. 욕심 따라 살아가는 인생은 아무리 돈을 많이 벌고, 아무리 높은 위치에 올라가도, 허무할 수밖에 없고, 신앙적인 차원에서는 아무 의미도 지닐 수 없는 것입니다. 따라서 하나님께서 보시기에 잘 사는 인생은 개인적인 욕심을 따라 사는 인생이 아닌, 오직 하나님의 비전을 따라 사는 인생인 것입니다.

하나님께서 원하시는 비전을 찾고, 비전을 향해 달려갔던 위대한 성경의 인물 모세의 일생을 살펴보면서 모세와 같이 하나님께 크게 쓰임받고, 하나님의 나라 확장을 위해 헌신하는, 비전있는 파워 크리스천, 비전있는 젊은이들이 되기 위한 노하우를 발견하기를 바랍니다.

솔로몬 왕은 전도서 11장 9~10절에서 청년들에게 다음과 같이 경고합니다.

청년이여 네 어린 때를 즐거워하며 네 청년의 날들을 마음에 기뻐하여 마음에 원하는 길들과 네 눈이 보는 대로 행하라. 그러나 하나님이 이 모든 일로 말미암아 너를 심판하실 줄 알라.

그리고, 전도서 12장 1, 2절에서 청년들에게 다음과 같이 권면합니다.

너는 청년의 때에 너의 창조주를 기억하라. 곧 곤고한 날이 이르기 전에, 나는 아무 낙이 없다고 할 해들이 가깝기 전에 해와 빛과 달과 별들이 어둡기 전에, 비 뒤에 구름이 다시 일어나기 전에 그리하라.

젊은이의 때는 뭐든지 할 수 있는 가능성의 때입니다. 젊은이의 때는 어떠한 것이든지 도전할 수 있는 기회의 때입니다. 젊은이의 때는 힘이 넘치는 열정의 때입니다. 이때, 하나님께서 주신 시간을 아끼며, 하나님의 비전을 찾아야 합니다. 세상적인 것에 빠져서 내 멋대로, 내 눈이 보기에 좋은 대로 마음대로 살아서는 안 됩니다. 하나님의 눈으로 세상을 보아야 합니다. 젊은이 때의 시간을 아끼며, 하나님의 비전을 품고 달려 나가야 합니다. 시편 110편 3절에서 다윗은 다음과 같이 말하고 있습니다.

주의 권능의 날에 주의 백성이 거룩한 옷을 입고 즐거이 헌신하니 새벽 이슬 같은 주의 청년들이 주께 나오는도다.

사랑하는 젊은이들이여! 젊을 때에 주님께 즐거이 헌신합시다! 하나님께서 나에게 주시는 비전을 품고, 주님의 영광을 위해 헌신의 삶을 살아갑시다! 새벽이슬과 같은 신선한, 때 묻지 않은, 세상과 구별되는 삶을 살아갑시다!

젊은이 때에 이루어야 할 인생의 과제는 비전을 발견하고, 비전을 품으며,

비전을 성취하는 사람이 되기 위해 준비하는 것입니다. 그래야 비전있는 사람이 될 수 있습니다. 하나님께서 주신 한 번밖에 없는 인생을 잘 살 수 있는 가능성이 있는 사람이 되는 것입니다.

비전은 라틴어에서 온 말인데, "본다"라는 뜻을 가지고 있습니다. 우리가 잘 보는 장난감을 뭐라고 하지요? 텔레비전이라고 하지요? 텔레비전의 뜻은 "멀리 본다"라는 뜻을 가지고 있습니다. 여기서 쓰는 그 "비전"이 우리가 교회에서 많이 듣는 "비전"이라는 용어랍니다.

그럼, 이런 질문을 던질 수 있겠지요? 그것은 "보는데 무엇을 볼 것인가?" 입니다. 무엇을 보는 것이지요? 하나님께서 원하시는 뜻을 보는 것입니다. 이것이 기독교에서 말하는 "비전"입니다. 나를 통해 이루기 원하신지 하나님의 뜻, 하나님의 목적을 보는 것이 바로 비전을 발견하는 것입니다. 내가 어떤 사람이 되기를 원하시는지 하나님의 뜻을 알아보는 것이 바로 비전을 품는 것입니다.

이 책의 목적은 젊은이들에게 비전의 중요성을 일깨워 주려는 것입니다. 그리고, 젊은이의 때에 하나님께서 각자에게 주시는 비전을 발견하고, 그 비전을 품고, 그 비전을 향해 달려가게끔 동기부여를 해 주려는 것입니다.

성경을 보면, 하나님의 비전을 발견하고, 비전을 성취했던 비전있는 인물들이 많이 나옵니다. 그 중에서 모세만큼 하나님으로부터 큰 비전을 받고, 그 비전을 성취한 인물은 없다고 보여집니다. 다시 반복하지만, 모세는 남자 장정만 60만명이 되는, 여자와 아이까지 합치면 대략 200만명이나 되는 이스라엘 민족들을 데리고 출애굽의 역사를 이루었던 위대한 성경의 인물입니다. 하나님의 구원을 역사적으로 보여준 위대한 하나님의 도구이자, 하나님의 종이었습니다. 지금도 이스라엘 사람들이 가장 존경하는 위대한 인물입니다.

사랑하는 젊은이들이여! 출애굽기 1~4장에서 나온 모세의 탄생부터 모세가 소명을 받는 장면까지를 살펴보면서 하나님께서 당신의 택하신 자녀를 인도하시는 과정을 알아봅시다. 하나님께서 당신의 택하신 자녀에게 비전을 주시고, 비전을 성취하게끔 동기부여해 주시는 과정을 알아봅시다!

야고보서 1장 17절에 보면, 하나님은 변함도 없으시고, 회전하는 그림자도 없으신 분이십니다. 히브리서 13장 8절에 보면, 예수 그리스도는 어제나 오늘이나 영원토록 동일하신 분이십니다. 모세를 택하시고, 모세에게 비전을 주신 그 하나님께서 동일하게 우리를 택하시고, 우리에게 비전을 주십니다. 모세에게 비전을 주시며 이끄시는 과정이 우리 삶의 과정이 될 수 있습니다.

저는 30대 초반의 젊은 목사입니다. 저는 피끓는 젊음을 가지고 하나님의 비전을 추구하는 사람이 되고 싶습니다. 저는 비전의 열정으로 하루하루를 성실하게 사는 사람이 되고 싶습니다. 저는 시중에 나온 책 제목처럼 비전으로 심장을 뛰게 만드는 사람이 되고 싶습니다.

마찬가지로 이 책을 읽는 모든 사람들이 하나님을 바라보며, 하나님의 비전을 소유하며, 그 비전에 의해 움직이는 사람들이 되기를 간절히 소망합니다.

나이가 적다고 젊은이가 아닙니다. 반대로 나이가 많다고 젊은이가 될 수 없는 것이 아닙니다. 하나님의 시간 관념에서 물리적인 시간은 중요한 것이 아닙니다. 아브라함이 하나님의 부르심을 받았을 때의 나이는 칠십오 세였습니다. 모세가 하나님께서 명령하신 비전을 받았을 때의 나이는 팔십 세였습니다. "이 산지를 내게 주소서." 찬양의 주인공 갈렙이 자신의 꿈인 헤브론 땅을 차지할 때의 나이는 팔십 오세였습니다.

예전에 유행했던 모 회사의 광고문구처럼 나이는 숫자에 불과한 것입니다.

그럼, 하나님의 관점에서 누가 젊은이입니까?

바로 하나님의 비전을 가지고, 비전에 의해 살아가는 사람입니다. 비전의 열정에 의해 움직이고, 일하는 사람입니다. 비전을 품고 하루하루 최선을 다해 살아가는 사람입니다.

모세와 같은 비전의 사람이 됩시다! 열정의 사람이 됩시다! 비전을 품으며 하나님의 영광을 위해 죽도록 충성하는 사람이 됩시다! 비전 때문에 포기할 줄도 모르고, 좌절할 줄도 모르는 파워 크리스찬이 됩시다! 우리는 크리스천이라는 명품 브랜드를 소유한 사람들입니다. 세상 그 무엇과도 바꿀 수 없는 이 브랜드를 드높이는 귀한 인생들이 됩시다! 이러한 소망을 품고 이 책을 썼습니다. 이 책이 여러분 속에 잠자고 있는 비전을 깨우는 자명종 시계와 같은 역할을 하기를 간절히 기도합니다.

고마움을 통해 인생은 풍요해진다고 본 회퍼 목사님은 말씀하셨습니다. 이 책을 내면서 고맙고 감사한 분들이 제 인생에서 너무나 많이 있음을 발견하며, 행복함과 풍요함을 느낍니다.

먼저 이 책을 계획하고 쓸 수 있게 해 주신 지혜와 능력의 하나님께 감사를 드립니다. 그리고 이 책이 빛을 볼 수 있게 해 주신 예영 커뮤니케이션 김승태 사장님과 직원들께 진심으로 감사를 드립니다. 아울러 부족한 종을 인정해 주고 사랑해준 이촌동교회, 동안교회 청소년부 모든 제자들과 선생님들, 동역자들, 공군 금성교회, 공군 갈보리교회, 여주 평화교회 교인들, 군대 제자들에게 감사의 인사를 전하고 싶습니다. 여러분들은 제 가슴 속에 평생토록 남아 있을 것입니다. 그리고 버팀목이 되어 주시는 할아버지와 저의 영적 스승이신 아버지 김용민 목사님과 어머니, 누나, Exodus 친구들, 군목 동기들에게 감사하다는 인사를 전하고 싶습니다. 그리고, 제 인생에 비전의 동반자가 되어 준 사랑하는 부인 이수경 님에게도 고마움의 인사를 전하고 싶습니다. 당신을 사랑합니다.

마지막으로 제 심장을 빨리 뛰게 하시고, 언제나 제 영혼을 전율케 만드시는 나의 소망 하나님께 이 책을 바칩니다.

2009년 5월

비전의 사람 김성중 목사

VISION

1부

젊은이를 위한
비전 멜로디

우리의 믿음뿐만 아니라
우리의 인격, 작은 만남 등
삶에 있어서 말씀을 통해
하나님으로부터 받는 영적인 축복과
하나님을 향한 우리의 자세가
비전과 어떤 관계에 있는지 살펴본다.

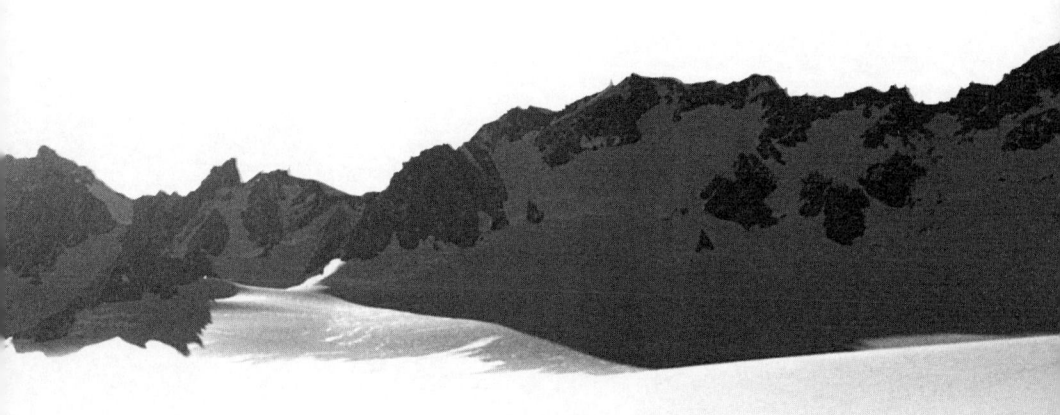

비젼과 믿음

(출애굽기 1장 1절~2장 10절)

　창세기에서 하나님께서는 만물을 창조하시고, 역사를 시작하게 하셨습니다. 그리고 하나님께서는 한 사람을 택하셔서 인간 역사를 이끌고 나가십니다. 그 사람의 이름이 바로 아브라함입니다. 믿음의 조상 아브라함, 그리고 그 아들 이삭, 그 아들 야곱을 통해서 믿음의 역사가 이어져 내려갑니다. 그리고 야곱의 아들 요셉을 하나님께서 크게 사용하셔서 이집트의 총리가 되게 하십니다. 요셉으로 말미암아 야곱의 가족들이 모두 이집트로 이주하게 됩니다. 이집트의 좋은 땅에서 살게 되는 축복을 누리게 됩니다. 출애굽기 1장 5절에 보면, 이집트로 이주한 야곱의 가족들은 모두 70명이었습니다. 이집트에서 야곱의 가족들 즉, 이스라엘 백성들은 번성하고 매우 강하여 온 땅에 가득하게 됩니다. 이스라엘 백성들이 이집트에 거주한 지 400년이 넘자 요셉을 알지 못하는 새 왕이 이집트를 다스렸습니다. 이집트 왕 바로는 자신의 민족보다 이스라엘 백성들이 많아지고, 힘이 생기는 것을 보자 두려워서 이스라엘 백성들을 노예로 만들어 버립니다. 이스라엘 백성들은 이집트 사람들의 종이 되어 국고성 비돔과 라암셋을 건축합니다.

이집트의 바로 왕은 이스라엘 백성들을 노예로 만들었을 뿐만 아니라, 더무서운 정책을 시행했습니다. 그것은 이스라엘 백성들의 씨를 말려 버리려고,새로 태어나는 아기 중에 남자 아기는 나일 강에 던져서 죽게 하는 정책이었습니다. 이 절체절명의 위기 속에서 레위 가족 중에 한 아기가 태어났습니다.바로 왕의 명령이 있기 때문에 부모는 그 아기를 나일강에 던져서 죽게 해야합니다. 그러나 부모는 그 아이를 너무 사랑해서 석달 동안 숨겨서 키웠습니다. 그러나 더 이상 숨길 수 없게 되자, 그 아이를 위하여 갈대상자를 가져다가 역청과 나무 진을 칠하고 아이를 거기에 담아 나일 강에 띄웠습니다. 그리고 아이의 누이로 하여금 그 갈대상자를 지켜보게 하였습니다. 그 갈대상자는 물에 둥둥 떠서 한참을 내려갔습니다. 아이의 누이는 갈대상자가 뒤집어지지는 않을까 걱정하면서 계속 갈대상자를 지켜보며 따라갔습니다.

그 시각 바로의 딸이 목욕하러 나일 강으로 내려오고, 시녀들은 나일 강 가를 거닐고 있었습니다. 바로의 딸이 떠내려 오는 갈대상자를 보고, 시녀들을시켜 그 갈대상자를 가지고 오게 합니다. 그 갈대상자를 열어 보니 아이가 울고 있었습니다. 바로의 딸은 그 아이가 히브리 사람임을 알았습니다. 그 때 숨죽여 뒤따라 오던 아이의 누이가 용기를 가지고, 바로의 딸에게 나타나서 인사하고, 번뜩이는 지혜를 가지고 이 아이를 키울 만한 히브리 여인을 데려오겠다고 말했습니다. 그리고 이 누이는 자신의 어머니, 즉, 아이의 친어머니를 데려왔습니다. 9절에 보면 바로의 딸이 아이의 친어머니에게 이렇게 말합니다.

이 아기를 데려다가 나를 위하여 젖을 먹이라. 내가 그 삯을 주리라. 여인이 아기
를 데려다가 젖을 먹이더니

아이를 떠나보내고 모든 삶의 의욕과 희망을 잃고, 삶을 포기하고 있던 아이의 어머니는 졸지에 바로의 딸의 시녀가 되었고, 다시 아이도 키울 수 있게되었으며, 돈도 받을 수 있었던 것입니다. 교육학자들에 의하면 가장 중요한

교육은 취학 이전 교육이라고 합니다. 심리학자들도 첫 번째로 만나고 교제하는 대상관계에 의해서 성격이 결정되고, 가치관이 형성된다고 말합니다. 이 아이는 죽을 수밖에 없었으나, 하나님의 놀라운 은혜와 인도하심으로 말미암아 살게 되었고, 기적과 같은 역사로 친어머니 밑에서 어린 시절을 보내게 되었습니다.

친어머니는 이 아이를 키우면서 자신이 진짜 어머니임을 밝혔을 것입니다. 그리고 자신이 이스라엘 백성이고, 지금 이스라엘 백성들은 이집트 백성들에 의해 억눌려서 살고 있다는, 가슴 아픈 민족의 현실도 교육받았을 것입니다. 그 뿐만이 아니라, 신앙교육도 받아서 살아계신 하나님을 알게 되었을 것입니다.

친어머니는 아들을 신앙 안에서 잘 양육했습니다. 이집트 사람이 아니고, 이스라엘 사람이라는 정체성을 형성시켜 주었습니다. 아이가 잘 자란 후 친어머니는 아이를 데리고 바로의 딸에게 갔습니다. 바로의 딸은 잘 자란 아이를 자신의 아들로 받아들이고, 그의 이름을 지었습니다. 그의 이름은 바로 "모세"였습니다. 모세라는 이름의 뜻은 바로 "물에서 건져내었다"라는 뜻입니다.

모세의 어린 시절을 바라보며 무엇을 느끼셨습니까? 저는 이 본문을 읽으면서 감동의 전율을 느끼게 되었습니다. 그리고 로마서 8장 28절의 말씀이 떠올랐습니다.

우리가 알거니와 하나님을 사랑하는 자 곧 그의 뜻대로 부르심을 입은 자들에게는 모든 것이 합력하여 선을 이루느니라.

모세가 살아날 수 있었던 이유는 재수 좋아서도 아닙니다. 우연도 아닙니다. 오직 하나님의 인도하심이 있었기 때문입니다.

모세의 부모는 하나님을 정말 사랑하는 레위 자손이었습니다. 하나님을 사랑하고, 사모하는 열심히 충만했던 믿음의 사람들이었습니다. 그랬기 때문에 나중에 레위 자손들이 하나님을 위해 하나님의 성전, 즉 하나님과 가장 가까이 있는 곳에서 봉사하는 사람들이 된 것입니다. 하나님은 모세 부모의 신앙을 보시고, 그들을 택하셨습니다. 그리고 하나님의 뜻대로 이들의 자녀인 모세를 부르셨습니다. 그랬기 때문에 모세를 보호하시고, 죽을 수밖에 없는 위기 속에서도 하나님께서는 모세를 인도하시고 기가 막힌 방법으로 강에 던져진 모세를 다시 친어머니와 만나게 하시고, 친어머니 밑에서 자라게 하시고, 바로의 딸 즉, 이집트 공주의 양아들이 되는 놀라운 축복을 경험하게 하신 것입니다.

사랑하는 젊은이 여러분, 우리 인생도 마찬가지입니다. 하나님은 우리를 은혜로 부르셨습니다. 우리가 잘 나서, 우리 부모의 직업이 좋아서, 우리 부모가 돈이 많아서, 우리가 착하고, 선해서 우리를 부르신 것이 아닙니다. 에베소서 2장 8, 9절에 다음과 같이 나와 있습니다.

> 너희는 그 은혜에 의하여 믿음으로 말미암아 구원을 받았나니 이것은 너희에게서 난 것이 아니요 하나님의 선물이라. 행위에서 난 것이 아니니 이는 누구든지 자랑하지 못하게 함이라.

또한, 우리가 너무 못나서, 죄가 많아서, 우리 집안이 가난하고, 보잘 것 없어서 부르지 않으신 것도 아닙니다. 고린도전서 1장 26~29절에 다음과 같이 나와 있습니다.

> 형제들아, 너희를 부르심을 보라. 육체를 따라 지혜로운 자가 많지 아니하며 능한 자가 많지 아니하며 문벌 좋은 자가 많지 아니하도다. 그러나 하나님께서 세상의 미련한 것들을 택하사 지혜 있는 자들을 부끄럽게 하려 하시고, 세상의 약한 것들을 택하사 강한 것들을 부끄럽게 하려 하시며, 하나님께서 세상의 천한 것들과 멸시 받는 것들과 없는 것들을 택하사 있는 것들을 폐하려 하시나니, 이는 아무 육체도 하나님 앞에서 자랑하지 못하게 하심이라.

하나님은 좋은 조건이든, 나쁜 조건이든 상관없이, 아무 조건 없이 우리를 부르시고, 우리를 택하신 것입니다. 하나님을 사랑하기만 하면, 하나님께 붙어있기만 하면 하나님은 우리를 꽉 붙으시는 것입니다. 요한복음 15장 5절에 약속의 말씀이 있습니다.

나는 포도나무요 너희는 가지라. 그가 내 안에, 내가 그 안에 거하면 사람이 열매를 많이 맺나니 나를 떠나서는 너희가 아무 것도 할 수 없음이라.

아멘, 하나님은 여러분을 택하셨습니다. 그리고 하나님을 믿게 하셨습니다. 우리가 해야 할 것은 아무 것도 없습니다. 그저 하나님께 붙어 있으면 됩니다. 전지전능하신 하나님 아버지 품에 있으면 됩니다.

믿음은 100%의 신뢰입니다. 99%로 신뢰한다고 온전한 믿음을 갖춘 것이 아닙니다. 겨자 씨 한 알과 같은 믿음이 있어도 됩니다. 단, 그 작은 믿음이 있어도 100%의 신뢰이면 됩니다. 하나님은 우리 믿음의 크기를 보시는 분이 아니십니다. 하나님은 우리 믿음의 순도를 보십니다. 의심이라는 불순물이 섞이지 않은 100%의 믿음만 있으면 여러분은 하나님의 비전을 받을 수밖에 없습니다. 하나님께서 여러분의 삶을 인도해 주실 수밖에 없습니다. 왜냐하면 하나님을 100% 신뢰하는 사람은 하나님의 자녀이기 때문입니다. 세상 부모는 절대로 자녀를 버리지 않습니다. 요즘 부모님들은 자녀들 뒷바라지를 다 하고, 자녀들이 결혼하면 그 자녀, 즉, 손주들까지도 키운다고 합니다. 자녀들이 직장생활 잘 할 수 있도록 자녀들의 자녀까지 키워주는 분이 바로 부모님이십니다. 세상의 부모의 사랑도 이러한데, 하나님의 사랑은 어떠하겠습니까? 하나님은 해병대식으로 우리에게 말씀하고 계십니다.

"한 번 자녀는 영원한 자녀다!"

나는 하나님을 믿고, 하나님이 나의 아버지 되신다는 믿음을 가지고 살면 얼마나 행복한데요. 기쁠 수밖에 없고, 담대하게 세상을 살아갈 수 있는 힘이 생길 수밖에 없습니다. 나의 앞날, 나의 미래도 하나님께서 책임져 주시니까 미래에 대한 두려움, 걱정 없이 하루하루를 충실히 살아갈 수 있습니다.

어린 시절을 생각해 보세요. 놀이터에서 친구들과 놀다가 덩치 큰 동네 형들을 만나면 위축됩니다. 고개 푹 숙이고, 놀이터에서 재미있게 놀 수도 없습니다. 그러나 내 옆에 부모님이 계시면, 아무리 덩치 큰 형이 와도 위축되지 않고, 마음껏 놀이터에서 놀 수 있습니다. 그 부모님이 바로 우리의 하나님이십니다. 우리를 지키시는 하나님이십니다. 합력하여 선을 이루시는, 우리를 도와 주시고, 우리를 인도하시는 선한 하나님이십니다.

여러분은 그냥 하나님을 신뢰하면 되는 것입니다. 예전에 수련회에 가면 공동체 프로그램으로 많이 했던 게임이 있습니다. 그것은 한 사람이 뒤로 눕고, 같은 조원들은 그 뒤에서 받아주는 게임입니다. 저는 이 게임을 통해 믿음이 무엇인지를 깨달았습니다. 조원에 대한 믿음이 없는 사람은 뒤를 흘끔흘끔 바라봅니다. 그리고, 목과 허리에 힘을 주면서 최대한 천천히 누우려 합니다. 그러면, 자신도 힘들고, 뒤에서 받아주는 조원들도 힘들고, 기분 나쁘게 됩니다. 그러나 조원에 대한 진정한 믿음이 있는 사람은 자신있게 뒤로 넘어집니다. 이것이 바로 믿음 있는 자의 모습인 것입니다. 믿음은 하나님께서 나를 받아주실 것을 신뢰하고, 자기 자신의 힘을 의지하지 않고, 다 내려놓고, 그저 하나님을 향해 눕는 것입니다. 그 때 보호하심의 은혜를 체험할 수 있는 것이고, 평안한 행복을 누릴 수 있게 되는 것입니다.

저는 하나님께서 내 아버지 되시고, 나의 삶을 인도해 주신다는 믿음으로 말미암아 여기 이 자리까지 오게 되었다고 당당하게 말할 수 있습니다.

목회를 하면서 죽을 고비도 수차례 넘겼습니다. 예전에 강원도 춘천에서 군목으로 사역할 때, 운전하다가 죽을 위기도 몇 차례 있었습니다. 강원도 춘천, 홍천, 화천 쪽에는 눈이 많이 옵니다. 그리고 산 길이 많이 있습니다. 그래서 빙판길이 아주 많이 있어 위험합니다. 겨울에 산 길을 다니면서 4번 정도 차가 한두 바퀴 돈 적이 있습니다. 그럴 때마다 놀라운 일이 일어납니다. 그때만 제 옆에 차가 지나가지 않는 것입니다. 그때 만약 차가 지나갔다면 대형사고가 났었겠지요.

하나님께서 섬세하게 나의 삶을 인도해 주신다는 믿음을 가질 수밖에 없었던 중요한 사고도 있었습니다. 어느 날 춘천에 눈이 많이 왔는데, 산길을 내려오다가 차가 한 바퀴 돌고 미끄러진 것입니다. 그때 다행히 옆에 차가 없었고, 차는 몇 바퀴 돌다가 가드레일에 부딪쳤습니다. 그리고 차가 멈추자 바로 차 6대 정도가 내려오는 것입니다. 저는 그때 정말 입으로 "하나님이 지켜주셨습니다. 감사합니다."라는 고백이 나올 수밖에 없었습니다. 사고가 나서 안절부절하고 있는데, 뒤에서 쌍용 정비차가 내려오고 있었습니다. 제 차가 쌍용자동차임을 알고 그 차는 제 차 옆에 멈춰섰습니다. 차에 차고 있던 분은 춘천 쌍용자동차 정비소 임원이었습니다. 하나님께서는 천사와 같은 분을 저에게 보내셔서 사고를 처음 당해서 안절부절하고 있던 저를 위로하시고, 문제를 쉽게 해결해 주신 것입니다. 이분과 이야기를 나누면서 더 기막힌 하나님의 인도하심을 느꼈습니다. 이분은 제가 소속되어 있는 노회 교회의 안수집사님이셨고, 그 교회 목사님은 제가 잘 아는 목사님이셨던 것입니다. 이분은 저에게 이렇게 말씀하셨습니다.

"목사님! 저는 오늘 출근하던 길이었는데, 제가 평소에 다니던 출근길이 아닌, 다른 길로 가야겠다는 느낌을 강하게 받았어요. 제가 거의 가지 않는 길이고, 또한 눈이 오는 날이라서 그 산길로 갈 이유가 없는데, 이상하게 오늘은 그 길로 무조건 가야겠다는 생각이 들었어요. 그러다가 사고 난 차량을 발견하게 된 것이에요. 하나님께서 인도하신 것입니다."

이런 일들이 한두 번이 아닙니다. 하나님은 저를 붙들고 계십니다. 제가 나약할 때도, 연약할 때도, 지쳤을 때도, 실수했을 때도, 언제 어느 때에나 하나님은 저를 붙들고 계십니다.

여러분도 마찬가지입니다. 여러분이 잘못해도, 반복된 실수 속에 빠져 한탄할 때도, 슬프고, 외롭고, 처절하게 실패해도, 사랑하는 사람이 떠나도, 성적이 떨어져도, 어느 때에나 하나님은 여러분을 버리지 않고, 꼭 붙들고 계십니다. 할렐루야!

하나님은 우리를 한 번도 놓으시지 않으십니다. 하나님이 나와 함께 하지 않으실 것이라는 막연한 두려움이 드는 것은 우리가 죄에 빠지거나, 하나님과의 교제에 충실하지 못했기 때문입니다. 하나님은 내 손을 붙잡고 계시는데, 내 눈이 어두워서 붙잡고 계신 그 손을 보지 못했기 때문에 하나님이 내 손을 붙잡고 계시지 않는다고 느끼는 것입니다.

미국 남북전쟁 때 링컨의 부하 중의 한 명이 링컨에게 와서 말했습니다. "하나님이 우리 편이실까요? 아닌 것 같은데요." 그러자 링컨이 이렇게 말했습니다. "하나님이 우리 편인가 묻지 말고, 우리가 하나님 편에 있는가를 생각해 봐라. 우리가 하나님 편에 있으면, 하나님도 우리 편이시다." 우리가 하나님 편에 있으면 됩니다. 그러면 하나님은 변치 않고, 우리 곁에서 우리 편이 되어 주십니다.

바울을 통해 하나님께서 우리에게 강력한 희망을 선포하십니다.

내가 확신하노니 사망이나 생명이나 천사들이나 권세자들이나 현재 일이나 장래 일이나 능력이나 높음이나 깊음이나 다른 어떤 피조물이라도 우리를 우리 주 그리스도 예수 안에 있는 하나님의 사랑에서 끊을 수 없으리라.(롬 8:38~39)

예수님께서도 우리에게 말씀하십니다.

내가 그들에게 영생을 주노니 영원히 멸망하지 아니할 것이요, 또 그들을 내 손에서 빼앗을 자가 없느니라. 그들을 주신 내 아버지는 만물보다 크시매 아무도 아버지 손에서 빼앗을 수 없느니라.(요 10:28~29)

지금까지 살펴본 것처럼, 비전있는 자는 하나님을 향한 믿음을 가져야 합니다. 그 믿음은 어떤 믿음이냐면, 하나님이 나와 함께하시고, 내 인생을 계획하시고, 선하게 인도하신다는 믿음입니다. 즉, 하나님께서 내 인생의 주인이 되신다는 믿음입니다.

이 믿음을 가질 때, 세상과 맞짱 떠서 이길 수 있는 파워 크리스천이 될 수 있는 것이고, 영적인 힘을 가지고, 하나님께서 맡겨주신 일들을 감당해 낼 수 있는 자격을 갖출 수 있는 것입니다.

예레미야 1장 5절에 하나님께서는 이렇게 말씀하십니다.

내가 너를 모태에 짓기 전에 너를 알았고, 네가 배에서 나오기 전에 너를 성별하였고 너를 여러 나라의 선지자로 세웠노라.

엄마 뱃속에 있기 전에 우리를 아시고, 우리가 엄마 뱃속에 나오기 전에 우리를 택하신 분이 바로 우리의 아버지 되시는 하나님이십니다.

마태복음 10장 29~31절에서는 더 놀라운 말씀이 나옵니다.

참새 두 마리가 한 앗사리온에 팔리지 않느냐, 그러나 너희 아버지께서 허락지 아니하시면 그 하나도 땅에 떨어지지 아니하리라. 너희에게는 머리털까지 다 세신 바 되었나니 두려워하지 말라. 너희는 많은 참새보다 귀하니라.

할렐루야! 우리가 믿는 예수님의 입으로 하신 말씀입니다. 우리의 머리털 개수까지 다 세시는, 나의 모든 것을 아시는 하나님이십니다. 자신의 머리털 개수가 몇 개인지 아는 사람이 있나요? 자신의 머리털 개수를 알기 위해 머리털 개수를 세려는 사람이 있다면, 머리털 개수를 세다가 머리털이 다 빠질 것입니다.

우리 하나님은 나보다도 더 나를 잘 아시는 분이십니다. 나를 믿지 말고, 상황과 돌아가는 환경을 신뢰하지 말고, 변치 않으시는 나의 주재자시며, 나의 주관자되신 하나님을 100% 신뢰함을 통해 하나님의 인도하심의 평안과 행복을 누리시는 비전있는 자들이 다 되기를 주님의 이름으로 간절히 소망합니다.
마지막으로 "주 품에 품으소서"라는 귀한 찬양의 가사를 묵상해 보겠습니다. 이 찬양의 가사가 여러분의 삶의 고백이 되기를 간절히 소망합니다.

주 품에 품으소서. 능력의 팔로 덮으소서. 거친 파도 날 향해 와도 주와 함께 날아오르리. 폭풍 가운데 나의 영혼 잠잠하게 주 보리라. 주님 안에 나 거하리. 주 능력 나 잠잠히 믿네. 거친파도 날 향해 와도 주와 함께 날아오르리. 폭풍 가운데 나의 영혼 잠잠하게 주 보리라.

 함께 기도합시다!

1. 나를 항상 붙잡고 계시는 하나님만 의지할 수 있도록
2. 어려운 고난과 역경이 찾아와도 하나님을 향한 믿음이 흔들리지 않도록
3. 하나님을 내 삶의 주인으로 모시며 살아갈 수 있도록
4. 합력하여 선을 이루시는 하나님을 기대하며 살아갈 수 있도록
5. 하나님의 능력을 신뢰하는 삶을 살아갈 수 있도록

평생 간직해야 할 성경구절

(1) 이사야 41장 10절
두려워하지 말라. 내가 너와 함께 함이라. 놀라지 말라. 나는 네 하나님이 됨이라. 내가 너를 굳세게 하리라. 참으로 너를 도와 주리라. 참으로 나의 의로운 오른손으로 너를 붙들리라.

(2) 이사야 43장 1절
야곱아, 너를 창조하신 여호와께서 지금 말씀하시느니라. 이스라엘아, 너를 지으신 이가 말씀하시느니라. 너는 두려워하지 말라. 내가 너를 구속하였고 내가 너를 지명하여 불렀나니 너는 내 것이라.

(3) 예레미야 1장 5절

내가 너를 모태에 짓기 전에 너를 알았고, 네가 배에서 나오기 전에 너를 성별하였고, 너를 여러 나라의 선지자로 세웠노라.

(4) 마태복음 10장 29~31절

참새 두 마리가 한 앗사리온에 팔리지 않느냐, 그러나 너희 아버지께서 허락지 아니하시면 그 하나도 땅에 떨어지지 아니하리라. 너희에게는 머리털까지 다 세신 바 되었나니 두려워하지 말라. 너희는 많은 참새보다 귀하니라.

(5) 요한복음 10장 28~29절

내가 그들에게 영생을 주노니 영원히 멸망하지 아니할 것이요, 또 그들을 내 손에서 빼앗을 자가 없느니라. 그들을 주신 내 아버지는 만물보다 크시매 아무도 아버지 손에서 빼앗을 수 없느니라.

(6) 요한복음 15장 5절

나는 포도나무요 너희는 가지라. 그가 내 안에, 내가 그 안에 거하면 사람이 열매를 많이 맺나니, 나를 떠나서는 너희가 아무 것도 할 수 없음이라.

(7) 로마서 8장 28절

우리가 알거니와 하나님을 사랑하는 자 곧 그의 뜻대로 부르심을 입은 자들에게는 모든 것이 합력하여 선을 이루느니라.

(8) 로마서 8장 38~39절

내가 확신하노니 사망이나 생명이나 천사들이나 권세자들이나 현재 일이나 장래일이나 능력이나 높음이나 깊음이나 다른 어떤 피조물이라도 우리를 우리 주 그리스도 예수 안에 있는 하나님의 사랑에서 끊을 수 없으리라.

(9) 에베소서 2장 8절

너희는 그 은혜에 의하여 믿음으로 말미암아 구원을 받았으니 이것은 너희에게서 난 것이 아니요 하나님의 선물이라.

(10) 히브리서 11장 6절

믿음이 없이는 하나님을 기쁘시게 하지 못하나니 하나님께 나아가는 자는 반드시 그가 계신 것과 또한 그가 자기를 찾는 자들에게 상 주시는 이심을 믿어야 할지니라.

비전과 인격

(출애굽기 2장 11절~22절)

보통의 사람들이 가지고 있는 내면의 문제 두 가지는 분노의 문제와 열등감의 문제입니다.

먼저 분노의 문제에 대해서 살펴보겠습니다.

여러분 안에는 사랑이 있나요? 아니면 없나요? 여러분 안에 사랑이 있는지 없는지를 어떻게 알 수 있을까요? 여러분 안에 분노가 없으면, 사랑이 있는 것이고, 분노가 많으면 사랑이 없는 것입니다. 뇌의학자에 의하면, 누군가를 뜨겁게 사랑하고 있는 사람의 뇌를 조사해 보면, 분노의 뇌파가 감지되지 않는다고 합니다.

분노의 문제는 참으로 해결하기 힘듭니다. 분노의 문제를 제대로 해결하지 못해서 사람은 큰 실수를 하고, 인생을 망쳐버리기까지 합니다.

1972년 미국의 대통령 선거에서 유력한 민주당 대통령 후보자였던 에드먼드 머스키라는 사람은 두뇌가 명석하고, 노련한 정치가였습니다. 국민들도 그를 굉장히 좋아했습니다. 그러나 그는 민주당 대통령 후보경선에서 순간의 분노를 이기지 못해서 대통령이 되지 못한 것은 물론이거니와 정치가로서의 인생도 마치게 됩니다. 전국에 생중계되는 텔레비전 토론회에서 상대편 후보자가 그에게 인신공격을 퍼붓자 자신의 감정을 이기지 못해서 그 반대편 후보자에게 욕설을 퍼붓고, 너무 열 받아서 울기까지 했습니다. 에드먼드 머스키는 그 실수 때문에 결국 대통령 후보를 자진반납하고 정치를 그만할 수밖에 없었습니다.

분노는 다른 사람에게 피해를 줄 뿐만 아니라, 자신의 건강도 해치게 됩니다. 하버드 대학교 의과대학 월터 캐논 박사는 분노를 표하면, 호흡이 가빠지고, 심장 박동이 불규칙해지며, 피가 위와 장기에서 심장 중추신경계근육 등으로 역류한다고 말합니다. 또한 소화관의 기능이 중지되고, 간에 저장되어 있던 당분이 유출되고, 몸에 안 좋은 아드레날린이 분비된다고 합니다.

분노는 슬기롭게 극복하는 지혜가 필요합니다. 유머로서 넘겨 버릴 수 있는 자세도 필요합니다.

위대한 철학자, 위대한 인격자로 알려진 소크라테스에게는 악처로 유명한 크산티페라는 부인이 있었습니다. 그는 크산티페와 함께 살면서 인격자다운 면모를 보입니다. 그는 부인을 통해 자신의 인격수양을 했고, 결국 삶과 철학을 일치시키는 위대한 철학자가 되었습니다.

소크라테스에게 이러한 일화가 있습니다. 어느 날 소크라테스에게 친한 친구가 놀러왔습니다. 그런데 어떤 일인지 모르겠는데 화가 난 소크라테스의 부인 크산티페는 계속 큰 소리로 떠들어댔습니다. 아내의 방해 속에서 소크라테스는 전혀 변하지 않는 모습으로 친구와 대화를 나누었습니다. 그러자 아내가 큰 물통에 물을 담아 가지고 와서 소크라테스 머리에 쏟아 부었습니다. 순식간에 봉변을 당한 소크라테스는 아내에게 화를 낸 것이 아니라, 수건으로 천천히 물을 닦아 낸 다음에 친구에게 이렇게 말했습니다. "천둥이 친 후에는 반드시 소나기가 내리는 법이라네...."

역시 소크라테스 다운 모습이 아닐 수 없습니다.

목사인 저에게도 이 분노의 문제가 피해가지가 않습니다. 저도 다혈질적인 성격이라 화를 내면 엄청 무섭게 냅니다. 그래서 실수한 것도 많이 있습니다. 그러나 인격수양을 하면서 점점 화를 참아낼 수 있는 능력이 생겼습니다. 미국의 3대 대통령인 토마스 제퍼슨은 화가 나면 열을 세고, 많이 나면 백을 세라고 말했습니다. 저도 화가 날 때는 쉼 호흡을 하면서 마음을 추스립니다.

얼마 전에도 화가 나는 일이 있었습니다. 문서 작성하는 일이 있어서 며칠을 투자해서 만들었습니다. 그런데 순간적인 실수로 컴퓨터에 저장되어 있던 그 문서가 날라갔습니다. 정말 머리가 하얗게 되고, 분노가 치밀었습니다. 예전 같았으면, 옆에 있던 물건을 다 날려 버렸을 것입니다. 그때, 제 사무실에 있는 군종병에게도 이렇게 말했습니다. "지금 내 기분은 옆에 있는 물건 다 던져 버리고 싶다." 그런데 참았습니다. 쉼호흡을 하면서 분노의 감정을 수그러뜨렸습니다. 그러자 이내 여유를 찾고, 열심히 했던 것을 또다시 했습니다.

화를 내면 자기만 손해입니다.

성경 곳곳을 보면 분노하지 말 것을 우리에게 경고하고 있습니다.

잠언 12장 16절에는 "미련한 자는 분노를 당장에 나타내거니와 슬기로운 자는 수욕을 참느니라."고 나와 있습니다. 잠언 27장 3절에는 "돌은 무겁고 모래도 가볍지 아니하거니와 미련한 자의 분노는 이 둘보다 무거우니라."고 나와 있습니다. 디모데전서 2장 8절에는 "그러므로 각처에서 남자들이 분노와 다툼이 없이 거룩한 손을 들어 기도하기를 원하노라."고 나와 있습니다.

하나님을 의지함으로 분노의 문제에서 해방되는 저와 여러분이 되시기를 바랍니다.

두 번째로 열등감의 문제에 대해 살펴보겠습니다.

열등감은 다른 사람과 비교해서 생기는 공포심입니다. 많은 사람들은 이 열등감의 문제에서 빠져 나오지 못하고 있습니다.

열등감은 상대평가 속에서 나오는 것입니다. 하나님은 상대평가하지 않으신

데, 우리는 스스로 상대평가하고 있습니다. 우리는 소중한 사람입니다. 하나님의 형상대로 창조함을 받은 사람입니다. 창세기 1장 27절에 다음과 같이 나옵니다.

> 하나님이 자기 형상 곧 하나님의 형상대로 사람을 창조하시되 남자와 여자를 창조하시고

하나님의 형상을 받은 존귀한 자들입니다. 예수 그리스도께서 십자가의 피값으로 살리신 귀한 존재들입니다.

우리는 하나님의 보석들입니다. 우리는 하나님의 명품들입니다. 구찌, 불가리, 알마니, 까르띠아가 명품입니까? 아닙니다. 우리가 바로 명품들입니다. 잊지 마시기 바랍니다.

미운 아기 오리는 자신의 신분을 몰랐습니다. 미운 아기 오리의 원래 신분은 하늘을 멋있게 나는 백조인데, 자신의 모습을 보니까 형제들이 생긴 것과 다르다고 자신을 미운 아기 오리로 여겼습니다. 그래서 열등감에 빠졌습니다. 이 미운 아기 오리가 언제 열등감에서 해방되어 나옵니까? 바로 자신이 하늘을 나는 아름다운 백조라는 정체성을 알게 되면서부터입니다.

열등감에서 해방되는 비법은 자신의 정체성을 확실히 알아차리는 것입니다. 다같이 가슴에 손을 얹고 믿음으로 따라해 보겠습니다.

"나는 하나님의 명품이다. 나는 하나님의 눈에 보시기에 가장 아름다운 모습으로 창조하셨다. 나의 몸값은 예수님이다. 예수님께서 나를 살리시기 위해 돌아가셨다. 나는 이렇게 멋진 사람이다."

1953년 한국전쟁 때, 정말 가난한 시절에 무명의 화가가 있었습니다. 그는 물감이 없어서 미군 부대의 한 병사에게 물감 좀 구해달라고 사정을 했습니다. 그래서 그 화가는 그 미군 병사의 도움으로 물감을 받아서 그림을 그릴 수 있었습니다. 그 병사가 너무 고마워서 이 화가는 멋진 그림 하나를 그려

서 선물로 주었습니다. 얼마 후 그 미군 병사는 자신의 고향 미국으로 돌아갔습니다. 이 사람은 존 닉스라는 사람인데, 미국에서 살다가 하는 일도 잘 되지 않고 해서 찢어지게 가난하게 되었습니다. 먹고 살 것이 없으니까 집에 있는 물건을 팔고자 했습니다. 웬만한 것을 팔아도 돈이 되지 않았습니다. 그러다가 자기 집에 별 의미 없이 걸어놓은 그림 하나를 보았습니다. 몇 십년 전에 한국전쟁 때 한국에서 근무할 때 한 무명 화가에게 받아온 그림이었습니다. 그는 몇 십만 원 벌어볼 생각으로 그 그림을 한국에 팔았습니다. 그러나 그 그림은 평범한 그림이 아니었습니다. 이 그림은 한국에서 얼마에 팔렸을까요? 무려 45억 2천만 원에 팔렸습니다. 이 그림은 〈빨래터〉라는 작품이고, 그 무명화가는 한국미술사에 큰 획을 그었던 박수근 화백이었던 것입니다.

45억 2천만 원과도 비교할 수 없는, 돈으로 가치를 매길 수 없는, 예수 그리스도의 은혜의 선물을 기억하십시오! 여러분은 이렇게 귀한 선물을 받은 귀한 존재들임을 절대로 절대로 잊지 마시기 바랍니다.

하나님을 만나고 이 믿음을 가지면, 열등감에서 해방되어 하나님께서 주신 비전을 바라보며 힘차게 달려갈 수 있습니다.

이번 장의 제목은 "비전과 인격"입니다. 결론부터 말하겠습니다. 하나님께서 주시는 비전을 받기 위해서는 분노의 문제, 열등감의 문제를 해결하고, 인격자가 되어야 한다는 사실입니다. 하나님은 자신의 내면적인 문제도 해결하지 못하는 자에게 비전을 주시지 않습니다. 자신의 내면적인 갈등을 해결하지 못하는 자를 쓰시지 않으십니다. 그래서 하나님은 우리가 우리 자신 안의 분노의 문제, 열등감의 문제로부터 벗어나기를 원하십니다.

우리가 따르기 원하는 비전의 모델 모세도 이 분노의 문제, 열등감의 문제에 사로잡혀 있음을 알 수 있습니다. 이집트 바로 왕의 딸의 양아들이 된 모세는 이집트 왕손으로서 잘 자라게 됩니다. 그러나 자신은 이집트 사람이 아니고, 이스라엘 사람이었습니다. 궁정에 있던 수많은 왕자들, 왕손들이 모세를 보면서 놀렸을 것입니다. 바로 왕이 자신을 사랑하는 것 같지만, 이스라엘 사람이라 은근히 차별하는 것을 느꼈을지도 모릅니다. 그 속에서 모세는 열등감에 사로잡혔을 것입니다. 또한, 마음 한 편에서는 민족에 대한 사랑이 있었을 것입니다. 그러면서 이집트에 속박되어 노예로 살고 있는 자신의 민족을 생각하면 가슴이 아프고, 자신은 지금 이집트 왕궁에서 편하게 살고 있지만, 동시에 그 이집트에 대한 분노가 있었을 것입니다.

아무튼 심리적으로 볼 때, 모세는 이집트의 권력의 핵심에 있으면서도 완전히 이집트의 왕자가 될 수 없는 한계 상황 속에 열등감을 느끼는 동시에 이집트에 대한 분노를 가지고 있었을 것입니다.

어느 날 모세가 밖에 나갔는데, 자기 민족들이 이집트 사람에게 종노릇하고 있는 것을 보았습니다. 그리고 이집트 사람이 자기 민족의 사람을 때리는 것을 본 것입니다. 그 광경은 보던 모세는 순간의 분노를 이기지 못하고 주위에 아무도 없음을 보고, 그 이집트 사람을 때려서 죽이고 모래 속에 감추었습니다. 큰 실수를 저지른 것입니다. 모세는 불안한 마음에 잠을 잘 수가 없었습니다. 뜬 눈으로 밤을 센 다음 날 그 사건의 현장에 다시 갔습니다. 그때 이스라엘 사람 둘이서 서로 싸우고 있었습니다. 그래서 모세는 둘 중에 잘못했다고 생각되는 사람에게 가서 "어찌하여 동포를 치느냐?"고 말했습니다. 그러자 이 사람은 "누가 너로 우리의 법관으로 삼았느냐? 너가 이집트 사람을 죽인 것처럼 나도 죽이려느냐?" 모세는 자신의 죄가 완전범죄가 안 되었음을 깨달았습니다. 목격자가 있었다는 것을 깨닫고 두려웠습니다. 이 소식은 바로의 궁전에까지 전해졌습니다. 열 받은 바로 왕은 모세를 잡으려고 찾았습니다. 모세는 바로 왕을 피해 미디안 땅에까지 도망을 갔습니다.

모세는 미디안 땅에서 르우엘의 딸 십보라와 결혼하고 아들을 낳고 무려 40년 동안 양을 치는 평범한 목자로 살았습니다.

하나님께서는 왜 모세를 미디안 땅으로 도망가게 해서 무려 40년 동안 양을 치는 목자로 살게 하셨을까요? 그 이유는 바로 이집트에서 살면서 가졌던 열등감, 분노를 다 씻겨버리고, 온유한 인격을 갖추게 하시기 위함입니다. 모세는 양을 보고, 양을 치면서 마음이 평안을 찾고, 양을 사랑하는 마음을 가지게 되니까 자연스럽게 분노의 문제가 해결되었던 것입니다. 양을 치면서 자신이 양들에게 있어서 매우 중요한 존재라는 것을 깨달으면서 열등감의 문제에서도 벗어날 수 있었던 것입니다. 더군다나 양을 치면서 리더의 자질, 노하우를 갖추게 되었던 것입니다.

사랑하는 여러분, 하나님의 비전을 받고 싶습니까? 그 비전 속에서 항상 승리하며 열심히 살고 싶습니까? 그렇다면 여러분의 인격부터 갖추십시오.

모세는 외딴 곳에서 40년 동안 양을 치는 훈련을 통해 열등감과 분노의 문제를 해결했습니다. 그러니까 후에 남자만 60만 명이 되는 오합지졸 이스라엘 사람들을 이집트에서 이끌고 나와 40년 동안 리더의 역할을 감당할 수 있었던 것입니다. 민수기 12장 3절에 보면, 하나님께서 모세를 가리켜 이렇게 말씀하십니다. "모세가 세상에 사는 모든 사람 중에 가장 온유한 자다." 분노 속에 사람을 때려 죽인 다혈질적인 모세가 세상에서 가장 온유하고 순하고 부드러운 사람이 되었던 것입니다. 정말 온유한 사람이 되었기에 하나님은 그를 큰 인물로 쓰신 것입니다.

하나님은 준비된 자에게 비전을 주시고 쓰십니다. 그 준비의 가장 중요한 것은 바로 인격입니다. 여러분이 어떤 배경에서 살아왔는지, 그 배경 속에서 어떤 상처를 받고, 열등감 속에 빠지고, 분노의 감정 속에 헤매고 있었는지는 중요하지 않습니다. 과거는 중요하지 않습니다. 앞을 바라보는 미래가 중요한 것입니다. 과거에 발목잡혀 열등감과 분노 속에 헤맨다면, 여러분은 아무런 비전을 받을 수 없습니다.

사랑하는 여러분! 분노의 감정을 없애기 위해 하나님과 주위 사람들을 뜨겁게 사랑하십시오. 사랑하면 분노하지 않습니다. 그리고 자신은 하나님의 귀한 창조물이고, 나의 몸값은 예수님임을 고백하는 믿음 안에서 다른 사람과 비교하지 말고, 자신이 가진 것에 초점을 맞추며 열등감의 문제에서 벗어나십시오.

분노의 문제를 해결하면, 온유함이 생깁니다. 열등감의 문제를 해결하면 삶에 대한 자신감과 열정이 생깁니다. 온유함과 자신감으로 뭉쳐진 인격을 갖춤을 통해 하나님의 비전을 받을 수 있는 자격을 갖추는 자가 되기를 주님의 이름으로 간절히 소망합니다.

마지막으로 저는 우리 시대 성공자의 반열에 들어선 두 명의 신앙인들을 소개할까 합니다. 이들은 하나님을 만나기 전에 안 좋은 삶의 배경 속에서 열등감에 빠지고, 분노 속에 살아가던 사람들입니다. 그러나 이들이 하나님을 만나고 열등감과 분노의 문제를 해결하자 하나님의 비전을 받고, 노력해서 자기 분야에서 크게 성공하게 되었습니다.

먼저 한 여성을 소개하겠습니다. 그녀의 집안은 아버지의 사업 실패 후 찢어지게 가난하게 되었습니다. 빚더미에 올랐고, 그 빚을 감당하지 못한 아버지는 멀리 도망갔습니다. 도망간 아버지를 대신해 해녀였던 어머니는 5남매를 홀로 양육하며 생계를 도맡았습니다. 그녀 나이 열두 살 때 갑자기 어머니가 많이 아프셨습니다. 어머니는 자궁암 말기였고 수술할 수 없을 만큼 악화된 상황이었습니다.

어느 날 어머니는 교회 가서 기도를 해 보고 싶다며 교회에 가자고 말씀했습니다. 그녀는 어머니를 부축해, 때로는 리어커에 싣고 교회를 다녔습니다. 그녀는 이렇게 말했습니다. "엄마가 고통스러워 잠을 못 이루시면 제가 벌떡 일어나서 예배를 드렸어요. 혼자 예배를 드리다 보면 어느새 엄마가 편안하게 주무시고 계셨죠." 몇 달밖에 못 사신다던 어머니는 4년을 더 사셨습니다.

어머니가 돌아가신 후 그녀는 세상에 홀로 남겨진 것과 다름이 없었습니다. 명문인 포항여고에 입학했지만 차비가 없어 아침마다 돈을 꾸러 다녀야 했고

도시락도 싸갈 수 없어 점심 시간이면 슬그머니 사라져야 했습니다. 어느 날 아이들이 잠깐 나가라고 해서 나갔다 왔더니 아이들이 돈을 모아 주었습니다. 그 소식이 교장 선생님께도 알려졌고 반 아이들의 선행을 조회 시간에 칭찬했습니다. 자존심에 상처를 입고 분노와 열등감 속에 빠진 그녀는 결국 학교를 떠나 부산의 방직공장에 들어가 3교대로 일하며 야간 여상을 다녔습니다. 일상에 쫓기다가, 친구들과 어울리다 어느덧 교회에 발길을 끊었습니다.

하나님 없는 인생의 공허함이 그를 엄습해 왔습니다. 그즈음 하나님은 꿈과 환상으로 그에게 돌아오라는 신호를 보내셨습니다.

9년 만에 신앙을 회복한 그녀는 1년 동안 새벽 기도회와 저녁 예배에 참석하며 비전을 위해 기도했습니다. 울부짖으며 "제발 저의 길을 보여주세요."라고 간절히 외쳤습니다. 하나님께서는 법조인의 꿈을 보여 주셨습니다. 그러나 공부에 날고 기는 사람들도 떨어지는 사법고시에 합격할 수 있을지 의문이 들었지만, 믿음으로 준비했습니다. 모든 것을 하나님께 맡기며 단 7개월 동안 수능을 준비해 동아대학교 법학과에 입학할 수 있었습니다. 그는 다른 곳에 눈돌릴 새 없이 공부에 매달렸고, 고시반 입실시험에 합격해 학비면제와 숙식 제공, 보조금을 받기도 했습니다. 6일 동안 공부하고 주일에는 교회에서 고등부 교사로, 청년부 그룹서기로서 봉사도 열심히 했습니다.

1차 사법고시에 합격하고, 2002년 2차 사법고시 시험을 보는 날이었습니다. 그녀는 시험지를 배부 받기 전 눈을 감고 시편 23편을 묵상했습니다. 하나님이 그녀를 안아주시는 환상을 보았습니다. 차분한 마음하게 시험을 보고 점심 시간이 되었을 때, 기쁜 마음으로 잔디밭에 나가 손을 들고 찬양하기 시작했습니다. "예수의 이름으로 나는 일어서리라. 주가 주신 능력으로 나는 일어서리라." 그녀는 마지막 날까지 무사히 시험을 마치고 합격을 거머쥐었습니다. 그녀는 지금 변호사로 열심히 활동하고 있습니다.

사랑하는 여러분! 꿈 같은 이야기지요... 소설같은 이야기지요.... 야간여상

고아 출신이 변호사가 된 것입니다. 그녀의 이름은 김미애입니다. 그녀는 지금 변호사로 맹활약하면서 어려운 자들을 위해서 활동하고 있고, 청소년들에게 꿈과 희망을 주는 유명 강사로 활동하고 있고, 홈페이지를 통해 많은 사람들을 상담하며 위로하고 있습니다.

다음으로 음악가인 한 분을 더 소개하겠습니다. 한국의 파바로티로 알려지신 분이 있습니다. 이분은 저의 고등학교 선배가 되기도 합니다. 이분은 미국 메트로폴리탄 오페라 콩쿠르에서 동양인으로는 처음으로 우승하면서 세계 음악계에 화려하게 등장했습니다. 이분은 신실한 기독교인입니다. 그는 단순한 음악가가 아니라, 음악 선교사라는 강한 정체성을 가지고 있습니다. 그는 파바로티와 도밍고를 능가하는 목표를 가지고 있습니다. 이것은 인간적인 욕망 때문이 아니라, 그들을 뛰어넘는 성악가가 됐을 때 복음이 전파되지 않은 선교의 불모지에 자신이 부른 찬양곡이 넘쳐 흐를 것을 기대하기 때문입니다.

뉴욕타임즈지는 두 번이나 이분의 사진과 더불어 그를 소개하면서 "골든 보이스를 지닌 사나이"라고 극찬을 했습니다. 그의 노래를 들은 헨리 키신저 전 국무장관은 "파바로티와 도밍고의 후계자가 나타났다."고 평가했습니다.

그는 너무도 힘든 어린 시절을 보냈습니다. 그는 4살 때 소아마비를 앓았습니다. 그래서 걷기도 힘들었습니다. 저는 이분을 종종 보았고, 고등학교 다닐 때 학교에서도 만났습니다. 그때도 다리를 절뚝절뚝 거리셨습니다. 그의 할아버지는 이분을 점쟁이로 만들려고 절에 보냈으나, 부모님의 반대로 다시 집에 돌아오기도 했습니다. 장애로 인해 심한 열등감과 아버지와 사업 실패 등으로 어려운 시절을 보내며 세상에 대한 분노와 원망 속에 살아야만 했던 그는 중학교 3학년 때 우연히 나간 교회에서 성가대의 찬양을 듣고 감동을 받았고, 그 자신이 성가대원이 되어서 하나님을 찬양하게 되었습니다. 찬양을 통해 예수님을 만나고, 신앙을 통해서 그는 장애로 인한 열등감과 삶에 대한 분노의 문제에서 완전히 해방되었습니다. 그의 삶은 긍정적으로 바뀌었습니다. 그는 음악에 대한 하나님의 비전을 발견하고, 출석하던 교회 목사님의 권유로 총신대학교 종교음악과에 들어갔습니다. 2년 후 다시 한양대 음대로 편입했고, 90년에 미국으로 이민 간 뒤 남가주대 음악대학원, 뉴욕 맨하탄 음대 대학원 성악과를 졸업했습니다. 93년 메트로폴리탄 오페라 콩쿠르는 그를 일약 스타로 만든 대회였습니다. 마지막 결선 전날에 그는 심한 설사를 했습니다. 제대로 무대에 설 수도 없었습니다. 그는 간절히 기도했습니다. "예수님, 저를 써 주세요. 예수님께 영광 돌리는 삶을 살겠습니다." 미국에 와서 신앙을 갖기 시작한 부모님과 출석하던 LA 영락교회 성도들이 열심히 중보기도를 해 주었습니다. 결선에서 그는 라보엠의 아리아 "그대의 찬손"을 기도하듯 불렀습니다. 결과는 우승이었습니다. 그는 1995년 같은 교회에 다니는 치과의사 박연주 씨와 결혼하여 첫 딸을 두었습니다. 그의 이름은 최승원입니다.

여러분도 김미애 변호사, 최승원 성악가와 같은 멋진 사람, 비전의 사람이 될 수 있습니다. 주어진 상황에 불평하지 않고, 하나님을 믿는 믿음으로, 분노와 열등감의 문제를 해결하면 말입니다.

 함께 기도합시다!

1. 내 안에 있는 분노의 뿌리를 예수 그리스도로 말미암아 뽑아낼 수 있도록
2. 열등감의 굴레에서 벗어나서 자신감을 회복할 수 있도록
3. 온유한 인격을 갖춘 사람이 될 수 있도록
4. 주어진 환경에 대해 불평하지 않고, 어려운 환경을 극복해 낼 수 있도록
5. 과거에 얽매이지 말고, 긍정성을 가지고 미래를 향해 달려나갈 수 있도록

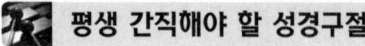

(1) 창세기 1장 27~28절
하나님이 자기 형상 곧 하나님의 형상대로 사람을 창조하시되 남자와 여자를 창조하시고, 하나님이 그들에게 복을 주시며, 하나님이 그들에게 이르시되 생육하고 번성하여 땅에 충만하라. 땅을 정복하라. 바다의 물고기와 하늘의 새와 땅에 움직이는 모든 생물을 다스리라 하시니라.

(2) 시편 16편 3절
땅에 있는 성도들은 존귀한 자들이니 나의 모든 즐거움이 그들에게 있도다.

(3) 시편 145편 8절
여호와는 은혜로우시며 긍휼이 많으시며 노하기를 더디 하시며 인자하심이 크시도다.

(4) 잠언 12장 16절
미련한 자는 분노를 당장에 나타내거니와 슬기로운 자는 수욕을 참느니라.

(5) 잠언 16장 32절
노하기를 더디하는 자는 용사보다 낫고, 자기의 마음을 다스리는 자는 성을 빼앗는 자보다 나으니라.

(6) 잠언 27장 3절
돌은 무겁고 모래도 가볍지 아니하거니와 미련한 자의 분노는 이 둘보다 무거우니라.

(7) 요한복음 14장 27절
평안을 너희에게 끼치노니 곧 나의 평안을 너희에게 주노라. 내가 너희에게 주는 것은 세상이 주는 것과 같지 아니하니라. 너희는 마음에 근심하지도 말고 두려워하지도 말라.

(8) 로마서 8장 6절
육신의 생각은 사망이요 영의 생각은 생명과 평안이니라.

(9) 디모데전서 2장 8절
그러므로 각처에서 남자들이 분노와 다툼이 없이 거룩한 손을 들어 기도하기를 원하노라.

(10) 베드로전서 2장 9절

그러나 너희는 택하신 족속이요 왕 같은 제사장들이요 거룩한 나라요 그의 소유가 된 백성이니, 이는 너희를 어두운 데서 불러 내어 그의 기이한 빛에 들어가게 하신 이의 아름다운 덕을 선포하게 하려 하심이라.

CHAPTER 3

비전과 때

(출애굽기 2장 23절~25절)

영웅은 시대가 만든다는 말이 있습니다. 영웅이 필요한 시대적 요구가 있기에 영웅이 태어날 수 있는 것입니다.

우리 나라에도 수많은 영웅들이 있었습니다.

이순신 장군..... 그는 임진왜란 때 일본이 쳐들어 와서 우리 나라가 풍전등화와 같은 위기 가운데 있었기 때문에 빛을 발하게 된 것입니다. 우리 나라가 아주 강대국이어서 항상 평안한 나라였다면 이순신 장군은 역사에 빛을 발하지 못했을 것입니다.

유관순 누나..... 일제강점기에 대한독립 만세를 불렀던 삼일운동의 주역이었던 유관순 누나는 우리 나라 사람들에게 있어서는 영웅과 같은 존재입니다. 유관순 누나 또한 우리 나라가 아무런 문제가 없는 상황이었다면 단지 평범한 학생으로, 평범한 엄마로서 살았을 것이고, 역사에 이름을 남기지 못했을 것입니다.

제가 좋아하는 윤동주 시인도 마찬가지입니다. 저는 윤동주 시인이 쓴 "쉽게 쓰여진 시"를 좋아합니다. 소개해 보겠습니다.

창 밖에 밤비가 속살거려
육첩방(六疊房)은 남의 나라

시인이란 슬픈 천명인 줄 알면서도
한 줄 시를 적어 볼까

땀내와 사랑내 포근히 품긴
보내 주신 학비 봉투를 받아

대학 노우트를 끼고
늙은 교수의 강의 들으러 간다

생각해 보면 어린 때 동무들
하나, 둘, 죄다 잃어버리고

나는 무얼 바라
나는 다만, 홀로 침전하는 것일까?

인생은 살기 어렵다는데
시가 이렇게 쉽게 쓰여지는 것은
부끄러운 일이다

육첩방은 남의 나라
창 밖에 밤비가 속살거리는데

등불을 밝혀 어둠을 조금 내몰고
시대처럼 올 아침을 기다리는 최후의 나

나는 나에게 작은 손을 내밀어
눈물과 위안으로 잡는 최초의 악수

　　이 시를 읽으면 자신의 미래를 예견하는 듯합니다. 윤동주 시인은 일제의 박해 속에서도 편안하게 학교를 다니며, 고상하게 시를 쓰는 자신의 모습을 보며 한탄스러워 합니다. 이런 자신의 모습 속에서 고민하던 윤동주는 결국 일제에 저항하는 시를 쓰며 저항시인으로 살다가 일본 후쿠오카 감옥에 갇혀 광복 6개월 전에 죽음을 맞이하게 됩니다. 그의 나라 사랑은 우리가 가슴깊이 본받아야 합니다. 윤동주 시인도 일제강점기라는 시대상황이 없었다면 단지 유명한 시인으로, 대학교수로 편안하게 살았을 것입니다.

　　역사학적인 측면이 아니고, 가볍게 스포츠를 통에서도 이러한 영웅들은 탄생합니다.

　　우리 나라를 월드컵 4강에 올린 히딩크.... 그는 우리 나라의 스포츠 영웅이 되었습니다.

우리 나라가 한일 월드컵 이전에 16강에 올라가 봤다면 월드컵 16강이 그렇게 국민적 한(恨)이 될 정도가 간절한 염원이 되지 않았을 것입니다. 우리 나라에 베컴같이 프리킥을 잘 차고, 호날도처럼 골 결정력이 높은 선수가 있었다면, 불안한 한국 축구가 되지 않았을 것입니다. 월드컵에 단 1승도 못 올리고, 16강에 못 오른 한국 축구의 현실이 있었기에 히딩크라는 영웅이 탄생할 수 있었던 것입니다.

지금까지 알아본 것처럼 영웅은 시대가 만듭니다. 그 시대의 공통점은 좋은 시대가 아닙니다. 평안한 시대가 아닙니다. 불안한 시대, 안타까운 시대, 불의가 판치는 시대, 새로움에 대한 갈망이 있는 시대입니다.

그런 면에서 현재 한국의 모습은 영웅을 필요로 하는 시대라고 생각합니다.

우리 나라처럼 복잡한 나라가 어디 있습니까? 아직도 이데올로기로 싸우고 있는 나라, 세계 유일의 남과 북이 갈라져 있는 나라, 세계화 속에 살면서도 아직도 반미(反美)니 친미(親美)니 하고 있는 나라, 심심하면 대통령 갈자고 말하는 공권력이 상실된 나라, 흉악한 범죄가 끊이지 않는 나라, 가정 파괴 세계 2위의 나라, 불륜이 정상이 되어 있는 나라, 돈이면 뭐든지 다 되는 나라.... 이런 정신 없는 나라, 불의가 판치는 나라, 새로움에 대한 갈망이 있는 나라가 바로 현재 대한민국의 모습입니다.

시간이 지날수록 세상은 점점 더 어두워질 것입니다. 100년 전보다는 1000년 전이 더 평화로운 시대였습니다. 10년 전보다는 100년 전이 더 좋은 시대였습니다. 현재보다는 10년 전이 더 좋은 시대였습니다.

과학문명은 발전되어 삶의 질은 향상되었으나, 사람들의 윤리 수준은 바닥을 치고 있고, 종교인들도 타락해서 못 믿는 시대에 살고 있습니다. 기독교인들은 세상을 선한 방향으로 이끄는 자들이 아닌, 욕을 먹는 대명사가 되어 버렸습니다.

세상은 점점 더 어두워질 것입니다. 왜냐하면 역사가 진행될수록 종말이 가까워 오기 때문입니다. 어둠이 깊어져야 새벽이 오는 것입니다. 죽음이 있어야 새로운 삶이 시작되는 것입니다.

그래서 디모데후서 3장 1~5절을 보면 말세에 이 지구상에 살아가는 사람들의 특징을 말해 주고 있습니다.

"네가 이것을 알라. 말세에 고통하는 때가 이르리니 사람들은 자기를 사랑하며, 돈을 사랑하고, 자긍하며, 교만하며, 훼방하며, 부모를 거역하며, 감사치 아니하며, 거룩하지 아니하며, 무정하며, 원통함을 풀지 아니하며, 참소하며, 절제하지 못하며, 사나우며, 선한 것을 좋아하지 아니하며, 배반하여 팔며, 조급하며, 자고하며, 쾌락을 사랑하기를 하나님 사랑하는 것보다 더하며, 경건의 모양은 있으나 경건의 능력은 부인한다."

지금 우리의 모습, 한국의 모습, 세계의 모습이 아닌가 생각됩니다. 다시 말하면, 종말이 점점 가까워 온다는 것입니다. 얼마 전에 중국에서 대형 지진이 나서 수많은 사람들이 죽었습니다. 일본에서도 강진이 일어났습니다. 이것이 종말의 징조인 것입니다.

예수님께서 마태복음 24장에 미래에 대해 예언하셨습니다. 예수님의 예언은 현재 정확하게 이루어지고 있습니다. 다같이 마태복음 24장 3~8절을 함께 읽겠습니다.

예수께서 감람산 위에 앉으셨을 때에 제자들이 조용히 와서 이르되, 우리에게 이르소서. 어느 때에 이런 일이 있겠사오며 또 주의 임하심과 세상 끝에는 무슨 징조가 있사오리이까? 예수께서 대답하여 가라사대, 너희가 사람의 미혹을 받지 않도록 주의하라. 많은 사람이 내 이름으로 와서 이르되, 나는 그리스도라 하여 많은 사람을 미혹하리라. 난리와 난리 소문을 듣겠으나 너희는 삼가 두려워하지 말라. 이런 일이 있어야 하되 아직 끝은 아니니라. 민족이 민족을, 나라가 나라를 대적하여 일어나겠고, 곳곳에 기근과 지진이 있으리니 이 모든 것은 재난의 시작이니라.

예수님의 예언입니다. 예수님의 예언은 정말 정확하게 이루어지고 있습니다.

4~5절의 "너희가 사람의 미혹을 받지 않도록 주의하라. 많은 사람이 내 이름으로 와서 이르되, 나는 그리스도라 하여 많은 사람을 미혹하리라."는 말씀이 이루어지고 있습니다. 요즘 수많은 이단들이 판치고 있습니다. 자신이 구원자라고 말하는 사람이 있습니다. 우리 나라의 대표적인 이단은 통일교입니다. 통일교의 교주는 문선명인데, 막대한 자금으로 엄청난 영향력을 행사하고 있습니다.

통일교는 여러 회사, 여러 재단, 여러 학교들을 운영하면서 자신들의 세력을 지금도 계속 확장하고 있습니다.

지난 대선에서는 평화통일가정당을 만들어 전국구에 모든 후보자를 내놓으며 정계 진출까지 노리고 있으며, 스포츠를 통해 좋은 이미지를 만들기 위해 노력하고 있습니다. 피스퀸컵, 피스컵은 통일교에서 주최하는 것입니다.

통일교뿐만 아니라, 요즘에는 신천지라는 이단이 득세해서 교회를 무너뜨리려 하고 있습니다.

7절의 말씀 "민족이 민족을, 나라가 나라를 대적하여 일어나겠고, 곳곳에 기근과 지진이 있으리니"도 정확히 이루어지고 있습니다. 전세계에는 내전이 일어나 민족이 민족을 대적하고 있고, 중동은 화약고로 유명하며, 아프리카는 기근의 문제, 그리고 전세계에는 지진의 공포가 일어나고 있습니다.

이러한 말세의 상황이기에 하나님은 이 시대의 영웅들을 찾으시는 것입니다. 하나님의 일을 위해, 세상에 선한 영향력을 발할 수 있게 준비된 하나님의 일꾼들을 찾으시는 것입니다. 시대가 영웅을 만듭니다. 어려운 시대, 힘든 시대, 말세가 가까운 시대이기에 이 시대는 더욱 영웅이 필요하고, 그래서 하나님은 진정한 영웅, 비전있는 사람들을 찾고 계십니다.

이 장의 본문을 보면, 이스라엘도 영웅이 필요한 시대였습니다. 모세는 미디안에 피난 와서 40년 간을 양을 치는 목자로 사는 동안, 이스라엘 사람들은 이집트의 노예로서 힘들게 살았습니다. 본문 23절에 보니까, 여러 해 후에 이집트 왕은 죽었다고 나옵니다. 여기서 이집트 왕은 모세의 생명을 끈질기게 노리던 투트모세 3세(BC. 1504-1448)입니다. 모세를 양자로 입양시킨 핫셉슈트는 모세의 도피 사건 이후 약 4년 후에 죽었고, 이집트의 실권은 투트모세 3세에게 넘어갔습니다. 그는 약 32년 간 이집트를 통치한 강력한 왕으로서 상당한 업적을 남겼습니다. 마침내 그도 약 BC. 1448년 경 죽었습니다. 그 다음 투트모세 3세를 이어 왕위에 오른 아멘호텝 2세(BC. 1448-1424)였는데, 그 역시 부왕 못지 않은 강력한 통치자로 이스라엘 민족들을 굉장히 많이 괴롭혔습니다. 이스라엘 민족들은 너무 괴로워서 탄식하며 하나님께 부르짖었습니다. 그 부르짖음이 하나님께 올려졌습니다.

하나님은 우리 인간의 부르짖음을 들으시는 분이시고, 그 문제를 해결해 주시는 분이십니다.

어려우십니까? 힘드십니까? 하나님께 간절히 부르짖으십시오. 하나님께서 들어주십니다.

하나님은 이스라엘 민족들의 고통의 부르짖음을 듣고, 아브라함, 이삭, 야곱에서 세우신 창세기 15장 13~16절의 약속 즉, 다시 이스라엘 땅으로 돌아오게 하시겠다는 약속을 기억하셔서 이스라엘 자손들을 불쌍히 여기셨습니다. 그리고 이스라엘 민족들의 고통을 들어주시고, 노예로부터 해방시킬 지도자를 찾으셨던 것입니다. 그 지도자가 바로 미디안 땅에서 양을 치던 모세였던 것입니다.

비전의 때는 고난의 때입니다. 어두움의 때입니다. 희망이 필요할 때입니다. 하나님께서 비전의 사람을 택하실 때, 필요로 하실 때는 세상이 어두울 때입니다. 윤리가 땅에 떨어졌을 때입니다. 하나님의 정의가 사람들의 욕심에 의해 가리워질 때입니다. 바로 지금 이때입니다.

홍수 때에는 물이 많습니다. 사방이 물입니다. 그러나 정작 마실 물은 없습니다. 지금 기독교인은 정말 많습니다. 우리 나라에는 1,000만 기독교인이 있다고 합니다. 그러나 세상은 옳게 변하지도 않고, 오히려 기독교인들이 욕을 먹고 있습니다. 배추를 절일 때 필요한 것은 소금입니다. 소금 한 주먹만 있으면, 수많은 배추가 절여집니다. 배추와 소금을 합친 무게의 5%도 안 되는 무게의 소금만 있어도 배추는 절여집니다. 배추가 절여지지 않으면 그것이 기적입니다. 그런데, 배추와 소금을 합친 무게의 25%가 넘는 무게의 소금이 있는데도 배추가 절여지지 않는 기적이 지금 우리 나라에서 일어나고 있습니다.

이 현상을 어떻게 해석할 수 있을까요? 그것은 진짜 짠 소금이 적다는 뜻이겠지요. 즉, 수많은 기독교인 중에 참된 기독교인, 하나님께 쓰임 받는 진정한 비전의 사람들은 소수라는 말입니다. 이러한 안타까운 현실을 맞이하고 있는 이때에 예수 그리스도의 복음으로 무장된, 하나님의 용사, 비전을 갖춘 하나님의 특전사들이 절실히 필요한 것입니다.

유혹과 혼란의 시대 속에서 시대의 조류에 흘러가지 말고, 시대의 조류를 거슬러 올라가 말씀과 기도 속에 깨어서 하나님께 쓰임 받기 원하는 비전을 갈망할 때, 하나님은 여러분을 모세와 같이 쓰실 것입니다. 시대의 등불로 쓰실 것입니다.

예수님의 십자가의 원리로 확고히 무장하면 하나님은 여러분을 영향력 있는 사람으로 크게 사용하실 것입니다. 요한복음 12장 24절에 예수님의 십자가의 원리가 나와 있습니다.

내가 진실로 진실로 너희에게 이르노니 한 알의 밀이 땅에 떨어져 죽지 아니하면 한 알 그대로 있고 죽으면 많은 열매를 맺느니라.

예수님께서 이 말씀을 얼마나 강조하셨으면, "진실로 진실로"라는 말을 덧붙이셨겠습니까? 이 말씀은 예수님의 가르침, 예수님의 삶을 보여줍니다. 그 내용은 땅에 떨어져 죽어야 한다는 것입니다. 이것이 바로 십자가의 원리입니다. 죽어야 하는 것입니다. 희생해야 하는 것입니다. 손해를 각오해야 하는 것입니다. 최고의 희생의 모습이 바로 순교인 것입니다. 자기 목숨을 희생한 것이니까요.

그런데 재미있는 것은 희생하면, 손해보면, 죽으면 그때 싹이 트고, 줄기가 생기고, 많은 열매를 맺게 된다는 것입니다. 희생하고, 손해보고, 죽을 때.... 바로 그때 살아나고, 부흥되고, 변화되고, 인정받게 된다는 것입니다.

기독교의 역사가 이 원리를 보여줍니다. 로마 박해시대에 수많은 기독교인들이 손해보고, 희생하고, 순교하니까 기독교인이 인정받고, 전도의 문이 열리고, 기독교가 부흥되며, 기독교가 공인되고, 기독교가 국교가 되어서 예수님을 박해하던 로마가 전 세계에 선교하는 선교중심 국가가 된 것입니다. 우리나라 최초의 기독교 선교사 토마스도 대동강에서 희생하고, 순교하니까 한국 땅에 복음이 들어오고, 평양 대부흥 운동 등을 통해 기독교가 인정받고, 기독교가 부흥하게 된 것입니다.

일제강점기에 희생을 제일 많이 한 종교는 바로 기독교였습니다. 그때 기독교는 전체 인구에서 5%도 안 되었습니다. 그런데도 삼일운동 때 민족지도자 33인의 반은 기독교인이었습니다. 애국지사는 거의 대부분은 기독교인이었습니다. 그때 기독교인은 정직의 대명사요, 인정받는 사람의 대명사였습니다. 왜 그랬을까요? 바로 예수님의 원리로 교회가 운영되고, 예수님의 원리로 기독교인들이 살았기 때문입니다.

십자가를 져야 합니다. 내가 죽어야 합니다. 내가 희생하고, 손해를 보아야 합니다. 그때 내가 인정받습니다. 내가 잘 됩니다. 그때 한국교회가 살아납니다. 그때 세상이 밝아지고, 변화될 가능성이 생기는 것입니다.

지난 년도는 한국교회 평양대부흥 100주년을 맞이하는 해였습니다. 여러 행사와 대형집회를 했습니다. 거대한 캐치 프레이즈를 걸고, 큰 행사를 하는 것도 중요합니다. 그러나 더 중요한 것은 한국교회의 십자가 신앙, 십자가 원리가 회복되는 것, 한국교인들의 희생정신이 회복되는 것입니다. 이러한 역사가 일어날 때, 바로 그때 부흥을 노래할 수 있는 것입니다.

사랑하는 젊은이 여러분! 혼란한 시대에, 어두운 시대에, 어렵고 힘든 시대에, 기독교인이 무시당하는 시대에, 기독교인이 많음에도 불구하고, 변화의 기미는 보이지 않고 있는 안타까운 시대에 젊은 여러분이 일어서야 합니다. 여러분 한 사람 한 사람이 하나님의 비전을 품은 모세가 되어야 합니다.

절대로 잊지 마십시오. 모세는 성경 속에서만 존재하는 인물이 아닙니다. 여러분도 모세가 될 수 있습니다. 시대에 편승하지 않고, 신앙으로 무장하고, 예수님의 십자가의 원리를 회복하고, 하나님의 비전을 갈망하면 됩니다.

이 시대의 모세들이 대한민국에서 많이 나오기를 진심으로 간절히 소망합니다.

하나님! 우리 나라에 수많은 모세들이 나올 수 있도록 인도하여 주소서! 아멘.

근신하라. 깨어라. 너희 대적 마귀가 우는 사자 같이 두루 다니며 삼킬 자를 찾나니(벧전 5:8)

 함께 기도합시다!

1. 시대를 읽을 수 있는 영적인 지혜를 가질 수 있도록
2. 세상이 흘러가는 조류에 편승하지 말고, 거슬러 올라갈 수 있는 강인한 믿음을 소유할 수 있도록
3. 예수님의 십자가의 원리를 실천함을 통해 어두운 이 때에 시대를 밝히는 비전있는 사람이 될 수 있도록
4. 하나님의 말씀으로 무장되어 세상을 이기는 사람이 될 수 있도록
5. 마지막 때에 예수 그리스도의 생명의 복음을 땅 끝까지 전하는 사람이 될 수 있도록

(1) 역대하 7장 14절

내 이름으로 일컫는 내 백성이 그들의 악한 길에서 떠나 스스로 낮추고 기도하여 내 얼굴을 찾으면 내가 하늘에서 듣고 그들의 죄를 사하고 그들의 땅을 고칠지라.

(2) 시편 1편 1~2절

복 있는 사람은 악인들의 꾀를 따르지 아니하며, 죄인들의 길에 서지 아니하며, 오만한 자들의 자리에 앉지 아니하고, 오직 여호와의 율법을 즐거워하여 그의 율법을 주야로 묵상하는도다.

(3) 시편 119편 9절

청년이 무엇으로 그의 행실을 깨끗하게 하리이까. 주의 말씀만 지킬 따름이니이다.

(4) 전도서 11장 9절

청년이여, 네 어린 때를 즐거워하며 네 청년의 날들을 마음에 기뻐하여 마음에 원하는 길들과 네 눈이 보는 대로 행하라. 그러나 하나님이 이 모든 일로 말미암아 너를 심판하실 줄 알라.

(5) 전도서 12장 1~2절

너는 청년의 때에 너의 창조주를 기억하라. 곧 곤고한 날이 이르기 전에, 나는 아무 낙이 없다고 할 해들이 가깝기 전에, 해와 빛과 달과 별들이 어둡기 전에, 비 뒤에 구름이 다시 일어나기 전에 그리하라.

(6) 로마서 12장 1절

그러므로 형제들아, 내가 하나님의 모든 자비하심으로 너희를 권하노니 너희 몸을 하나님이 기뻐하시는 거룩한 산 제물로 드리라. 이는 너희가 드릴 영적 예배니라.

(7) 디모데후서 3장 1~5절

너는 이것을 알라. 말세에 고통하는 때가 이르러 사람들이 자기를 사랑하며 돈을 사랑하며 자랑하며 교만하며 비방하며 부모를 거역하며 감사하지 아니하며 거룩하지 아니하며 무정하며 원통함을 풀지 아니하며 모함하며 절제하지 못하며 사나우며 선한 것을 좋아하지 아니하며 배신하며 조급하며 자만하며 쾌락을 사랑하기를 하나님 사랑하는 것보다 더하며 경건의 모양은 있으나 경건의 능력은 부인하니 이같은 자들에게서 네가 돌아서라.

(8) 베드로전서 5장 8절

근신하라. 깨어라. 너희 대적 마귀가 우는 사자 같이 두루 다니며 삼킬 자를 찾나니.

(9) 요한일서 2장 18절

아이들아, 지금은 마지막 때라. 적그리스도가 오리라는 말을 너희가 들은 것과 같이 지금도 많은 적그리스도가 일어났으니 그러므로 우리가 마지막 때인 줄 아노라.

(10) 요한계시록 1장 8절

주 하나님이 이르시되, 나는 알파와 오메가라. 이제도 있고 전에도 있었고 장차 올 자요 전능한 자라, 하시더라.

CHAPTER 4

비전과 만남

(출애굽기 3장 1절~6절)

여러분, 여러분은 지금까지 살아오면서 가장 중요했던 만남이 무엇이라고 생각하세요? 지금까지 살아오면서 많은 사람들을 만났을 것입니다. 제일 먼저는 이 세상에 태어나서 부모님과 만났을 것이고, 유치원에 가서 친구들을 만났을 것이고, 선생님들을 만났을 것이고, 교회 선생님들, 후배, 선배와도 만났을 것입니다. 남자 친구, 여자 친구와도, 남편, 부인과도 만났을 것입니다. 물론 이와 같은 인간 대 인간의 인격적인 만남뿐만 아니라, 책과의 만남이나 텔레비전을 통한 스타와의 만남과 같은 비인격적인 혹은 간접적인 만남도 있었을 것입니다. 수많은 만남이 있어 왔는데 여러분은 이 중 어떠한 만남이 여러분 인생에 가장 기억에 남습니까?

분명 수많은 만남의 대부분은 대수롭지 않게 생각될 수 있는, 여러분의 삶에 아무런 영향도 미치지 못한 만남이었을 것입니다. 그러나 여러분 삶에 영향을 주었다고 생각되는 소수의 중요한 만남을 생각해 보면 분명히 여러분의 변화와 연결되어 있을 것입니다. 어떤 사람을 만나서 나의 가치관이 변화되었다든가, 행동이 변화되었다든가, 생각이 변화되었다든가, 꿈이 변화되었다든가 하는 "변화가 있었던 만남"을 여러분은 가장 중요했던 만남이었다고 기억하고 있을 것입니다. 그래서 이번 장은 여러분의 삶에 엄청난 영향을 줄 수 있는 만남에 대해 이야기해 볼까 합니다.

저도 인생을 살아보면서 개인적으로 잊지 못할 몇 가지의 만남이 있었습니다. 고1 때 교회 선생님과의 소중한 만남이 있었습니다. 그 선생님은 제가 고1 때 대학교에서 성악을 전공하시던 분이셨는데. 굉장히 신실하시고, 헌신된 분이셨어요. 그 선생님은 저에게 말씀도 가르쳐 주시고, 찬양집회에 항상 저를 데려가셔서 방황할 뻔하던 저를 올바른 길로 인도해 주시고, 하나님을 만날 수 있도록 도와 주셨어요.

이분 말고도 저의 삶에 큰 영향을 주었던 만남이 몇 가지 있었지만, 그래도 저의 삶에 정말 충격적인 영향을 주었던 가장 소중한 만남은 바로 하나님과의 만남이었습니다.

그 충격적인 만남은 바로 고등학교 1학년 겨울방학 겨울수련회 때 만났던 하나님이었습니다. 저는 부모님께서 다 교회에 다니시기 때문에 교회에는 잘 다녔습니다. 그러다가 고등학교에 들어가서부터 신앙적인 방황이 오기 시작했습니다. 지금까지 내가 믿어 온 하나님이 진짜 살아계신 하나님이 맞는가, 내가 지금까지 무엇을 믿어왔지 등등으로 계속 고민하고 또 고민했습니다. 그리고 결심했습니다. 나의 하나님을 찾겠다고요. 그 결심을 하고나서부터 저는 매일, 하나님이 살아 있다면 제발 제 눈앞에 나타나달라고 항변했습니다. 눈앞에 나타나기 전까지는 절대로 당신을 믿을 수 없겠다고요. 이런 반항적인 기도를 일년 반 동안이나 했습니다. 여러분은 밥 먹을 때 어떤 기도를 하나요? 식사기도하지요? 그러나 저는 밥 먹을 때 이런 기도를 했어요. 밥을 앞에 두고 인상을 쓰면서 하나님이란 자가 진짜 있다면 내 눈앞에 나타나 달라고요. 밥 먹을 때, 잠자기 전, 일어난 후, 공부할 때 등등 한숨 쉬는 한탄 속에서 수시로 이런 기도를 했습니다. 그리고 저는 그때 매일매일 하늘을 바라보고 다녔습니다. 왜냐하면 하나님이 있다면 하늘에 나타날 것이라고 생각했기 때문이에요. 눈을 막 비비다가 하늘을 쳐다보기도 하고, 머리를 흔들다가 하늘을 쳐다보기도 했습니다. 무언가 특이한 것을 보게끔 하려고요. 여러분은 이 글을 읽으면서 웃으실지 모르지만, 저는 그때 정말 처절하게 몸부림치며 하나님을 찾았었습니다.

그렇게 일년 반이 지났습니다. 일년 반이 지나도 하나님이 나타나지 않으시자 저는 하나님이 없을 것이라는 결론에 이르렀습니다. 그리고 이제는 교회에 나가지 말고, 나의 힘을 의지하며 살자는 결심을 하게 되었습니다. 이러한 방황 속에 고등학교 1학년 과정이 끝나고 겨울방학이 시작되었습니다. 저는 하나님을 부정하면서 하루하루를 지내고 있었습니다.

그러던 어느 날 아침에 신문을 보다가 초교파적으로 전국청소년동계수련회가 있다는 광고를 보았습니다. 저는 이상하게 그 수련회에 가고 싶다는 충동을 느꼈습니다. 그리고 마지막으로 결심했습니다. 이 수련회에서 하나님이 나에게 나타나지 않으면, 나는 이제 진짜로 하나님을 믿지 않겠다고요... 그래서 저는 그 수련회에 도를 닦는 심정으로 참가하게 되었습니다. 그 수련회는 정말 잘 준비된 수련회였습니다. 찬양팀의 뜨거운 찬양, 목사님들의 은혜스런 말씀들.... 그러나 제 안에는 아무런 반응도 일어나지 않았습니다. 첫째 날이 지나고, 둘째 날이 지나고, 드디어 셋째 날 마지막 저녁이 돌아왔습니다. 빨리 이 수련회를 마치고 집에 가야겠다는 생각으로 가득 찬 채 자리에 마지못해 앉아있던 그 마지막 저녁 집회 때 드디어 하나님은 저를 만나주셨어요. 제 마음이 불같이 뜨거워지면서 성령님께서 제 안에 들어오셨습니다. 저는 지금까지 지었던 잘못들, 하나님을 부정했던 잘못을 진정으로 회개하게 되었고, 입으로 "하나님은 정말 살아계십니다. 이제는 하나님의 뜻대로 살겠습니다."라는 고백을 하게 되었습니다.

저는 하나님을 만나고 나서 큰 변화를 겪게 되었습니다. 저의 삶의 중심이 하나님으로 바뀌게 되었고, 하나님을 만난 것이 그렇게 기쁠 수가 없었어요. 그 기쁨은 제가 이 세상에 태어나서 느꼈던 가장 큰 기쁨이었습니다.

지금 돌이켜 보면, 제가 하나님을 만날 수 있었던 이유는 제가 간절하게 하나님을 찾았기 때문이었고, 영적인 것을 사모했기 때문입니다.

이번 장 본문의 모세도 하나님을 만났습니다. 하나님을 만나서 그의 인생이 완전히 변화하게 됩니다. 하나님을 만나서 하나님의 자녀로, 하나님의 종으로 인정받고, 쓰임받게 됩니다.

사랑하는 여러분! 비전을 받기 원합니까? 비전있는 인생이 되기 원합니까? 그러기 위해서는 말할 것도 없이 하나님을 만나야 합니다. 하나님을 전인격적으로 만나야 합니다. 하나님을 진정으로 만나지 않고는 비전 자체를 논할 수가 없습니다. 비전의 전제는 하나님과의 만남입니다. 모세를 만나 주시고, 모세에게 비전을 주신 그 하나님을 여러분도 진정으로 만나게 되는 놀라운 역사가 일어나기를 주님의 이름으로 간절히 소망합니다.

모세는 미디안 땅에 들어가서 40년 동안 장인 이드로의 양들을 치면서 평범한 목자의 인생을 살아가게 됩니다. 모세는 하루하루의 반복되는 일상 속에 파묻혀 살다가 자신의 모습을 돌아보게 됩니다. 자신의 신앙을 돌아보게 됩니다. 자신의 민족의 신, 어린 시절 어머니께서 유모로서 나를 키우실 때 어렵게 가르쳐 주셨던 유일신 여호와 하나님을 떠올려 봅니다. 그러면서 하나님을 갈망하게 됩니다. 하나님을 만나고 싶은 열정이 마음 속에 우러나오게 됩니다. 모세는 하나님과 만나고 싶다는 갈망, 그 열정을 가지고 하나님의 신비를 찾게 됩니다. 그래서 모세는 1절에 보면, 하나님의 산, 하나님께서 임재하신다고 믿는 신비의 산 호렙으로 발걸음을 옮기게 됩니다.

그곳에 이르러 모세는 신비한 광경을 목격하게 됩니다. 떨기나무가 불꽃 가운데에 있는데, 그 떨기나무가 전혀 타지 않는 광경이었습니다. 이 떨기나무의 이름은 '아카시아 닐로티카' 로 시내 광야에서 흔히 발견되는 일종의 가시덤불이었습니다. 이 나무는 주위의 고상하고 당당한 나무들과는 대조적으로 앙상하고 아주 볼품없이 생기고, 약한 나무인데, 이 나무에 불이 붙었는데도 타지 않는 것이었습니다. 모세는 그 떨기나무를 보면서 도망자의 신분으로서 조용히 살아가고 있는 자신의 볼품없고, 부족한 모습을 보았을 수도 있고, 노예로 전락하여 곤핍하고 메마른 생활을 하고 있던 이스라엘 백성들의 모습이 연상되었을 수도 있습니다. 그러나 신비한 것은 불이 붙었으나 타지 않는다는 점이었습니다.

모세는 이러한 신비에 황홀해 하면서 멍하니 떨기나무를 쳐다보고 있는데, 그 떨기나무 속에서 하나님이 나타나셨습니다. 하나님은 모세를 부르십니다. "모세야! 모세야!"

사랑하는 여러분! 여러분이 모세라고 상상해 보십시오.

저 같았으면 놀라서 기절했을지도 모릅니다. 그러나 모세는 하나님을 갈망하고, 하나님을 찾고자 여기까지 왔기에 하나님을 만난 놀라운 감격으로 대답합니다.

"내가 여기 있나이다." "하나님! 이 부족하고, 떨기나무같이 나약한 저 여기 있나이다."

그러자 하나님께서는 다음과 같이 말씀하십니다.

"이리로 가까이하지 말라. 너의 선 곳은 거룩한 땅이니 네 발에서 신을 벗으라."

죄악된 인간과 거룩하신 하나님 사이에는 좁힐 수 없는 간격이 있습니다. 하나님과 우리는 격이 다릅니다. 하나님을 만나게 되면, 하나님은 죄가 없으신 거룩한 분이시며, 나는 죄 많은 더러운 인간임을 깨닫게 됩니다. 우리는 하나님께 가까이 나아갈 수 없는 부족한 존재임을 깨닫게 됩니다.

그리고 하나님이 역사하시는 곳은 거룩한 곳이기 때문에, 하나님이 나에게 역사하시면, 내가 거룩한 성소(고전 3:16)가 되어야 하기에 신발을 벗어야 합니다. 죄악된 장소를 다니고, 죄악된 행위를 하느라 더러워진 신발을 벗어야 합니다. 즉, 우리의 옛사람을 벗어 버려야 합니다. 그러기 위해서는 우리의 죄를 처절하게 회개해야 합니다. 하나님을 진정으로 만나면 나타나는 자연스러운 반응이 자신의 모든 죄를 처절하게 회개하게 된다는 것입니다.

회개가 이루어지면 우리는 하나님의 역사로 인해 거룩해집니다. 우리의 의로 거룩해지는 것이 아니라 하나님을 만났기에 거룩하게 되는 것입니다. 하나님을 만나서 예수 그리스도의 십자가의 피로 말미암아 죄씻음을 얻었기에 거룩하게 되는 것입니다.

하나님과의 만남으로 인해서 의인이라고 칭함 받았고, 거룩하게 되었다고 칭함 받는 것입니다. "칭의"의 교리는 우리가 선한 일을 해서 의로워지는 것이 아닙니다. 우리는 죄인이지만 하나님 쪽에서 우리를 향해서 의롭다고 인정해 주시는 것입니다. 의롭지 않은데, 의롭다고 말해 주시는 것입니다.

최고급 레스토랑에 들어가려면, 양복을 입어야 합니다. 양복을 입지 않고 맨몸으로 가면 직원들이 절대로 들어가지 못하게 할 것입니다. 우리가 천국에 들어가는 모습도 마찬가지입니다. 우리의 맨몸은 죄로 얼룩져 있어서 천국에 들어갈 수 없습니다. 하지만, 예수님이라는 멋진 양복을 입으면 천국에 들어갈 수 있는 것입니다. 우리의 몸이 얼마나 더럽고, 추잡스러운지가 중요한 것이 아니고, 오직 멋진 양복 때문에 최고급 레스토랑에 들어가는 것처럼, 멋진 양복과 같은 예수님이라는 옷을 우리가 입기에 천국에 들어가는 것입니다.

제가 고등학교 2학년 때 정말 지금도 웃게 만드는 재미있는 일이 학교에서 일어났습니다. 어느 영어 시간이었습니다. 그때 영어 선생님은 힘이 드셨는지 가르치시지 않고, 저희 반 아이들에게 자습을 하라고 말씀하셨습니다. 그리고 영어 선생님은 제 앞자리가 빈 것을 아시고, 그곳에 오셔서 앉으셨습니다. 조용히 자습하고 있는데, 갑자기 교실 앞문이 '쾅' 하고 열렸습니다. 저희 반 학생들은 일제히 앞문으로 시선이 향해졌습니다. 교실 앞문에는 무섭기로 소문난 교장 선생님이 서 계신 것이었습니다. 그리고 학생들을 향해 이렇게 말씀하셨습니다. "너네 선생, 어디 갔냐?" 그러자 저희들은 제 앞에 앉아계시는 선생님을 가리켰습니다. 그러자 교장 선생님은 눈이 두 배 커지시고, 얼굴이 분노로 가득 찬 상태로 제 앞에 앉아계시던 선생님을 향해 손가락을 가리키시면서 이렇게 소리치셨습니다. "야! 거기 사복 입은 놈 앞으로 나와!" 저희 반 학생들은 배꼽이 빠지도록 웃었습니다. 황당해 하고 있는 영어 선생님의 얼굴은 지금도 잊을 수가 없습니다. 사태를 파악하지 못한 교장 선생님은 아예 제 앞자리에 와서 선생님을 끌고 나가셨습니다. 교장 선생님이 눈이 안 좋으셨나 봅니다. 그 이후로 저희 반 주위에서 교장 선생님을 볼 수가 없었습니다.

사랑하는 젊은이 여러분! 아무리 권위있고, 우리와는 달리 높아 보이는 선생님도 교복을 안 입었기에 교장 선생님이 보았을 때는 말 안 듣는 사복 입은 학생으로 보였던 것입니다. 교복을 안 입은 것이 죄였던 것입니다. 우리도 마찬가지입니다. 정말 깨끗하고, 착하고, 흠이 없다고 생각하는 사람도 예수님의 옷을 입지 않으면 교장 선생님이신 하나님께서 그 사람의 죄를 지적하시고, 혼을 내실 것입니다. 예수님의 옷을 입지 않은 것, 즉, 예수님을 구주로 영접하지 않은 것 자체가 바로 심판을 받을 무서운 죄입니다.

요한복음 3장 18절의 말씀과 요한복음 17장 3절의 말씀이 진리로 우리에게 다가옵니다.

> 그를 믿는 자는 심판을 받지 아니하는 것이요 믿지 아니하는 자는 하나님의 독생자의 이름을 믿지 아니하므로 벌써 심판을 받은 것이니라.(요 3:18)

> 영생은 곧 유일하신 참 하나님과 그가 보내신 자 예수 그리스도를 아는 것이니이다.(요 17:3)

본문의 모세는 하나님과 진정으로 만나고 자신의 부족한 모습을 다 내려놓자, 하나님께서는 모세에게 자신의 신분을 밝히십니다.

나는 네 조상의 하나님이니, 아브라함의 하나님, 이삭의 하나님, 야곱의 하나님이
니라.

너가 어린 시절 들어왔던, 너가 그렇게 찾고 싶었던 너희 민족의 신 여호와
하나님이 맞다는 말씀입니다.

모세는 그 말을 듣자마자 하나님 뵈옵기를 두려워하여 얼굴을 가렸습니다.
여기서 두려워하는 것은 물리적인 공포 때문에 두려워하는 그 두려움이 아니
라, 너무 존경스럽고, 자신은 따라갈래야 따라갈 수 없는 훌륭한 분이시기에
두려워하는 그 두려움을 말합니다. 우리도 정말 훌륭한 스승은 그림자도 밟을
수 없다고 말하잖아요. 스승님이 너무 훌륭하고, 존경스러워서 자신은 감히
따라갈 수 없는 분임을 느낄 때 존경이 두려움의 차원으로 넘어가는 것입니다.

이처럼 모세는 그렇게 만나고 싶었던 하나님을 만납니다. 하나님을 만나고 그
의 인생이 완전히 변합니다. 이제 더 이상 양이나 치는 평범한 목자가 아닙니다.
하나님의 비전을 받고 그 비전대로 살아가는 꿈의 사람이 되는 것입니다.

사랑하는 여러분! 비전의 전제는 하나님과의 만남입니다. 하나님을 만나고
나서 비전을 말하는 것입니다. 모 방송 코미디 프로그램에서 나온 말처럼 하
나님을 만나보지 않았으면, 비전에 대해 말을 하지 마시기 바랍니다. 하나님을
제대로 만나지 않고 생긴 꿈은 허황된 꿈일 수 있습니다. 자기 만족과 자신의
욕심만 채우려는 꿈일 수 있습니다.

저도 그랬습니다. 저는 어릴 적부터 정말 꿈이 많은 사람이었습니다. 저는
어릴 때부터 진로에 대해서도 진지하게 고민하고 차근차근 준비했습니다. 저
는 세상적인 성공에 관해 굉장한 집착을 가지고 있었습니다. 세상적으로 성공
해서 돈을 많이 벌고, 사회적으로 유명한 사람이 되는 것이 저의 꿈이었지요.
그리고 꼭 그렇게 될 수 있을 것이라고 생각했습니다. 그래서 초등학교 6학년

때부터 하나님 만나기전까지 되고 싶었던 꿈은 판사, 검사와 같은 법조계의 분야로 나가서 궁극적으로는 정치를 하는 것이었습니다. 저는 이 꿈을 이루기 위해 공부도 열심히 했고, 잘 했습니다. 그러나 하나님을 제대로 만나고 나서 저절로 제 입에서 지금까지 잘못된 꿈을 가지고 살아왔다고 회개 기도를 했습니다. 왜냐하면 이 꿈은 하나님으로부터 온 꿈이 아니고, 오직 나의 욕심과 이기적인 욕구에서 온 꿈이었기 때문입니다. 제가 가진 꿈을 이루기 위한 목적과 이유는 무조건 세상적인 성공과 돈 많이 벌고 싶은 자기 욕심으로 가득 차 있었던 것입니다. 그러나 제 말에 절대 오해 없으시기 바랍니다. 저처럼 목사 되는 것만이 하나님으로부터 온 꿈이라고 절대 생각하지 마시기 바랍니다. 절대로 그렇지 않습니다. 하나님은 어떤 사람에게는 법조계로, 어떤 사람에게는 정치계로, 어떤 사람에게는 음악계로, 어떤 사람에게는 교육계로 향한 꿈을 주십니다. 저에게는 목사의 길로 향한 꿈을 주셨다는 것입니다.

사랑하는 젊은이 여러분! 비전있는 자가 되기 원한다면 하나님을 간절히 찾으십시오. 쳇바퀴처럼 돌아가는 일상 속에서 한숨만 쉬며 끌려가듯이 살아가지 말고, 모세처럼 일상을 벗어나 하늘을 바라보십시오. 하나님을 찾으시고, 영적인 신비를 구하십시오. 눈을 들어 하나님을 바라보십시오. 하나님의 산으로 가십시오. 지금 시대의 하나님의 산은 교회입니다. 예배의 자리입니다. 예배의 자리로 나아가 간절하게 하나님을 찾으십시오. 저는 일년 반 동안 예배의 자리에서 하나님을 만나기를 간절히 소망하며, 기도하고 또 기도했습니다. 예레미야 33장 3절에는 다음과 같이 나와 있습니다.

너는 내게 부르짖으라. 내가 네게 응답하겠고, 네가 알지 못하는 크고 은밀한 일을 네게 보이리라.

하나님께 부르짖으며 간절하게 찾으십시오. 하나님께서 응답하시고, 크고 비밀한 신비를 보여 주실 것입니다. 또한, 예레미야 29장 13절에는 다음과 같이 나와 있습니다.

너희가 온 마음으로 나를 구하면 나를 찾을 것이요, 나를 만나리라.

대충이 아니고, 온 마음과 정성과 뜻을 다해서 전심으로 하나님을 찾고 또 찾으면 하나님께서 만나 주신다고 말씀하셨습니다. 전심으로 다해 집중해서 예배를 드리십시오. 예배의 자리는 하나님께서 임재하시고, 역사하시는 자리입니다. 간절한 마음으로 예배를 드리고, 하나님과 뜨겁게 만나기를 사모하십시오. 수련회에 갔으면, 딴 생각하지 말고, 대충 놀다 가겠다는 생각하지 말고, 무조건 하나님과 만나겠다는 마음가짐과 굳은 결심을 가지고 수련회 한 시간 한 시간을 집중해서 참여하십시오.

하나님을 만나고, 은혜를 체험하는 원리는 두 가지밖에 없습니다. 첫째 원리는 집중의 원리입니다. 집중하면 하나님 만나고 은혜를 체험합니다. 공부 못하는 애들의 특징이 무엇인 줄 아세요? 네, 국어 수업할 때 영어 생각하고, 영어 공부할 때 수학 생각하는 애들이 공부 못하는 애입니다. 마찬가지로 은혜 받지 못하는 교인 특징은 설교 시간에 공부 생각, 집안일 생각 등 다른 생각을 하는 교인입니다. 설교 시간에 집중해서 들으면 은혜 받습니다. 예배 시간에 집중하면 예배 속에서 하나님을 만나게 됩니다.

여러분, 저는 청소년들을 데리고 수련회를 많이 가 봤습니다. 그런데, 어떤 수련회를 인도하면 애들이 은혜 받고, 뒤집히고, 방언받고 합니다. 그런데 어떤 수련회를 인도하면 썰렁합니다. 그 차이가 어디서 오는 줄 아십니까? 바로 집중의 차이입니다. 은혜 잘 받는 집회는 자발적으로 오는 애들, 오고 싶어하는 애들이 많은 집회입니다. 이런 집회는 자기가 오고 싶어했으니까, 집회 시간마다 집중하니까 은혜 받을 수밖에 없는 것입니다. 그런데 어떤 집회는 부모님 때문에 억지로 왔기 때문에 집중을 하지 않는 것입니다. 집중을 안 하기 때문에 하나님을 만날 수도 없고, 하나님께서 은혜를 주실 수 없습니다.

둘째, 육체의 한계 뛰어넘음의 원리입니다. 새벽기도, 금식기도, 철야기도의 특징이 무엇인 줄 아십니까? 바로 육체의 한계를 뛰어넘는 신앙 행위입니다. 새벽에는 아직 자야 하기 때문에 졸립습니다. 사람은 밥을 먹어야 하기 때문에 금식은 불가능합니다. 밤에는 자야 하기 때문에 철야는 힘듭니다. 그런데 이와 같이 철야에 기도하고, 새벽에 기도하고, 금식하며 기도한다는 것은 육체의 한계, 인간의 한계를 뛰어넘는 것입니다. 이 한계를 뛰어넘으면 하나님께서 깜짝 놀라서 우리를 보시며, 우리를 축복하시고 우리에게 은혜를 주시는 것입니다.

집중의 원리와 육체의 한계 뛰어넘음의 원리를 잊지 마시기 바랍니다.

하나님과 만나고, 자신의 모든 죄를 회개하고, 예수 그리스도의 피로 말미암아 변화된 모습으로 살아가시기 바랍니다. 거룩한 새 사람으로 변화되어 하나님께서 내려주시고, 보여주시는 비전을 기대하고, 기다리는 믿음의 사람들, 하나님의 사람들이 다 되시기를 주님의 이름으로 간절히 소망합니다.

 함께 기도합시다!

1. 하나님을 전인격적으로 만날 수 있도록
2. 하나님과의 만남을 통해 내 인생이 변화될 수 있도록
3. 하나님과의 만남을 통해 하나님께서 원하시는 비전을 찾을 수 있도록
4. 신앙생활에 최우선 순위를 두며, 하나님께 집중하는 삶을 살 수 있도록
5. 육체의 한계를 뛰어넘을 수 있는, 세상이 감당치 못하는 강인한 신앙인이 될 수 있도록

 평생 간직해야 할 성경구절

(1) 이사야 55장 6절
너희는 여호와를 만날 만한 때에 찾으라. 가까이 계실 때에 그를 부르라.

(2) 예레미야 29장 13절

너희가 온 마음으로 나를 구하면 나를 찾을 것이요, 나를 만나리라.

(3) 예레미야 33장 3절

너는 내게 부르짖으라. 내가 네게 응답하겠고 네가 알지 못하는 크고 은밀한 일을 네게 보이리라.

(4) 아모스 5장 6절

너희는 여호와를 찾으라. 그리하면 살리라. 그렇지 않으면 그가 불 같이 요셉의 집에 임하여 멸하시리니 벧엘에서 그 불들을 끌 자가 없으리라.

(5) 마태복음 7장 7절

구하라. 그리하면 너희에게 주실 것이요. 찾으라. 그리하면 찾아낼 것이요, 문을 두드리라. 그리하면 너희에게 열릴 것이니.

(6) 마가복음 1장 15절

이르시되 때가 찼고, 하나님의 나라가 가까이 왔으니 회개하고 복음을 믿으라, 하시더라.

(7) 요한복음 16장 24절

지금까지는 너희가 내 이름으로 아무 것도 구하지 아니하였으나 구하라. 그리하면 받으리니 너희 기쁨이 충만하리라.

(8) 로마서 1장 17절

복음에는 하나님의 의가 나타나서 믿음으로 믿음에 이르게 하나니 기록된 바 오직 의인은 믿음으로 말미암아 살리라 함과 같으니라.

(9) 고린도전서 3장 16절

너희는 너희가 하나님의 성전인 것과 하나님의 성령이 너희 안에 계시는 것을 알지 못하느냐.

(10) 고린도전서 14장 12절

그러므로 너희도 영적인 것을 사모하는 자인즉 교회의 덕을 세우기 위하여 그것이 풍성하기를 구하라.

CHAPTER 5

비전과 준비

(출애굽기 3장 7절~12절)

　몽골 선교사인 이용규 선교사라는 분이 있습니다. 그는 베스트셀러가 된 책 『내려놓음』의 저자입니다. 저는 그 책을 통해 많은 감동과 도전을 받았습니다. 얼마 전에는 『더 내려놓음』이라는 후속편도 나왔습니다. 그는 서울대학교를 졸업하고, 하버드 대학교에서 박사학위를 받으신 수재이신데, 안락한 미래의 보장과 인간의 기대를 전부 내려놓고 학위를 받자마자 척박한 땅인 몽골 선교사로 헌신하여 "이레교회"의 담임사역자로 몽골인들을 섬기며, 교육사역을 감당하고 계십니다. 몽골의 크리스천 대학인 "몽골국제대학"의 부총장으로 봉직하고 계십니다. 그는 유학 중일 때 하나님을 만났습니다. 그리고 그는 하나님께 일평생을 헌신하기로 결단을 합니다. 그리고 열심히 공부했습니다. 그리고 세계 최고의 대학인 하버드 대학교에서 박사학위를 받으셨습니다. 그리고 그는 몽골 선교사로 들어갑니다. 사람들은 하버드 대학교까지 나와서 선교사를 가느냐고 의아해하고, 그가 하는 사역과 그가 젊은 시절 준비하고 헌신한 공부와는 아무 상관이 없다고 생각합니다. 하지만 그렇지 않습니다. 이용규 선교사님은 몽골의 크리스천 대학인 몽골국제대학교에서 부총장으로 봉직하며 자기 전공을 살려서 교육사역을 감당하고 있습니다. 그리고 세계 최고의 대학인 하버드 대학을 나왔기에 몽골에서도 영향력 있는 인물이 될 수 있어서 더 많은 몽골 사람들에게 예수님의 이름을 증거할 수 있게 된 것입니다. 그리고 최고의 학벌을 가지고 있었으나 주님을 위해 쓰고자 하는 그 모습에 많은 한국의 크리스천이 감동을 받아 그의 책은 베스트셀러가 되었고, 그는 한국에 오면, 전국의 교회에 다니면서 "주님 앞에 모든 것을 내려놓음"이라는 주제로 간증을 하며 은혜를 나누고 있습니다.

또 한 분의 인물을 소개해 볼까 합니다. 이분도 수재 중의 수재입니다.

이분은 정진호 교수라는 분인데, 서울대학교를 졸업하고, MIT에서 공부하신 분이십니다. 그는 우리 나라의 명문대학교 교수로 있을 수 있었으나 하나님의 부름을 받고, 모든 것을 내려놓고 중국에 갔습니다. 그는 중국 연변에 과학기술대학교란 기독교학교를 통해서 복음이 전파되기 힘든 중국에 간접적으로, 그러나 영향력 있는 방법으로 선교를 하게 되었습니다. 자신의 전문 분야를 갈고 닦고, 준비했기에 하나님께서는 정진호 교수를 택해서 시대적인 놀라운 사명을 감당하게 하시는 것입니다. 이 학교는 현재 중국에서도 손꼽히는 명문학교가 되었습니다. 중국은 선교의 자유가 없는 나라이기에 학교에서는 직접적으로 예수님의 복음을 전할 수는 없지만, 예수님의 모습을 삶으로 보여줌을 통해 학생들이 감동을 받고 예수님의 사랑을 느끼고, 예수님을 알게 되는 것입니다. 예수님의 사랑을 알고 느끼게 된 이 학교 출신들은 중국 곳곳에 퍼져 중국의 국가 경제를 이끄는 엘리트가 되어 예수님을 전파하며 중국선교에 중요한 역할을 감당하게 될 것이고, 실제로 그러한 역사가 시작되고 있습니다.

이 학교가 명문학교가 된 것을 북한도 알게 되었습니다. 그래서 북한도 이 학교에 대해 관심을 가지게 되었고, 많은 노력 끝에 북한 평양에도 이 과학기술대학이 세워지게 되었습니다. 이 학교를 통해 북한 땅에도 복음이 전파될 것이라고 확신하고, 정교수님을 통해 큰 역사들이 일어날 것입니다.

사랑하는 여러분! 하나님께서는 준비된 자를 쓰십니다. 비전은 뜬 구름잡는 상상도 아닙니다. 비전은 거창하게 생각하고, 부푼 가슴을 가진 채 가만히 있는다고 자연적으로 얻게 되는 것도 아닙니다. 비전은 철저한 준비와 노력을 통해 이루어지는 것입니다. 하나님은 준비된 자를 쓰십니다.

바울은 당대 최고의 교육기관에서 최고의 석학이었던 가말리엘 문하에서 공부한 수재였습니다. 그리고 히브리인 중에 히브리인이고, 율법에 정통한 사람이었습니다.

나는 유대인으로 길리기아 다소에서 났고, 이 성에서 자라 가말리엘의 문하에서 우리 조상들의 율법의 엄한 교훈을 받았고, 오늘 너희 모든 사람처럼 하나님께 대하여 열심이 있는 자라.(행 22:3)

나도 육체를 신뢰할 만하니 만일 누구든지 다른 이가 육체를 신뢰할 것이 있는 줄로 생각하면 나는 더욱 그러하리니, 내가 팔 일 만에 할례를 받고 이스라엘의 족속이요 베냐민의 지파요 히브리인 중의 히브리인이요 율법으로는 바리새인이요 (빌 3:4~6)

그 뿐만이 아니라, 바울은 당대에 가지기도 힘든 그 당시 세계 최고의 나라였던 대 로마의 시민권을 가지고 있었던 자였습니다.

바울의 이러한 준비된 것을 통해 하나님은 그를 쓰셨습니다. 율법에 전문가였기에 율법의 한계를 너무나 잘 알았고, 복음의 진리를 체계적으로 정리할 수 있는 실력이 있었습니다. 그래서 바울은 기독교 교리와 신학을 체계화시키는 큰 역할을 감당하게 된 것입니다. 또한 그는 최고의 엘리트였고, 유대 지도자였던 바리새인 계층에 포함되었던 사람이었기에 예수님의 가르침을 믿지 않고, 대적하는 유대 지도자들과 만나서 토론을 할 수 있었고, 기독교를 변증할 수 있었습니다.

더욱이 그는 로마 시민권자였기에 로마시민이 아니면 절대로 갈 수 없는 로마 황제에게 재판받으러 갈 수 있었던 것입니다. 바울이 로마에서 재판받는 2년의 기간 동안 로마에서 예수 그리스도를 전할 수 있었는데, 그 사역으로 말미암아 로마에 기독교가 퍼지게 되는 계기가 되었습니다. 결국 기독교 박해 국가인 로마가 313년경에 기독교가 공인되며, 392년 경에 기독교가 국교가 되었습니다. 그리고 로마가 기독교 국가가 됨으로 말미암아 로마를 통해 기독교가 전계로 확장되는 놀라운 역사가 일어나게 되었습니다. 즉, 바울로 인해 기독교가 전세계로 확장하게 되었던 것입니다.

또한 놀라운 학식과 글재주를 통해 신약성경의 반 이상을 쓰게 되는 놀라운 사역을 감당하게 된 것입니다.

이번 장 본문에 나온 모세도 그러했습니다.

본문에서 하나님은 모세에게 말씀하십니다.

"내가 이집트에 있는 내 백성의 고통을 보았고, 부르짖음을 들었고, 그들의 고난을 안다. 그래서 내가 그들을 이집트에서 구출해내서 아름답고 광대한 땅, 젖과 꿀이 흐르는 가나안 땅으로 들어가게 하겠다. 이제 내가 그 일을 너 모세에게 맡길 것이다. 너를 이집트 바로왕에게 보내서 이스라엘 자손을 이집트에서 인도하여 내게 하겠다."

하나님의 음성을 들은 모세는 두려워서 하나님께 말합니다.

"하나님! 네가 누구관대 바로왕에게 가며 이스라엘 자손을 애굽에서 인도하여 내리이까? 전 못합니다. 저는 그런 일을 할 위인이 못 됩니다."

그러나 하나님은 강하게 모세에게 말씀하십니다.

"너가 적임자다. 내가 확실히 너와 함께 있고, 너는 백성을 이집트에서 인도하여 낸 후에 지금 이 산에서 나 하나님을 섬기게 되리라."

사랑하는 젊은이 여러분! 하나님께서 왜 이스라엘을 이집트의 손에서 이끌고 나올 엄청난 일을 목자로서 40년 동안 평범하게 살아가고 있는 모세에게 맡기셨을까요? 왜 모세가 적임자였을까요?

그것은 모세는 준비된 자였기 때문입니다. 그는 일단 이집트 왕궁 출신입니다. 그는 이집트 사람은 아니었으나, 왕궁에 살면서 이집트 왕자의 신분으로 이집트 최고의 교육을 받으며 자라났을 것입니다. 이집트어도 배우고, 왕궁의 법도도 배우고, 통치의 기술, 지도자의 자질도 배웠을 것입니다. 이러한 교육을 통해 그는 통치의 기술을 습득했을 것이고, 이집트어에 능통했을 것이고, 왕궁에 살면서 바로 가문의 사람들을 다 알고 친분있게 지냈을 것입니다.

바로 이것입니다. 고대 시대 때 일개 목자가 이집트와 같은 대제국에 들어올 수도 없었고, 더구나 신의 아들이라 불리우는 바로 왕의 얼굴을 보는 것은 상상할 수도 없는 일이었습니다. 그러나 모세는 이집트 왕궁에 살았었고, 이집트를 떠난 지 시간은 40년이나 지났지만, 바로 왕 가문의 사람들을 너무나 잘 알고 있었기 때문에 이집트 왕궁에 들어가서 이집트 왕을 만날 수 있었을 것입니다. 이집트의 풍습과 제도, 문화를 너무나 잘 알고 있었기 때문에 이집트의 바로와 맞서서 싸울 수 있었을 것입니다. 그리고, 이집트에 있던 이스라엘 사람들은 예전에 이집트 왕자로 있던, 그러나 이스라엘의 피가 흐르고 있다는 것을 주체하지 못해서 이집트 관리를 때려 죽였던, 어찌보면 영웅과 같을 수 있는 모세를 기억하고 있었을 것입니다. 모세가 이집트에 컴백했을 때 이스라엘 사람들은 술렁거렸을 것이고, 모세에 대한 기대를 가지게 되었을 것입니다. 그리고, 모세는 이스라엘 사람들이 너무나 잘 알고 있었던 영웅적인 인물이었기에 모세가 이스라엘의 지도자가 되는 데 크나큰 반대가 없었을 것입니다. 또한, 어린 시절 이집트 왕궁에서 살 때, 지도자 수업을 받아보았기에 백성들을 다스리는 방법, 이론적 지식을 터득하고 있었을 것이고, 그것을 활용했을 것입니다.

사랑하는 젊은이 여러분! 하나님은 준비된 자를 쓰십니다. 성경시대에도 그랬고, 지금 시대에도 그렇습니다. 비전있는 인물이 되기를 원하십니까? 하나님께 크게 쓰임받고 싶습니까? 그러면 지금부터라도 늦지 않습니다. 준비하는 자가 되기를 바랍니다.

공부가 필요하다면 열심히 공부하십시오. 세계 속에서 활약하기 원한다면 열심히 영어공부를 하십시오. 유학이 필요하면 열심히 공부해서 유학을 다녀 오십시오. 자격증이 필요하면 열심히 노력해서 자격증을 따십시오.

그리고 더 중요한 것이 있습니다. 그것은 여러분의 재능을 갈고 닦는 준비를 하라는 것입니다. 여러분의 재능은 하나님께서 주신 것입니다. 하나님께서는 각 사람 모두에게 재능을 주셨습니다. 우리는 우리가 받은 재능을 잘 갈고 닦는 준비를 해야 합니다. 재능은 취미생활 하라고 하나님께서 주신 것이 아닙니다. 재능은 인생을 살아가면서 잘 사용하라고, 직설적인 표현으로 잘 써 먹으라고 하나님께서 주신 귀한 선물입니다.

마태복음 25장에 나온 달란트 비유를 재능의 측면에서 살펴보면, 5달란트 만큼의 재능을 받았으면 그 5달란트를 충분히 활용해서 5달란트를 더 남기면 되고, 2달란트 만큼의 재능을 받았으면 그 2달란트를 충분히 활용해서 2달란트를 더 남기면 되는 것입니다. 1달란트 만큼의 재능을 받은 사람이 주인에게 혼난 이유가 무엇이었습니까? 그 1달란트를 그대로 썩혀 두었기 때문입니다. 우리의 재능을 썩혀 둔다면 하나님께서 좋아하지 않으실 것입니다. 하나님은 상대평가를 하지 않으십니다. 그러나 하나님은 절대평가는 하십니다. 즉, 내가 가진 재능을 얼마나 최대한 활용했는지를 보시는 것입니다.

하나님께 쓰임받는 사람이 되기를 원하십니까? 그러면 하나님께서 여러분에게 주신 재능을 정확히 파악하고, 그 재능을 갈고 닦는 준비를 하십시오. 하나님께서는 여러분의 재능을 통해 비전을 이뤄가기를 원하십니다. 자신의 재능과 관계된 일을 할 때 인생은 행복할 수 있는 것이고, 기쁨으로 하나님의 영광을 위해서 살아갈 수 있게 되는 것입니다.

제가 존경하는 학자 중에 한 명은 하버드 대학교 교육학과 교수인 하워드 가드너입니다. 그는 "다중지능이론"으로 유명합니다. 이 이론은 하나의 지능이 우리를 지배하는 것이 아니라, 다양한 지능이 우리 안에 있다는 것입니다. 그 지능은 언어지능, 수리논리지능, 공간지능, 음악지능, 신체운동지능, 대인관계지능, 자기이해(성찰)지능, 자연친화지능입니다. 이 8가지 지능이 우리 안에 있는데 이 지능 중에 높은 것도 있고, 낮은 것도 있다는 것입니다. 그래서 다중지능이론에 따른 교육의 목표는 학생의 강점적인 지능과 약점적인 지능을 바로 알아서 강점은 부각시키고, 약점은 보완하자는 것입니다. 그리고 궁극적으로는 강점적인 부분의 진로를 선택하게끔 도와주자는 것입니다.

예전에 EBS에서 다중지능이론과 관련된 조사를 한 적이 있습니다. 그 조사에 따르면, 자기 일에 만족하지 못하는 사람의 지능을 조사해 보니까 다 자신의 강점적인 지능과는 관련 없는 일을 하고 있었던 것입니다. 반면에 어느 분야에서 성공한 사람의 지능을 조사해 보니까 다 자신의 강점적인 지능과 관련되는 일을 하고 있었던 것입니다.

예를 들어, 성공한 L 디자이너의 지능을 조사해 보니까 공간지능이 제일 높게 나왔고, 그 다음 언어지능, 그 다음 자기이해지능이 높게 나왔습니다. 디자인하는 일은 구도를 잡는 것이 중요하기 때문에 공간지능이 가장 중요하고, 디자인을 설명해야 하므로 언어지능이 중요합니다. 다음으로 성공한 K 의사의 지능을 조사해 보니까 수리논리지능이 제일 높게 나왔고, 다음으로 자연친화지능, 그 다음 자기이해지능이 높게 나왔습니다. 의학은 이과이므로 수리논리지능이 가장 많이 필요하고, 존재를 사랑해야 하므로 자연친화지능이 필요합니다. 다음으로 성공한 H 발레리나의 지능을 조사해 보니까 신체운동지능이 가장 높게 나왔고, 그 다음 대인관계지능, 그 다음 자기이해지능이 높게 나왔습니다. 발레는 운동이므로 신체운동지능이 가장 많이 필요하고, 대중 앞에 서야 하니까 대인관계지능이 필요합니다. 마지막으로 성공한 L 음악가의 지능을 조사해보니까 음악지능이 가장 높게 나왔고, 그 다음 언어지능, 그 다음 자기이해지능이 높게 나왔습니다. 음악 분야는 음악지능이 가장 많이 필요하고, 작곡을 하니까 언어지능이 요구됩니다.

그래서 EBS가 조사한 결과에 의하면, 성공하기 위한 조건은 자신이 가진 강점적인 지능 상위 세 가지가 맞아떨어지는 직업을 택할 때, 그 직업을 즐길 수 있고, 결국 놀라운 능력을 발휘해서 성공으로 이끌 수 있다는 것입니다. 강점적인 지능이 바로 재능인 것입니다.

저는 이 결과에 동의합니다. 신기하게도 저도 그랬기 때문입니다.

제가 가장 많이 가지고 있는 재능 세 가지를 살펴보면 첫째, 음악지능(재능)입니다. 저는 피아노를 잘 치고, 노래 부르는 것을 좋아합니다. 지금 들려줄 수 없어서 아쉽습니다.

둘째, 언어지능(재능)입니다. 저는 대중 앞에서 말하는 것을 좋아하고, 글 쓰는 것을 좋아하고, 글 쓰는 재능을 많이 가지고 있습니다.

셋째, 대인관계지능(재능)입니다. 저는 사람들과 만나서 그들의 말을 잘 들어주고, 조언해주는 것, 상담해 주는 것을 좋아합니다. 다른 사람들을 상담해 주면 제가 더 기쁩니다. 제가 청소년 사역을 할 때는 새벽 2시에도 3시에도 학생들이 전화가 옵니다. 힘들다고 전화가 옵니다. 못 살겠다고 전화가 옵니다. 그럴 때 저는 신경질나거나 짜증나기보다 오히려 내가 도와줘야겠다고 생각해서 1,2시간 전화를 붙들고 힘든 학생의 말을 들어줍니다. 저는 상담하는 것이 좋습니다. 그래서 지금 군목으로 있으면서 병사를 상담하는데 언제 한번은 하루에 14명 정도 상담한 적도 있습니다.

그럼, 이제 직업적인 특성을 살펴봅시다! 저는 음악적인 재능을 좋아합니다. 제 직업은 목사입니다. 교회활동, 예배에서 많은 부분을 차지하는 것이 무엇이지요? 예, 음악입니다. 제 직업적인 특성과 맞는 것입니다.

그리고, 목사가 제일 많이 하는 게 무엇이지요? 설교이고, 글쓰기입니다. 저는 언어재능이 있습니다. 제 직업적인 특성과 맞아떨어지는 것입니다.

그리고, 목회는 사람들과 만나는 것이기에 대인관계가 매우 중요합니다. 교인들을 상담해 주는 것도 매우 중요한 업무입니다. 저는 사람들과 만나는 것을 좋아하고, 상담을 즐겨하고, 남의 말을 들어주고, 조언해 주는 재능을 가지고 있습니다.

저는 저의 재능 상위 세 가지가 직업적인 특성과 맞아떨어진 것입니다.

사랑하는 젊은이 여러분! 하나님은 여러분에게 있는 거 가지고 쓰십니다. 저는 학창시절에 솔직히 수학을 싫어했습니다. 공부해야 하니까 학창시절에도 억지로 했지 즐겨하지 못했습니다. 맨날 "이놈의 수학"하면서 공부했습니다. 만약 제 생각 속에 수학자가 되는 꿈이 비전으로 들어왔다면, 이것이 정말 하나님으로부터 온 비전일까요? 아닐 확률이 높습니다. 하나님은 우리의 재능 가지고 쓰십니다. 우리의 가진 것 가지고 쓰십니다.

이 책을 읽는 지금 이 시간부터 진지하게 내가 가진 것, 내가 가진 재능을 살피십시오. 그러나 중요한 것이 있습니다. 절대평가여야 한다는 것입니다. 옆사람을 바라보면 안됩니다. 저는 잘 생겼다고 생각하는데, 욘사마보다 잘 생겼겠습니까? 비교도 안 되지요. 저는 피아노를 잘 치는데, 제가 서울대 피아노과 학생보다 잘 치겠습니까? 아닙니다. 서울대 피아노과 학생 옆에 있으면 저는 음악에 재능이 없는 사람이 되는 것입니다. 저는 말 하는 것을 좋아하고 잘 한다고 생각하는데, 김제동 씨가 옆에 있으면 저는 말을 잘 못하는 사람이 되는 것입니다.

우리가 살면서 괴로운 이유가 무엇인 줄 아십니까? 상대평가하기 때문입니다. 절대 상대평가하지 마십시오. 우리는 상대평가 속에 살고 있지만, 하나님은 우리를 절대평가하십니다. 아까 살펴본 달란트 비유가 절대평가의 비유입니다. 절대로 옆사람 바라보면서 "난 재능이 없어." 한탄하면서 열등감에 빠지지 말고, 자기 자신을 기준으로 보면서 자신이 그래도 다른 것보다 잘하는 것을 발견해 내기 바랍니다. 그것이 여러분의 재능입니다. 하나님은 그 재능을 가지고 쓰시는 것입니다.

항상 모든 면에서 이와 같은 자기 자신을 기준으로 절대평가하는 삶을 살아야 합니다. 공부의 결과도 마찬가지입니다.

모의고사를 보면, 공부 잘하는 학생, 못하는 학생, 대충 하는 학생이 거의 구분됩니다. 시험 보면 바로 집에 가는 학생은 공부 못할 확률이 높습니다. 물론 예외도 있습니다. 그러나 공부 대충하는 친구는 채점이라도 합니다. 채점해서 옆에 못하는 애보다 성적이 좀 높으면 "아싸"를 외치고, 기분 좋아서 집에 갑니다. 그러나 공부 잘하는 친구는 채점하고, 답안을 보면서 왜 틀렸는지를 보고 갑니다.

여러분! 시험보고 나면, "옆 사람보다 성적이 올라갔네! 내려갔네! 등수가 올라갔네! 내려갔네!"를 중요시 여기지 말고, "지난 번 시험보다 잘 보았는가. 지난 번에 틀렸던 유형은 또 틀리지 않았는가."를 보는 것입니다. 항상 자기평가, 자기를 기준으로 절대평가하는 삶을 사는 모습이 필요합니다. 항상 나의 경쟁상대는 나입니다. 잊어버리지 말기를 바랍니다.

다시 재능 이야기로 돌아와서 제 친구 이야기도 나누어 보겠습니다. 저의 고등학교 친구 중에 가장 친한 친구가 있는데, 정말 남자답고, 몸집도 크고, 헬스를 많이 하고 힘이 세어 싸움을 잘하는 친구였습니다. 그러나 공부는 많이 못했어요. 그런데 그 친구도 대학교에 진학하고 싶어했는데 갈 수 있는 과가 없었습니다. 힘이 세서 군인이 되고 싶었으나, 공부를 못해서 사관학교에는 갈 수 없었습니다. 그 친구는 저랑 친했기 때문에 어느 날 그 친구가 저에게 와서 고민을 털어놓았습니다. 저도 그 친구를 위해 고민하다가 기발한 생각을 해 냈습니다. 그 기발한 생각이 그 친구의 인생을 바꿔놓았어요. 그 친구는 힘이 세서 손 힘이 센 것이니까 제가 생각해 낸 것이 스포츠 마사지였습니다. 그러나 이런 과는 없었고, 전문대에 피부미용학과가 있었습니다. 그 과는 주로 여자들만 오기 때문에 남자가 원서를 넣으면 거의 합격할 수 있던 과였습니다. 그래서 저는 그 과를 추천했습니다. 그 학과에 가서 마사지 쪽으로 나가면 된다고 친구에게 말했어요. 그래서 그 친구가 제 말을 듣고는 피부미용학과에 원서를 내서 드디어 합격을 했습니다. 그 친구가 합격하자, 정말 고등학교 친구들이 다 웃었습니다. 저만 빼고요.... 상상해 보세요. 키가 185나 되고, 덩치가 남산만한 애가 피부미용학과 간다고 하니 친구들이 얼마나 웃었겠습니까? 그런데 그 친구는 벌써 피부미용학원 강사, 마사지 강사까지 되어서 이쪽 분야에서 이름을 날리고 있습니다. 제 친구의 손 힘이 센 재능이 이쪽 분야에서 인정을 받은 것입니다. 얼마 전에 그 친구를 만났는데, 멋진 명함을 저에게 주고, 벌써 좋은 차를 몰고 다니더라고요. 그 친구는 저를 인생 최고의 은인으로 여기고 있답니다.

다시 말하지만, 자신이 가진 재능 몇 가지를 잘 파악해서 갈고 닦고 준비하는 사람이 되어야 하나님께 크게 쓰임받을 수 있습니다.

사랑하는 젊은이 여러분! 준비하는 사람이 되십시오. 하나님은 준비되지 않은 자를 쓰실 수가 없습니다. 그러나 준비만 되면 하나님은 언제 어느 때에라도 그 사람을 택하셔서 크게 쓰십니다.

준비의 과정은 힘들 수 있습니다. 그러나 절대로 포기하지 말고 꾸준한 노력으로 준비하십시오.

여러분이 잘 아는 방송에도 잘 나오는 고승덕 변호사가 있습니다. 이분은 우리 시대의 수재입니다. 그는 서울법대를 수석으로 졸업했고, 대학 재학 중에 22세의 나이로 사법시험에 최연소 합격했고, 외무고시에 차석, 행정고시에 수석한 수재 중의 수재입니다. 그러나 이분은 정직한 노력으로 만들어진 수재입니다.

고승덕 변호사는 이렇게 말합니다.

"공부를 좋아서 하는 사람은 없습니다. 누가 더 참고 견디냐가 승패를 가릅니다. 이것이 공부의 첫 번째 원칙입니다. 저는 24시간을 공부와 잠 둘로 나누었습니다. 저는 하루가 24시간밖에 안되는 게 안타까웠습니다. 따라서 공부 이외의 시간을 최대한 줄여야 했습니다. 밥 먹을 시간마저 아까워 여러 가지 반찬을 칼로 잘게 썰어 넣어 여러 번 씹지 않아도 소화가 잘 되도록 한 '특제 비빔밥'을 개발했어요. 이 비빔밥을 책상에 놓고 먹으면서 책을 봤습니다. 소화가 잘되 식곤증이 없더라고요. 식곤증으로 버리는 시간조차 아까웠어요."

7막 7장의 저자이고, 헤럴드 미디어 사장을 역임한 국회의원 홍정욱 씨도 정직한 노력으로 만들어진 수재입니다. 미국 하버드 대학 최우수 졸업을 하고, 스탠퍼드 법학대학원을 졸업할 수 있었던 것은 죽어라고 노력했기 때문입니다. 그는 공부에 공부를 했고, 기숙사에 불이 꺼지면, 더 공부하기 위해 유일하게 불이 켜져 있는 냄새나는 화장실에 들어가서 무섭게 공부했습니다.

정직하게 열심히 노력하는 준비의 과정이 있었기에 자기 분야에서 크게 쓰임받는 사람들이 될 수 있었던 것입니다.

하나님의 원리, 성경의 원리는 콩 심은 데 콩나고, 팥 심은 데 팥 나는 것입니다.

갈라디아서 6장 7절에 그 원리가 나와 있습니다.

스스로 속이지 말라. 하나님은 업신여김을 받지 아니하시나니 사람이 무엇으로 심든지 그대로 거두리라.

이것이 축복입니다. 노력한 만큼의 결과가 나오는 게 축복입니다. 준비한 만큼의 결과가 나오는 것이 축복입니다. 열심히 노력하십시오. 그리고 열심히 준비하고, 노력한 만큼의 결과만 나오게 해 달라고 기도하십시오. 그것이 하나님이 좋아하시는 기도입니다. 시험 볼 때도 "이번 시험 대박나게 해 주십시오." 기도하는 게 아니라 "제가 2주 동안 잠도 안 자고 노력했습니다. 그 이하의 결과가 나오지 않게 해 주시고, 제가 노력한 만큼 억울하지 않게 결과가 나오게 해 주세요."를 기도해야 합니다. 하나님께서 그 기도를 이루어 주십니다. 그리고 이것이 축복입니다.

요행을 바라지 말고, 비전을 위해 꾸준하게 준비하는 사람이 되십시오.

그러면 모세와 같이, 바울과 같이 하나님께 크게 쓰임받는 사람이 될 수 있습니다. 자신의 재능을 살피고 갈고 닦는 준비, 자신이 필요하다고 생각하는 공부를 성실히 해 나가는 준비를 감당하는 성실한 하나님의 자녀들이 다 되시기를 주님의 이름으로 간절히 축원합니다. 아멘.

 함께 기도합시다!

1. 하나님께 크게 쓰임받기 위해 준비하는 사람이 될 수 있도록
2. 자신의 재능을 잘 파악할 수 있는 지혜를 가질 수 있도록
3. 자신의 재능과 관계된 일을 할 수 있도록
4. 정직한 노력을 추구하는 "노력형 인간"이 될 수 있도록
5. 준비한 만큼, 노력한 만큼의 결과가 나올 수 있도록

평생 간직해야 할 성경구절

(1) 시편 126편 6절
울며 씨를 뿌리러 나가는 자는 반드시 기쁨으로 그 곡식 단을 가지고 돌아오리로다.

(2) 시편 128편 2절
네가 네 손이 수고한 대로 먹을 것이라. 네가 복되고 형통하리로다.

(3) 잠언 10장 16절
의인의 수고는 생명에 이르고 악인의 소득은 죄에 이르느니라.

(4) 이사야 11장 2절

그의 위에 여호와의 영 곧 지혜와 총명의 영이요 모략과 재능의 영이요 지식과 여호와를 경외하는 영이 강림하시리니.

(5) 마태복음 24장 44절

이러므로 너희도 준비하고 있으라. 생각하지 않은 때에 인자가 오리라.

(6) 마태복음 25장 23절

그 주인이 이르되 잘하였도다. 착하고 충성된 종아, 네가 적은 일에 충성하였으매 내가 많은 것을 네게 맡기리니 네 주인의 즐거움에 참여할지어다, 하고.

(7) 로마서 12장 11절

부지런하여 게으르지 말고 열심을 품고 주를 섬기라.

(8) 갈라디아서 6장 7절

스스로 속이지 말라. 하나님은 업신여김을 받지 아니하시나니 사람이 무엇으로 심든지 그대로 거두리라.

(9) 디모데후서 2장 6절

수고하는 농부가 곡식을 먼저 받는 것이 마땅하니라.

(10) 디도서 2장 14절

그가 우리를 대신하여 자신을 주심은 모든 불법에서 우리를 속량하시고 우리를 깨끗하게 하사 선한 일을 열심히 하는 자기 백성이 되게 하려 하심이라.

CHAPTER 6

비전과 지식

(출애굽기 3장 13절~15절)

저는 지금 군종목사로 사역하고 있습니다. 제 아래에는 본부 군종병이 있어서 항시 저의 옆에 있어서 저와 함께 일을 합니다. 지금 저의 군종병은 저보다 더 저의 스케줄을 정확히 알고 있고, 자신이 해야 할 일이 무엇인지 확실히 알고 있어서 제가 나무랄 것이 전혀 없을 정도로 일을 완벽하게 잘 해냅니다. 그래서 제가 매니저라고 부르기도 합니다. 시간이 갈수록 점점 더 잘합니다.

왜 그럴까요? 일을 계속 하니까 몸에 배어서 더 잘하게 되는 것일까요? 물론 그런 이유도 있겠지만, 저는 군종병이 저와 함께 하는 시간이 많아지면 많아질수록 저에 대해 잘 알게 되고, 그럼으로 말미암아 저의 마음과 기대에 맞게 일을 잘 하게 되었다고 생각합니다.

군종병은 저와 함께 밥을 먹으면서 제가 좋아하는 음식을 알 수 있습니다. 군종병은 저의 사적인 이야기를 들으면서 좋아하고, 싫어하는 것을 알 수 있습니다. 군종병은 저의 화내는 모습을 보고 성격도 잘 알게 됩니다. 군종병은 제가 일처리를 해 나가는 방식을 보면서 배우게 됩니다. 군종병은 저의 글을 읽고 보면서 제 생각을 파악하게 됩니다.

저는 군종병에서 미션을 줍니다. 저를 잘 아는 군종병은 미션을 제가 원하는 방식대로 잘 해냅니다. 그러면 저는 기뻐하고 흐뭇해 합니다. 그리고 군종병을 칭찬합니다. 저에 대해 아는 지식이 많아질수록 더욱 더 그러할 것입니다.

비전에 대해서도 마찬가지입니다. 하나님께서는 우리에게 비전을 주십니다. 제가 군종병에게 미션을 주는 것처럼, 하나님께서도 우리에게 미션과 비전을 주십니다. 그 미션에 대해서 'impossible' 하면 안 되고, 'possible'이라고 응답해야 합니다. 우리가 하나님께서 내려주신 비전을 완벽히 수행하기 위해서는 군종병이 미션을 내린 저를 아는 것처럼, 우리도 우리에게 비전을 주신 하나님을 잘 알아야 합니다. 하나님을 아는 지식이 커질수록, 우리에게 비전을 주시는 하나님이 어떤 분이신 줄 아는 지식이 많아질수록 우리는 하나님의 비전대로 살아갈 수 있는 확률이 높아집니다. 하나님께서 비전을 주셨을 때, 어벙벙하게 반응하는 것이 아니라, 완벽하게 그 비전을 이루는 삶을 살아서 비전을 주신 하나님을 기쁘시게 해 드려야 합니다. 비전을 이루는 사람이 되어 하나님의 칭찬, 하나님의 인정을 받는 사람이 되어야 합니다. 그러기 위해서는 비전을 주신 하나님이 도대체 누구신지를 잘 알아야 합니다.

이번 장의 본문을 보면, 모세가 하나님 앞에서 덜덜 떨면서 있지만, 궁금한 것은 못 참겠는지 용감하게 하나님께 질문을 던집니다. 13절입니다.

모세가 하나님께 아뢰되 내가 이스라엘 자손에게 가서 이르기를 너희의 조상의 하나님이 나를 너희에게 보내셨다 하면 그들이 내게 묻기를 그의 이름이 무엇이냐 하리니 내가 무엇이라고 그들에게 말하리이까

하나님! 이집트에 가서 이스라엘 백성들을 만나서 "너희 조상의 하나님이 나를 너희에게 보내셨다. 이제 내 말을 들으라."고 말하면, 그들이 이렇게 말할 것이에요. "그럼, 우리 조상의 하나님의 이름이 무엇이냐?" 그렇게 어렵게

물어보면, 저는 뭐라고 말해요?

이 질문 속에는 모세의 궁금증이 들어있는 것입니다. 모세도 자신에게 비전을 주시는 하나님이 궁금했던 것입니다. 비전을 주시는 하나님이 누구인 줄 알고 싶어했던 것입니다.

모세의 용감한 질문에 대해 하나님은 다음과 같이 말씀하십니다. 14절, 15절입니다.

하나님이 모세에게 이르시되 나는 스스로 있는 자이니라. 또 이르시되 너는 이스라엘 자손에게 이같이 이르기를 스스로 있는 자가 나를 너희에게 보내셨다 하라. 하나님이 또 모세에게 이르시되 너는 이스라엘 자손에게 이같이 이르기를 너희 조상의 하나님 여호와 곧 아브라함의 하나님, 이삭의 하나님, 야곱의 하나님께서 나를 너희에게 보내셨다 하라. 이는 나의 영원한 이름이요 대대로 기억할 나의 칭호니라.

모세야! 나는 누군가에 의해 만들어진 존재가 아니라, 역사가 시작될 이전부터 스스로 있는 자니라. 너는 이스라엘 백성에게 말하기를 스스로 존재하는 분이 너희에게 보내셨다고 해라. 그리고 너는 이스라엘 백성에게 말하기를 너희 조상 아브라함의 하나님, 이삭의 하나님, 야곱의 하나님께서 나를 너희에게 보내셨다 하라. 이는 나의 영원한 이름이고, 대대로 기억할 나의 칭호고, 명칭이란다.

하나님은 모세에게 하나님의 이름을 알려주십니다.

이름은 중요한 것입니다. 이름 속에는 그 사람의 존재가 담겨 있습니다. 이름 속에는 그 사람의 사명이 담겨 있습니다.

제 이름은 성중입니다. "성인 성"에 "가운데 중"입니다. 성인 중에 으뜸이 되라. 세상 사람들 중에 가장 위대한 사람이 되라는 뜻입니다. 저의 사명은 이 이름과 같이 되는 것이고, 으뜸이 되고 싶은 저의 욕망과 본성이 제가 의식하기도 전에 들어가 있습니다.

하나님의 이름은 여호와입니다. 여호와의 이름의 뜻은 정확히는 알 수 없으나, 14절에 "나는 스스로 있는 자"와 관계가 있다고 여겨집니다. 그래서 여호와라는 이름은 "나는 스스로 있는 자"란 말과 같은 뜻을 지닌 하나님의 거룩하신 이름일 것입니다.

'여호와'의 히브리형 '예호와'는 원래 자음만으로 구성되어 있습니다. 이스라엘 사람들은 감히 인간들이 하나님의 이름을 부를 수 없다고 생각해서 히브리어 성경을 쓸 때 하나님 이름에 모음을 쓰지 않았습니다. 참 대단한 신앙이지요? 그래서 이 히브리 단어를 영어식으로 표현하면 4개의 자음 곧 'YHWH'가 됩니다. 모음이 없는 자음만 가지고서는 발음하기에 곤란하나 YHWH에 모음을 대충 넣어서 '야웨'(야훼), '예호와' 등으로 부르는 것입니다. 어려운 내용을 이해하셨지요?

그런데 히브리인들은 하나님의 이름에 대한 경외심이 있기에 이 이름을 함부로 부르지 않고 '아도나이'라는 명칭으로 대신했습니다. 이 '아도나이'의 단어는 '주님'이라는 뜻을 가지고 있습니다. 따라서 성경을 옮겨 기록하거나 낭독하는 일을 맡고 있던 서기관들은 이 단어가 나오게 되면 '야웨' 대신 '아도나이'라 발음했던 것입니다. 그래서 '여호와'라는 명칭은 '야웨'의 히브리 자음에 '아도나이'의 모음이 합쳐져 구성된 것입니다. 한편 우리말 '여호와'는 헬라어 및 라틴어를 거쳐 정착된 영어 'Jehovah'의 음역입니다. 복잡한 내용이어도 믿는 자로서 이 정도의 이해는 가지고 있어야 합니다.

하나님께서는 이 '여호와'의 이름이 영원불변한 이름이라고 말씀하십니다. 여기서 알 수 있는 점은 하나님은 영원토록 변하지 않는 속성을 가지고 있으시다는 점입니다.

이러한 하나님의 이름을 통해 하나님이 어떤 분이심을 알 수 있습니다.

첫째, 하나님은 창조자이십니다.

하나님은 스스로 계신 분이십니다. 하나님은 이 세상 만물의 창조자시며,

시간의 창조자시며, 인간의 창조자이십니다. 하나님은 온 만물이 생기기 이전에 하나님은 스스로 존재하셨습니다. 하나님은 피조물이 아니고, 창조자이십니다.

하나님은 나를 창조하신 창조자이십니다. 나는 하나님의 것입니다. 온 만물도 하나님의 것입니다. 내 삶이 내 것이 아닙니다. 하나님 것입니다.

내 삶이 하나님 것인데, 막 살아서야 되겠습니까? 비전있는 인생, 비전을 가진 인생은 자신이 하나님의 것임을 인정하며 살아가는 사람입니다. 하나님의 것임을 인정하고, 나는 하나님의 피조물임을 인정하는 사람은 하나님께 물어보고, 답변을 받는 삶을 살아갑니다. 시계가 고장났다고 하면, 가장 잘 시계를 고칠 수 있는 사람은 시계를 만든 사람입니다. 왜냐하면, 시계에 대해 모든 것을 잘 알고 있기 때문입니다. 만약 시계가 말을 할 수 있다고 하면, 시계가 고장나서 아플 때 시계를 만든 사람에게 자기가 왜 아픈지 물어보고, 도와달라고 하면, 시계를 만든 사람이 답변해 주고, 필요하다면 시계를 수리해 줄 것입니다.

우리도 마찬가지입니다. 우리를 가장 잘 아시는 분, 나보다도 더 나를 잘 아시는 분은 바로 우리의 창조자, 우리를 만드신 하나님이십니다. 우리가 비전대로 잘 살기 위해서는 어떻게 해야 할까요? 우리가 올바로 잘 살기 위해서는 어떻게 해야 할까요? 하나님께 물어보고 답변을 받는 삶을 살면 되는 것입니다. 이것이 바로 기도와 말씀입니다. 기도와 말씀으로 하나님을 찾고, 물어보고, 기도와 말씀으로 답변과 응답을 얻으면 되는 것입니다. 항상 하나님께 물어보고, 답변 받는 삶을 살아가면 선택의 문제에서 실패하지 않습니다. 인생의 과정에서 실패하지 않습니다. 문제가 해결됩니다.

둘째, 하나님은 주님이십니다.

이스라엘 사람은 '여호와' 라는 명칭을 '아도나이' 로 불렀습니다. 즉, 주님으로 불렀습니다. 주님은 주인님이라는 뜻입니다. 하나님은 나의 주인님이십니다. 하나님은 온 만물의 주인님이십니다. 하나님은 예수 그리스도를 통해서 영원히 죽을 수밖에 없는 우리를 구원해 주신 나의 주인님이십니다. 죄 가운데 빠져 있는 우리를 인도해 내신 생명의 주인님이십니다.

하나님의 독생자 예수님께서는 우리 죄 많은 인간의 죄를 씻으시기 위해 우리에게 오셨습니다. 죄는 무엇입니까? 하나는 아담이 지은 원죄입니다. 첫 번째 사람 아담이 하나님의 말씀을 어기고 죄를 지었기에 아담의 죄가 우리에게 미친 것입니다. 이것은 대표성의 원리입니다. 아담이라는 인간의 대표되는 사람이 죄를 지었기에 우리 후세들에게까지 그 죄가 미치게 된 것입니다. 또 다른 하나는 일상 속에서 짓는 죄입니다. 어떤 사람은 말할 것입니다. "나는 착한 사람이야. 나는 다른 사람들에게 피해를 주지 않고 올바로 사는 사람인데, 나에게 무슨 죄가 있어." 물론 정말 뛰어난 인격자라면 행동으로 죄를 짓지 않을 수도 있을 듯 합니다. 그러나 아무리 자신이 죄가 없다고 해도 마음으로 지은 죄에서 벗어날 수는 없습니다.

예수님은 우리 마음이 잘못하면 행동하지 않아도 똑같은 것이라고 말씀하십시다. 예수님께서 마태복음 5장 28절에 다음과 같이 말씀하십니다.

나는 너희에게 이르노니 음욕을 품고 여자를 보는 자마다 마음에 이미 간음하였느니라.

마음으로 음욕을 가지고 여자를 보면, 이미 마음에 간음하였다는 것입니다. 이 중에 예쁜 여자나 연예인을 보고 음욕을 품지 않은 남자가 누가 있겠습니까? 이 마음의 죄에서 벗어날 사람은 아무도 없습니다.

그래서 로마서 3장 23절에 보면 "모든 사람이 죄를 범하였으매 하나님의 영광에 이르지 못하더니"라고 나와 있습니다. 모든 사람이 죄를 범하였기 때문에 죄를 씻을 길을 아무 것도 없습니다. 죄가 없애지기 위해서는 죽어야 합니다. 그래서 로마서 6장 23절에 보면 "죄의 삯은 사망이요 하나님의 은사는 그리스도 예수 우리 주 안에 있는 영생이니라."고 나와 있습니다. 죄가 없애지려면 사망이 있어야 한다는 것입니다. 죄가 있으면 벌을 받아야 하는 것이 이치인데, 그 벌이 바로 죽음인 것입니다. 그래서 구약시대에는 인간의 죄를 없애기 위해 동물을 죽였습니다. 그러나 이것은 완전할 수가 없습니다. 왜냐하면 인간의 죄를 없애기 위해서는 인간이 죽어야 하기 때문입니다.

그러나 어떤 인간이 내가 이 사람을 대신해서 죽겠다고 해서 죽으면 죄가 없어집니까? 안 없어집니다. 왜냐하면 아까 로마서 3장 23절에 의하면 모든 사람이 죄를 범하였기 때문입니다. 다른 사람을 대신해 죽겠다는 그 사람도 죄인이기 때문에 죄인이 다른 죄인의 죄를 씻길 수는 없습니다. 인간의 죄를 없애기 위해서는 죄 없는 인간이 죽어야 하는 것입니다. 그러나 죄 없는 인간은 없기에 친히 하나님이 인간의 몸을 입고 이 세상에 오신 것입니다.

왜 하나님이 인간이 되셨습니까? 인간의 죄를 없애시려면 인간이 되셔야 했기 때문입니다. 그분은 우리 죄를 없애시고, 죄로 인해 하나님과 막혀 있던 담을 무너뜨리시고, 하나님께로 가게 하시며 영생을 얻게 하셨습니다. 그런데 왜 예수님 한 분이 죽었는데 우리 인간 모두에게 적용됩니까? 이것도 대표성의 원리입니다. 아까 죄의 부분에서 이야기할 때, 아담이 선악과를 따 먹어서 원죄라는 죄를 인간 모두가 가지게 된 것처럼 예수님 한 분의 은혜가 모두에게 적용되는 것입니다. 로마서 5장 19절에 보면 "한 사람이 순종하지 아니함으로 많은 사람이 죄인된 것 같이 한 사람이 순종하심으로 많은 사람이 의인이 되리라."고 나와 있습니다. 여기서 한 사람은 바로 아담과 예수님이십니다. 아담이 순종하지 않고 죄를 지음으로 많은 사람이 죄인이 된 것 같이 예수님이 하나님께 순종해서 십자가에 돌아가시므로 많은 사람이 의인이 된 것입니다.

그래서 예수님은 우리 죄를 위해 돌아가셨습니다. 그러나 어떻게 되셨지요? 다시 살아나셨습니다. 다시 살아나셨다는 것은 두 가지를 증명해 줍니다. 예수님이 죄가 없으시다는 사실입니다. 왜냐하면 죄의 값은 사망인데, 살았다는 것은 죄가 없다는 반증이 되기 때문입니다. 또 어떤 증명이 되었습니까? 그래서 우리 죄는 사해졌다는 사실입니다. 하나님의 인간에 대한 구원의 계획이 증명되었다는 것입니다.

그러면 우리가 해야 할 것은 무엇입니까? 예수님께서는 요한복음 5장 24절에서 다음과 같이 말씀하십니다.

> 내가 진실로 진실로 너희에게 이르노니 내 말을 듣고 또 나 보내신 이를 믿는 자는 영생을 얻었고, 심판에 이르지 아니하나니 사망에서 생명으로 옮겼느니라.

예수님께서는 당신의 말씀이 정확하고 사실이라는 것을 강조하시기 위해 '진실로 진실로'를 반복하시면서 말씀하셨습니다. 인간을 향하신 예수님의 구원의 소식을 듣고, 받아들이며, 예수님을 보내신 하나님을 믿는 자는 영생을 얻었고, 하나님의 심판에 이르지 않고, 영원한 사망에서 영원한 영생으로 옮겨진다는 것입니다.

여러분, 이 영원한 생명은 한 번 얻으면 다른 그 누구도 빼앗을 수 없습니다. 이것은 하나님께서 보장해 주십니다. 요한복음 10장 28~29절에 다음과 같이 약속해 주십니다.

> 내가 그들에게 영생을 주노니 영원히 멸망하지 아니할 것이요, 또 그들을 내 손에서 빼앗을 자가 없느니라. 그들을 주신 내 아버지는 만물보다 크시매 아무도 아버지 손에서 빼앗을 수 없느니라.

이 내용이 바로 복음입니다. 복된 소식입니다. 그 복된 소식을 주신 분은 바로 사랑의 하나님이십니다. 하나님은 우리에게 새 생명, 영원한 생명을 주신 우리의 주인님이십니다.

셋째, 하나님은 영원불변하십니다.

하나님의 이름은 영원한 이름이고, 대대로 기억할 칭호입니다. 이 이름 속에 하나님의 속성이 담겨 있습니다.

하나님은 영원불변하신 분이십니다. 하나님은 변하시지 않으십니다. 인간의 사랑은 유통기한이 있지만, 하나님의 사랑은 유통기한이 없으십니다. 인간의 사랑은 변하지만, 우리를 향하신 하나님의 사랑은 절대 변하지 않습니다.

야고보서 1장 17절에 다음과 같이 나와 있습니다.

온갖 좋은 은사와 온전한 선물이 다 위로부터 빛들의 아버지께로부터 내려오나니 그는 변함도 없으시고 회전하는 그림자도 없으시니라.

하나님은 변함도 없으시고, 지구의 자전으로 말미암아 그림자의 위치도 바뀌는데, 하나님은 그 회전하는 그림자조차도 없으시다는 말씀입니다.

하나님은 신실하신 분이십니다. 우리를 변함없이 영원히 사랑하시는 분이십니다.

요한일서 4장 16절에는 다음과 같은 말씀이 나와 있습니다.

하나님이 우리를 사랑하시는 사랑을 우리가 알고 믿었노니 하나님은 사랑이시라. 사랑 안에 거하는 자는 하나님 안에 거하고 하나님도 그의 안에 거하시느니라.

하나님의 존재 자체가 사랑이십니다. 우리가 사랑 안에 있으면 하나님 안에 있게 되는 것입니다. 하나님은 사랑의 화신이자 원천입니다. 하나님이 우리를 정말 사랑하셨기에 아무 조건 없이 우리를 택하시고, 우리를 부르신 것입니다. 요한복음 3장 16절을 보면 "하나님이 세상을 이처럼 사랑하사 독생자를 주셨으니 이는 그를 믿는 자마다 멸망하지 않고 영생을 얻게 하려 하심이라."고 나옵니다. 우리를 너무나 사랑하셔서 우리를 구원하기 위해 하나밖에 없는 독생자를 이 땅에 보내신 것입니다.

가장 눈물나는 사랑의 구절은 로마서 5장 8절입니다.

우리가 아직 죄인 되었을 때에 그리스도께서 우리를 위하여 죽으심으로 하나님께서 우리에 대한 자기의 사랑을 확증하셨느니라.

하나님의 사랑은 우리가 잘났을 때, 의인일 때, 옳은 모습을 보이려고 노력할 때의 사랑이 아닌, 우리가 아직 죄인되었을 때의 사랑입니다. 진짜 사랑입니다. 무조건의 사랑입니다. 그 불변의 사랑을 퍼부으시는 하나님이 바로 우리의 하나님, 나의 하나님이십니다.

사랑하는 젊은이 여러분! 하나님을 아는 지식을 늘려 가십시오. 말씀을 통해, 기도를 통해, 예배를 통해 늘려 가십시오. 하나님을 알면 알수록 비전있는 사람이 됩니다. 하나님의 비전을 깨달아 알게 됩니다. 하나님의 비전을 제대로 수행함으로 말미암아 하나님께 기쁨을 드리고, 하나님의 칭찬과 인정을 받는 사람이 될 수 있습니다. 비전과 하나님을 아는 지식은 뗄레야 뗄 수 없는 관계입니다.

 함께 기도합시다!

1. 진실한 신앙생활을 통해 하나님을 아는 지식이 늘어갈 수 있도록
2. 하나님께서 나의 창조주이심을 믿고 담대히 살아갈 수 있도록
3. 하나님께서 나의 주인이심을 고백하며, 신실하게 살아갈 수 있도록
4. 변치 않으시는 사랑의 하나님을 항상 붙들며 살아갈 수 있도록
5. 존귀하신 하나님의 이름을 높이고, 찬양하는 삶을 살 수 있도록

 평생 간직해야 할 성경구절 VISION

(1) 호세아 6장 3절
그러므로 우리가 여호와를 알자. 힘써 여호와를 알자. 그의 나타나심은 새벽 빛 같이 어김없나니 비와 같이, 땅을 적시는 늦은 비와 같이 우리에게 임하시리라. 하니라.

(2) 요한복음 3장 16절
하나님이 세상을 이처럼 사랑하사 독생자를 주셨으니 이는 그를 믿는 자마다 멸망하지 않고 영생을 얻게 하려 하심이라.

(3) 요한복음 5장 24절
내가 진실로 진실로 너희에게 이르노니 내 말을 듣고 또 나 보내신 이를 믿는 자는 영생을 얻었고, 심판에 이르지 아니하나니 사망에서 생명으로 옮겼느니라.

(4) 로마서 3장 23절
모든 사람이 죄를 범하였으매 하나님의 영광에 이르지 못하더니.

(5) 로마서 5장 8절
우리가 아직 죄인 되었을 때에 그리스도께서 우리를 위하여 죽으심으로 하나님께서 우리에 대한 자기의 사랑을 확증하셨느니라.

(6) 로마서 5장 19절
한 사람이 순종하지 아니함으로 많은 사람이 죄인 된 것 같이 한 사람이 순종하심으로 많은 사람이 의인이 되리라.

(7) 로마서 6장 23절
죄의 삯은 사망이요 하나님의 은사는 그리스도 예수 우리 주 안에 있는 영생이니라.

(8) 히브리서 3장 4절
집마다 지은 이가 있으니 만물을 지으신 이는 하나님이시라.

(9) 야고보서 1장 17절
온갖 좋은 은사와 온전한 선물이 다 위로부터 빛들의 아버지께로부터 내려오나니 그는 변함도 없으시고 회전하는 그림자도 없으시니라.

(10) 요한일서 4장 16절
하나님이 우리를 사랑하시는 사랑을 우리가 알고 믿었노니 하나님은 사랑이시라. 사랑 안에 거하는 자는 하나님 안에 거하고 하나님도 그의 안에 거하시느니라.

CHAPTER 7

비전과 영광

(출애굽기 3장 16절~18절)

저는 손목에 시계를 차는 것을 좋아합니다. 그래서 항상 시계를 찹니다. 여러분! 시계의 목적은 무엇이지요? 시계의 목적은 사람에게 시간을 알려주는 것입니다. 여기에 중요한 철학이 담겨 있습니다. 그것은 시계의 목적은 시계라는 존재에 있는 것이 아니라, 시계를 만든 시계 제작자에게 있다는 것입니다. 시계 제작자는 인간에게 시간을 알리겠다는 목적으로 시계를 만든 것입니다. 만약 시계가 말할 수 있다고 가정해 봅시다. 시계가 "내 맘대로 움직일 거야.... 반대로 움직일 거야"라고 말하며 자기 맘대로 시침, 분침을 움직인다면, 그 시계는 아무 쓸모없이 버려질 것입니다. 왜 그렇지요? 그것은 시계의 목적에 부합되지 않았기 때문입니다.

얼마 전에 중국에 갔다왔는데, 불가리 시계를 파는 것이에요. 여러분! 명품 좋아하지요? 저도 명품을 좋아하지만, 돈이 없어서 못 사는데 생각보다 되게 싼 것이었어요. 90% 세일이랍니다. 그래서 샀어요. 너무 멋있게 생기고, 최고인 것이었습니다. 그런데 '불가리'가 아니고, '불가리스'였습니다. 무슨 말인지 알지요? 짝퉁이었습니다. 그 작퉁시계는 정말 황당한 시계였습니다. 시계가 좀 늦게 갔기 때문이었습니다. 우리가 생각하는 1초가 1초가 아닌 것이에요. 그래서 24시간 지나면 다른 시계보다 한 15분정도 늦어지는 것이었습니다. 아무리 멋있게 보이는 시계라도, 아무리 명품이라도 정확한 시간보다 늦게 가거나 빨리가면 시계의 목적대로 못 살았기 때문에 버려야 합니다.

사랑하는 젊은이 여러분! 우리도 마찬가지입니다. 우리의 인생 목적, 우리가 살아가는 목적은 우리 자신에게 있는 것이 아닙니다. 우리를 만드신 제작자, 우리를 존재케 한 하나님에게 우리의 인생 목적이 있는 것입니다. 그래서 우리 인생은 "하나님의 목적이 이끄는 삶"인 것입니다. 우리 스스로 자기가 주인되어 자기 멋대로 살아간다면 그 사람은 인생을 제대로 살지 못하는 것입니다. 아주 못사는 것입니다. 자신감 강한 사람은 자기 멋대로 큰소리치며 자기가 인생의 주인인양 살아가는데 그 사람은 인생을 제대로 살지 못하는 것입니다. 마치 시계가 자기 마음대로 시침과 분침을 움직이는 것과 마찬가지입니다.

그래서 우리가 잘살기 위해서는 우리를 존재케 한 하나님의 뜻, 하나님의 목적대로 살아야 합니다.

저는 예수님을 만나기 전에 교만이 넘쳤던 사람입니다. 예수님 만나기 전에 제가 가지고 살았던 좌우명이 있습니다. 그 좌우명은 바로 "나는 내 삶의 주인이며, 내 삶의 주관자이다."라는 좌우명이었습니다. 정말 멋있지요? 자신감 넘쳐 보이지요? 그러나 기독교적인 관점으로 볼 때 그것은 멋진 것이 아닙니다. 반기독교 사상인 것입니다. 그러나 저는 이 좌우명이 너무나 멋있었고, 또한 이 좌우명처럼 내가 내 삶의 주인이 되어 살았습니다.

제가 예수님을 만나고 와서 제일 먼저 했던 일이 무엇인 줄 아십니까? 바로 저의 좌우명을 고치는 것이었습니다. 저의 좌우명은 제 일기에, 제 책상에 대문짝만하게 붙어 있었습니다. 집에 돌아와서 제일 먼저 했던 것이 눈에 보이는 이 좌우명을 고치는 것이었습니다. 저는 이렇게 제 좌우명을 고쳤습니다. "예수님은 내 삶의 주인이며, 내 삶의 주관자이다." 할렐루야!

주어만 바뀐 것이었습니다. 예수님을 제대로 믿기 전에는 내 자신이 내 삶의 주인이며, 주관자라고 착각하며 살았지만, 예수님을 믿게 되자 제일 먼저 변화된 저의 모습은 저의 주권을 예수님께 드렸다는 것입니다.

"예수님이 내 삶의 주인이며, 내 삶의 주관자다."

사랑하는 여러분, 이 좌우명이 제대로 된 좌우명입니다!

시계와 마찬가지로 우리는 하나님께서 창조하신 피조물입니다. 그렇기 때문에 우리의 존재 목적과 우리의 삶을 가능케 하는 힘은 우리 자신에게 있는 것이 아닙니다. 우리를 창조하시고, 우리를 가능케 만드신 창조주 하나님께 우리의 존재 목적과 주권이 있는 것입니다. 만약에 우리 자신이 스스로 자신을 삶의 주인이라고 여기고 말한다면, 하나님은 정말 웃기다고 말하실 것입니다. 그리고, 아까 우리가 살펴본 것처럼 시계가 스스로 자신이 주인이라고 말하는 것과 별반 차이가 없는 모습일 것입니다. 따라서 우리의 주권과 인생 목적이 오직 하나님께 있다는 것이 바른 표현이며, 사실인 것입니다.

사탄의 역할은 자꾸 우리가 우리 삶의 주인이 되기를 원합니다. 사탄이 누구입니까? 원래는 하나님 아래에서 하나님의 시중을 들던 천사가 아닙니까? 그도 영적인 존재입니다. 따라서 신비적인 일을 행할 수 있습니다. 사탄이 자기 자신을 보니까 자기도 하나님같이 신비한 능력도 가지고 있고, 뛰어난 것처럼 보이거든요? 그러니까 하나님을 배신해서 자신이 하나님처럼 되려고 하다가 하나님께 쫓김을 받고 사탄이 된 것입니다. 그래서, 사탄을 "타락한 천사"라고 말하는 것입니다.

사탄은 자신만 하나님처럼 되려고 한 게 하니라, 하나님이 으뜸으로 만드신 인간도 하나님처럼 되게 만드려고 유혹합니다. 왜냐면, 하나님은 이것을 가장 싫어하시기 때문입니다. 그래서 사탄은 에덴동산에서 하와를 유혹합니다. 창세기 3장 4~5절에 이렇게 유혹합니다. "이 선악과를 먹으면 너희가 하나님처럼 결코 죽지 아니하고, 그것을 먹는 날에는 너희 눈이 밝아 하나님과 같이 되어 선악을 알게 되리라." 무슨 말입니까? 바로 하나님 즉, 신이 된다는 것입니다. 얼마나 매혹적인 유혹입니까? 아담과 하와는 이 유혹에 넘어가서 사탄과 같이 타락하게 된 것입니다.

우리 주위에서도 이와 같은 사탄의 전략은 계속되고 있습니다. 자신의 능력을 신뢰하게 만듭니다. 타종교에서는 자신이 신이 될 수 있다고 주장합니다. 그래서 신이 되기 위해 도를 닦습니다. 모두 사탄의 전략이며, 계략임을 잊지 마시기 바랍니다. 그래서 하나님께서 교만을 제일 싫어하는 것입니다. 교만은 자기의 힘과 능력을 의지하며 으스대는 것이기 때문입니다. 여러분, 여러분이 가진 모든 것(외모, 성격, 돈, 집안, 학력)은 하나님이 주신 것입니다. 그렇기 때문에 자랑할 것도, 또한 부끄러워할 것도 없습니다.

예수님을 만나면 제일 먼저 변화되는 모습이 바로 이 주권 이양과 하나님의 목적 추구입니다. 지금까지는 내가 내 삶의 주인이요, 주관자라고 생각했는데, 그렇지 않음을 깨닫고, 예수님께 내 삶의 주권을 이양하며, 주인되심을 인정하게 되는 것입니다. 그분이 나를 만드신 목적대로 사는 것이 당연한 것임을 인정하게 되는 것입니다. 여러분, 여러분이 죽을 병에 걸려서 절대로 못 산다고 했는데, 어떤 의사가 그것을 무료로 치료해 주었다고 하면 여러분은 가만히 있겠습니까? 다시 산 이후부터는 그 의사 말이면 다 들을 것이고, 그 의사에게 감사하며, 그가 기뻐하는 것이면 무엇이든지 들어드리기 위해 노력하며 살 것입니다. 우리도 마찬가지입니다. 죽을 수밖에 없는 죄 속에 빠진 인생을 예수님께서 무료로(은혜는 무료인 것입니다.) 살리셨는데, 어찌 가만히 있겠습니까? 이제는 오직 예수님만 의지하고, 예수님이 내 생명의 주인이 되셔서 예수님이 기뻐하시는 대로 살려고 하는 것이 당연한 인간의 도리일 것입니다.

어떤 목사님이 사람 관계에서 힘든 일이 있어서 선배 목사님을 찾아갔다고 합니다. 그래서 어떤 사람이 자기를 힘들게 하고, 괴롭힌다고 분노했습니다.

그러면서, 그 선배 목사님께 어떻게 해야 하는지 가르쳐 달라고 말했답니다. 그러자, 이 선배 목사님이 뭐라고 말했을까요? 이 선배님은 이렇게 말했답니다. "넌 벌써 죽었어."

인생의 주권을 예수님께 맡겨드리는 여러분이 되시기 바랍니다. 주권을 이양한 사람은 인생의 목적 또한 예수님께 맡겨드리는 사람입니다. 그 사람이 참된 인생을 살아가고, 성공하는 인생을 사는 사람이고, 이런 사람을 잘 사는 사람이라고 말하는 것입니다.

어떤 목사님이 다음과 같이 말씀하셨습니다.

"돈 많은 사람은 부자이지, 잘 사는 사람이 아닙니다. 돈 없는 사람은 가난한 자이지, 못사는 사람이 아닙니다. 가난한 자가 잘 살 수 있고, 부자도 못 살 수 있는 것입니다."

맞습니다. 잘 살기 위해서는 돈이 필요한 게 아니라, 내 인생의 주인이 하나님임을 제대로 깨닫고, 하나님이 나를 창조하신 목적을 제대로 알고, 그 목적대로 사는 것이 필요한 것입니다.

그럼, 하나님께서 가르쳐주신 우리 인생의 목적은 무엇일까요?

다같이 이사야 43장 21절의 말씀을 마음속 깊이 새겨 봅시다.

이 백성은 내가 나를 위하여 지었나니 나의 찬송을 부르게 하려 함이니라.

하나님께서 나를 만드신 목적은 바로 하나님 자신을 위해서입니다. 하나님을 찬양하는 존재가 필요한데, 그 존재가 바로 우리 인간이라는 것입니다. 즉, 우리 인간이 창조된 목적은 하나님을 찬양하고, 하나님을 기쁘시게 해 드리고, 하나님의 영광을 위해서라는 것입니다.

신약의 고린도전서 10장 31절은 같은 맥락의 말씀입니다.

그런즉 너희가 먹든지 마시든지 무엇을 하든지 다 하나님의 영광을 위하여 하라.

사랑하는 젊은이 여러분! 이것이 기독교인의 인생입니다.

우리가 잘 아는 축복송도 마찬가지입니다. 축복송은 베드로전서 2장 9절에 나와 있습니다.

오직 너희는 택하신 족속이요, 왕같은 제사장들이요, 거룩한 나라요, 그의 소유가 된 백성이니, 이는 너희를 어두운 데서 불러내어 그의 기이한 빛에 들어가게 하신 이의 아름다운 덕을 선전하게 하려 하심이라.

하나님이 우리를 소중한 존재로 여기시고, 왕 같은 제사장으로 만드신 것은 우리 자신 때문이 아니고, 우리를 구원하신 하나님 때문이라는 것입니다. 하나님의 덕과 은혜를 선전하려고, 선포하려고 그렇게 우리를 축복하신 것입니다. 그래서 우리는 전적으로 하나님의 기쁨조가 되어야 하는 것입니다. 너무 부담스럽다고 생각하십니까? 그렇다면 시계 예화를 계속 생각하십시오. 시계가 시계 제작자의 목적대로 돌아가야만 시계 제작자가 좋아하게 되는 것이고, 그 시계는 시계 목적에 맞는 삶을 살아가게 되는 것입니다.

이번 장의 본문에서 하나님께서는 모세에게 이스라엘 백성들을 이집트에서 이끌어 내고자 하는 이유, 구원의 목적을 말씀하고 계십니다.

본문 18절을 다같이 읽어 보겠습니다.

그들이 네 말을 들으리니 너는 그들의 장로들과 함께 애굽 왕에게 이르기를 히브리 사람의 하나님 여호와께서 우리에게 임하셨은즉 우리가 우리 하나님 여호와께 희생을 드리려 하오니 사흘길쯤 광야로 가기를 허락하소서 하라.

사랑하는 여러분! 하나님께서 이스라엘 백성들을 구원시키고자 하는 이유가 무엇이라고요? 하나님께 제사드리기 위함입니다. 본문에 나온 '희생'이라는 히브리어 '제바흐'는 '짐승을 살육하다'란 뜻의 동사 '자바흐'에서 유래한 말로서 '제사'를 의미하는 것입니다.

지금으로 말하면 예배드리기 위함인 것입니다. 예배는 무엇입니까? 예배는 하나님께서 우리를 창조해 주시고, 우리를 구원해 주시며, 인도해 주심을 감격해서 드리는 찬송과 경배와 영광의 행위입니다.

이렇게 보면, 하나님께서 이스라엘 백성들을 이집트에서 이끌어내고자 하신 이유는 이스라엘 백성들이 이집트의 잡신들을 바라보지 말고, 오직 하나님만 바라보고, 이집트 잡신들에게 기웃거리지 말고, 오직 하나님께만 예배드리고, 하나님을 찬송하고, 경배하고, 영광돌리기 위함인 것입니다. 위에서 살펴보았던 이사야 43장 21절의 말씀과 고린도전서 10장 31절의 말씀과 일맥상통하는 내용이 아닐 수 없습니다.

사랑하는 여러분! 하나님께서 우리를 창조하신 목적은 하나님을 위해서, 하나님을 찬송하기 위함입니다. 하나님께서 우리를 구원하신 목적은 하나님을 위해서, 하나님께 예배드리고, 경배드리고, 영광 돌리기 위함입니다.

그래서 갈라디아서 2장 20절에서 바울은 말합니다.

내가 그리스도와 함께 십자가에 못 박혔나니 그런즉 이제는 내가 사는 것이 아니요, 오직 내 안에 그리스도께서 사시는 것이라. 이제 내가 육체 가운데 사는 것은 나를 사랑하사 나를 위하여 자기 자신을 버리신 하나님의 아들을 믿는 믿음 안에서 사는 것이라.

그렇게 자만심이 넘쳤던 바울, 자신이 세상에서 제일 잘난 자라고 생각하며, 사울('사울' 이라는 이름의 뜻은 '큰 자, 뛰어난 자, 잘난 자' 입니다.)이라는 이름을 가지고 살았던 바울, 예수님 만나기 전에 예수님 믿는 자들을 핍박하며 옥에 잡아 가두었던 바울이 예수님을 만나고, 자신의 삶의 목적을 정확하게 깨달아 알게 된 것입니다.

'나' 라는 인간은 예수 그리스도와 함께 십자가에서 죽었으니, 이제는 내 안에 내가 사는 것이 아니라, 오직 예수 그리스도께서 사신다는 고백입니다.

예수님을 위해서 사는 것이 당연한 삶이고, 이러한 삶이 행복한 삶, 제대로 된 삶이라는 것입니다.

그래서 그는 예수님의 영광을 위해서 목숨을 걸고 이방선교 사역을 했고, 결국 순교의 제단에 피를 뿌리게 되는 것입니다.

사랑하는 젊은이 여러분! 우리 인생의 목적은 하나님을 찬송하고, 하나님께 영광 돌리기 위함입니다. 여러분의 비전도 마찬가지입니다. 여러분의 비전과 하나님이 연관되지 않는다면, 그 비전은 하나님께 주신 비전이 아니라, 여러분이 스스로 비전이라고 여기도 있는 헛된 꿈에 불과합니다. 아니면, 자기 만족만 채우기 위한 단순한 꿈에 불과합니다.

기독교인으로서, 기독교인에 합당한 비전이 되기 위해서는 비전이 하나님과 무조건 연관되어 우리 믿는 자의 꿈의 목적은 바로 하나님께 영광 돌리기 위함이어야 합니다.

따라서 하나님을 믿는 자들은 어떠한 직업, 어떠한 꿈을 가지겠다고 결심하는 게 중요한 것이 아닙니다. "그 직업을 가져서 뭐 할 것인데?"라는 질문을 던져야 하는 것입니다. 의사, 판사, 검사, 최고 경영자, 기술자, 가정주부가 되는 것이 중요한 것이 아닙니다. 되어서 무엇을 할지가 중요한 것입니다. 하나님을 믿는 자들은 어떠한 직업을 가지고, 어떠한 일을 하든지 간에 하나님의 영광을 위해서 살아야 하는 것입니다. 돈을 많이 벌고, 명예를 얻고, 권력을 누리기 위해 일을 하는 것이 아니라, 하나님의 영광을 위해서, 하나님께 찬송을 올려드리기 위해서, 하나님께 삶으로 예배드리고, 경배를 드리기 위해서 일을 하는 것입니다.

따라서 직업, 진로를 정할 때 믿는 자들은 항상 이 질문을 자신에게 던져야 합니다. "무슨 일을 할 것인가?" "그 일을 하면서 구체적으로 어떻게 하나님께 영광을 돌릴 것인가?" 이에 대한 명쾌한 답이 주어진다면 그 진로가 바로 여러분이 나아가야 하는 진로가 되는 것입니다. 그러나 반대로 이 질문을 던

졌는데, 답이 떠오르지 않는다든가, 돈·명예·권력이 먼저 떠오른다면 그것은 잘못된 진로일 확률, 하나님과는 관계가 없는 진로일 확률이 매우 높습니다.

위의 장에서도 언급했지만, 저는 하나님을 제대로 만나기 전까지 진로를 법조계에 두었습니다. 그리고 궁극적으로는 정치 쪽에 마음을 두고 있었습니다. 저는 법조인, 정치가가 되어 하나님의 영광을 위해서 살려고 한 것이 아니라, 높은 자리에 올라 사회적으로 인정받는 큰 명예를 얻고 싶었습니다. 저는 명예욕이 매우 강했습니다. 그래서 그 명예욕 때문에 그 진로를 생각했던 것이었습니다. 결국 하나님을 만나고 회개했고, 하나님께서 소명을 주셔서 이 길로 나아올 수 있었던 것입니다. 그러나 제 말에서 오해하지 말 것은 돈, 명예, 권력이 따라주는 길을 택하지 말라는 것이 아닙니다. 따라주면 더 좋은 것이지 나쁜 것이 아닙니다. 그러나 그것에 연연해 하지 않고, 하나님의 영광을 위해 헌신할 수 있어야 한다는 것입니다. 저의 경우에는 명예에 연연해 했고, 그 직업을 가지고 싶은 목적이 명예였기 때문에 잘못되었다는 것이고, 하나님께서 원하시는 길이 아니었다는 것입니다.

의사가 되어도, 최고 경영자가 되어도, 평범한 직장인, 회사원이 되어도, 가정주부가 되어도, 자신이 서 있는 자리에서 하나님의 영광을 위해서 헌신하고, 그것이 여러분이 하는 일의 목적이 되어야 하는 것입니다.

진로에 대해 걱정하고, 비전에 대해 머리 아파하는 젊은이들이여! 이제부터는, 어떻게 하나님께 영광 돌릴지를 구체적으로 생각하십시오. 중요한 것은 구체적이어야 한다는 것입니다. "의사가 되어서 어려운 자를 도와서 하나님께 영광을 돌리겠다."라고 추상적으로 생각해서는 안 됩니다. "의사가 되어서 매달 두 번씩 섬에 들어가 의료의 혜택을 못 받고 있는 사람에게 무료로 진료해 주겠다."와 같은 구체적인 생각과 계획이어야 합니다. "교사가 되어서 학생들을 잘 가르쳐서 하나님께 영광을 돌리겠다."라고 추상적으로 생각해서는 안 됩니다. "교사가 되어서 내가 기독학생회를 이끌어서 매주 학생들과 함께 예배드리겠다."와 같은 구체적인 계획이어야 합니다.

하나님께 영광을 돌리기 위한 구체적인 계획과 생각이 확실하고, 그 계획과 생각을 보여드린다면, 하나님께서는 여러분을 반드시 인도해 주시며, 여러분이 원하는 꿈을 하나님의 비전으로 확고히 자리매김해 주실 것입니다.

비전은 무조건 하나님과 연관되어야 합니다. 삶의 현장 속에서 구체적으로 하나님께 영광돌리고, 하나님께 찬송드리며, 하나님께 예배드리는 비전이 하나님께서 원하시는 여러분의 비전입니다.

 함께 기도합시다!

1. 나의 삶이 하나님께 올려드리는 귀한 예배가 될 수 있도록
2. 주인되시는 하나님께 나의 삶을 온전히 맡기며 살아갈 수 있도록
3. 하나님께 영광 돌리는 삶으로 살아갈 수 있도록
4. 나에게 맡겨진 일 속에서 하나님의 향기를 드러낼 수 있도록
5. 돈, 명예, 권력에 초연할 수 있는 세상을 이겨내는 파워 크리스천이 될 수 있도록

 평생 간직해야 할 성경구절   VISION

(1) 시편 56편 10절
내가 하나님을 의지하여 그의 말씀을 찬송하며 여호와를 의지하여 그의 말씀을 찬송하리이다.

(2) 시편 99편 5절
너희는 여호와 우리 하나님을 높여 그의 발등상 앞에서 경배할지어다. 그는 거룩하시도다.

(3) 이사야 43장 21절

이 백성은 내가 나를 위하여 지었나니 나를 찬송하게 하려 함이니라.

(4) 로마서 4장 20절

믿음이 없어 하나님의 약속을 의심하지 않고 믿음으로 견고하여져서 하나님께 영광을 돌리며.

(5) 고린도전서 6장 20절

값으로 산 것이 되었으니 그런즉 너희 몸으로 하나님께 영광을 돌리라.

(6) 고린도전서 10장 31절

그런즉 너희가 먹든지 마시든지 무엇을 하든지 다 하나님의 영광을 위하여 하라.

(7) 고린도후서 1장 20절

하나님의 약속은 얼마든지 그리스도 안에서 예가 되니 그런즉 그로 말미암아 우리가 아멘 하여 하나님께 영광을 돌리게 되느니라.

(8) 고린도후서 2장 15절

우리는 구원 받는 자들에게나 망하는 자들에게나 하나님 앞에서 그리스도의 향기니.

(9) 베드로전서 2장 9절

그러나 너희는 택하신 족속이요, 왕 같은 제사장들이요, 거룩한 나라요, 그의 소유가 된 백성이니 이는 너희를 어두운 데서 불러 내어 그의 기이한 빛에 들어가게 하신 이의 아름다운 덕을 선포하게 하려 하심이라.

(10) 요한일서 5장 4절

무릇 하나님께로부터 난 자마다 세상을 이기느니라. 세상을 이기는 승리는 이것이니 우리의 믿음이니라.

CHAPTER 8

비전과 축복

(출애굽기 3장 19절~22절)

하나님은 당신께서 원하시는 비전대로 나아가는 자들에게 복을 주십니다. 우리 하나님은 하나님께서 주신 비전대로 나아가는 자들에게 큰 복을 주십니다. 그 복은 영적인 복뿐만 아니라, 육적인 복도 포함됩니다.

중요한 것은 하나님께서 주시는 비전, 하나님께서 기뻐하시는 비전, 하나님께 영광 돌리는 비전에 순종하면 하나님을 우리에게 복을 주신다는 사실입니다.

그러나 더 중요한 것은 순종의 결과로서의 복이지, 순종의 목적으로서의 복은 아니라는 사실입니다.

몇년 전에 『야베스의 기도』라는 책이 시중에 나와서 엄청난 히트를 쳤습니다. 『야베스의 기도』라는 책은 역대상 4장 9~10절에 나온 구절 "야베스는 그의 형제보다 존귀한 자라. 그 어머니가 이름하여 야베스라 하였으니 이는 내가 수고로이 낳았다 함이었더라. 야베스가 이스라엘 하나님께 아뢰어 이르되 원컨대 주께서 내게 복을 주시려거든 나의 지역을 넓히시고, 주의 손으로 나를 도우사 나로 환난을 벗어나 근심이 없게 하옵소서 하였더니, 하나님이 그 구하는 것을 허락하셨더라."를 가지고 복에 대한 갈망과 간구가 얼마나 중요한 지를 우리에게 일깨워 준 소중한 책입니다.

물론 이와 같은 기도, 복에 대한 갈급함도 중요합니다. 하지만, 복 자체에 의미를 두게 되면 기복주의적인 신앙에 빠질 우려가 있습니다. 실제로 한국교인들은 기복주의적인 신앙에 빠졌다는 지적을 여러 군데서 많이 받습니다. 기복주의적인 신앙이 무엇입니까? 그것은 복이 우선순위가 되는 것입니다. 즉, 복이 목적인 것입니다. 다시 말하면, 복을 받기 위해서 신앙생활을 하는 것입니다. 헌금 내고, 예배 잘 드리고, 봉사하는 목적이 인생 속에서 복을 받기 위함입니다. 이것이 바로 기복주의적인 신앙의 모습입니다. 물론 성경 수많은 곳에는 복에 대한 강조가 나와 있습니다. 하지만, 성경에서 말하고 있는 복은 하나님을 잘 믿고, 순종함으로 인한 결과적인 복입니다. 복이 목적이 아닌, 복이 결과인 것입니다. 하나님을 잘 섬기는 것, 하나님을 기쁘시게 해 드리는 것, 하나님의 영광을 위한 것이 바로 신앙생활의 목적인 것입니다. 그럼으로써 하나님께서 복을 주시는 것을 받아누림이 건전한 복에 대한 이해이자, 기대여야 하는 것입니다. 마태복음 6장 33절에서 예수님께서 정리해 주셨습니다.

너희는 먼저 그의 나라와 그의 의를 구하라. 그리하면 이 모든 것을 너희에게 더하시리라.

신앙생활의 목적은 하나님의 나라와 하나님의 의, 하나님의 뜻을 구하는 것이어야 합니다. 쉽게 말하면, 하나님을 잘 믿음이어야 합니다. 그러면, 결과로서 인생 가운데 필요한 세상적인 복도 하나님께서 우리에게 더해 주시는 것입니다. 신앙생활을 해 나갈 때, 내 머리 속에 세상적인 돈, 명예, 권력과 같은 복이 먼저 떠오르는 것이 아니라, 하나님의 영광, 하나님의 의, 하나님의 뜻이 먼저 떠올라야, 아니 사랑하는 하나님 존재 자체가 떠올라야 기복주의 신앙에 빠지지 않은 건전한 신앙을 소유한 사람의 모습인 것입니다.

제가 어릴 적에 저의 아버지께서 일이 있으셔서 가끔 외국에 다녀오셨습니다. 아버지가 외국에서 오실 때쯤 되면 저는 신이 났습니다. 마음이 설레였습니다. 아버지가 오시기 전날 밤에는 한 숨도 못 잤습니다. 왜일까요? 아버지가 너무 보고싶으니까, 아버지가 너무 사랑스러우니까 그렇겠지요? 네.... 그런 면도 없지 않아 있었지만, 더 솔직한 고백은 아버지께서 외국에서 사 오실 선물이 기대되기 때문이었습니다. "얼마나 멋진 장난감을 사오실까?" 생각하니까 설레이고, 기분이 좋아서 잠을 잘 수 없었던 것입니다. 아버지를 사랑하는 것인지, 아버지가 사 오실 선물을 사랑하는 것인지 확실해야 합니다.

우리의 신앙도 마찬가지입니다. 하나님 그분이 생각나고, 그분을 사랑하니까 신앙생활을 하는 것이어야지, 하나님이 주실 선물을 사랑하고, 선물에 마음이 뺏겨서 신앙생활을 하는 것이어서는 안 됩니다. 물론 겉으로는 아니라고 하겠지만, 은연중에 이러한 기복주의적인 사고가 우리의 신앙 속에 스며 들어와 있습니다.

이러한 기복주의적인 신앙, 순종의 목적이 복인 잘못된 신앙은 지양해야 하지만, 하나님께서 주신 비전에 순종하고 나서 결과로서 주어지는 복은 성경에서 말씀하고 계신 하나님의 약속입니다.

우리가 잘 아는 지혜의 왕 솔로몬이 있습니다. 솔로몬 왕은 하나님께서 자신에게 맡겨주신 비전에 순종했던 왕입니다. 열왕기상 3장을 보면 확인할 수 있습니다. 그는 왕이 되고 나서 일천번제를 드렸습니다. 이것은 쉬운 것이 아닙니다. 우리는 힘든 일이 있을 때, 뭐 필요한 것이 있을 때에는 신앙생활을 잘 합니다. 예배도 잘 드립니다. 헌금도 잘 냅니다. 그러나 그 힘든 일이 지나고, 평온할 때, 좋은 일이 겹칠 때는 안타깝게도 하나님을 잊어버립니다. 그러나 솔로몬은 그러하지 않았습니다. 솔로몬은 최고의 위치에 올랐을 때, 가장 뜨거운 신앙의 모습을 보입니다. 그는 하나님께 진정으로 예배를 드립니다. 하나님께 최고의 것을 바칩니다. 그러자 하나님께서 감동받으셔서 솔로몬에게 나타나셔서서 뭐 필요한 거 없냐고 물어보십니다. 그러나 솔로몬은 자기가 필요한 세상적인 돈, 명예, 권력과 같은 복을 얘기하지 않습니다. 왜냐하면, 자신의 비전은 돈, 명예, 권력이 목적이 될 수 없었기 때문입니다. 그는 오히려 하나님의 마음과 뜻, 하나님께서 자신에게 맡겨주신 왕의 직분이라는 비전을 헤아려서 하나님께서 기뻐하실 만한 답변을 합니다. 열왕기상 3장 9절을 보면 다음과 같이 나옵니다.

> 누가 주의 이 많은 백성을 재판할 수 있사오리이까 지혜로운 마음을 종에게 주사 주의 백성을 재판하여 선악을 분별하게 하옵소서.

주님의 백성들을 잘 재판할 수 있도록 하나님의 지혜를 허락해 달라는 것입니다. 이 간구는 하나님의 뜻이었습니다. 왜냐하면, 솔로몬은 왕으로서의 자신의 비전을 정확하게 파악하고 있었고, 왕이 된 목적을 정확하게 알고 있었기 때문입니다. 10절에 기가 막힌 구절이 나옵니다.

> 솔로몬이 이것을 구하매 그 말씀이 주의 마음에 맞은지라.

그 다음에 나온 하나님의 말씀을 통해 우리는 흥분하게 됩니다. 12~13절입니다.

> 내가 네 말대로 하여 네게 지혜롭고 총명한 마음을 주노니 너의 전에도 너와 같은 자가 없겠거니와 너의 후에도 너와 같은 자가 일어남이 없으리라. 내가 또 너의 구하지 아니한 부와 영광도 네게 주노니 네 평생에 열왕 중에 너와 같은 자가 없을 것이라.

솔로몬은 하나님께서 자신에게 주신 비전에 철저하게 순종하고, 그 비전을 온전히 감당하기 위해 필요한 것들을 하나님께 구했더니, 자신이 구하지도 않은, 그러나 인간이기에 생각은 했을만한 세상적인 부와 영광, 세상적인 복을 받았습니다. 바로 이것입니다! 비전에 온전히 순종하면, 하나님께서 사랑하시며, 큰 은혜와 세상적인 복으로 채워 주십니다.

저의 예도 마찬가지입니다. 저는 하나님을 만나고 나서 하나님과 관계없는, 세상적인 욕심으로만 가득차 있던 꿈을 버리고, 하나님께서 주신 비전을 발견하게 되었습니다.

하나님과 관계없는 나만의 욕심으로 가득차 있었던 나의 꿈을 내려놓자 하나님은 저에게 당신의 종이 되라는 비전, 나와 같은 고민을 하고 있는 청소년, 청년들을 바른 길로 인도하라는 비전을 주셨어요.

저는 그 비전에 순종했더니 저는 정말 순탄하게 목사가 될 수 있었습니다. 물론 하나님을 만나기 전의 제 꿈이 되살아난 적도 있었습니다. 그러나 그것은 하나님으로부터 온 비전이 아니기에 인간적인 욕망을 계속 억누르며, 하나님께서 원하시는 길로 나아갔습니다. 그랬더니 정말 하나님께서 축복에 축복을 주시는 것이었습니다.

제 자랑으로 들으시지 마세요. 하나님께서 인도하셔서 좋은 대학에 남들보다 일찍 합격했고, 조기 졸업도 했고, 대학원도 좋은 성적으로 한 번에 들어갔고, 순탄하게 졸업했고, 목사고시도 한 번에 합격해서 저희 교단의 최연소 목사가 되었습니다. 거의 모든 신학생들이 도전하는 군목시험에 합격했고, 가장 오고 싶었던 공군에 오게 되었습니다. 그리고, 최연소 목사 작가, 책 쓰는 사람이 되었고, 하나님의 비전을 받은 지 10년이 지난 지금 제가 청소년기에 했던 고민을 똑같이 하고 있을 청소년들을 도와 주고, 세워 주며, 그들에게 하나님의 말씀을 전해 주는 청소년 부흥회 강사, 전국연합청소년수련회 강사가 되었습니다.

그 뿐만이 아니라, 물질의 복도 주셔서 학업의 과정 가운데 물질적인 어려움을 겪은 적이 없었고, 제가 아는 사람들을 통해 물질적으로 도움의 손길을 많이 주셔서 제가 맡는 군대 교회에는 항상 재정적인 어려움이 없는, 풍성한 교회로 만드셨습니다.

사랑하는 젊은이 여러분! 이것이 믿음입니다. 하나님의 비전에 순종하면 하나님께서 큰 복을 주시고, 최단 거리로 인도하십니다. 돌아가는 인생, 계속 실패하는 인생이 아닌, 한 번에 목적지까지 달려갈 수 있는 길을 마련해 주시고, 인도해 주신다는 사실입니다. 하나님으로부터 온 하나님께서 기뻐하시는 일을 하십시오. 하나님께 영광 돌리는 일을 하십시오. 그러면 하나님께서 여러분의 인생길을 책임져 주실 것입니다.

이번 장의 본문에서 하나님께서는 이스라엘 백성들에게 내릴 축복을 말씀하고 계십니다. 모세가 비전에 순종하고, 이스라엘 백성들이 모세의 말에 따른다면, 하나님께서는 이스라엘 백성들의 대적자들을 물리쳐 주시겠다는 축복을 말씀하십니다. 3장 19~20절의 말씀입니다.

내가 아노니 강한 손으로 치기 전에는 애굽 왕이 너희가 가도록 허락하지 아니하다가 내가 내 손을 들어 애굽 중에 여러 가지 이적으로 그 나라를 친 후에야 그가 너희를 보내리라.

그래서 하나님은 실제로 애굽 땅에 10가지의 무서운 재앙을 내리시잖아요. 하나님은 믿는 자를 보호하시고, 믿는 자를 괴롭히는 대적자를 그냥 내버려 두지 않으십니다.

창세기 12장 3절에 보면, 하나님께서 아브라함에게 다음과 같은 축복을 약속하십니다.

너를 축복하는 자에게는 내가 복을 내리고, 너를 저주하는 자에게는 내가 저주하리니 땅의 모든 족속이 너로 말미암아 복을 얻을 것이라 하신지라.

하나님을 잘 믿는 자를 축복하는 자에게 하나님은 축복하시고, 하나님을 잘 믿는 자를 저주하는 자에게 하나님은 저주하십니다. 하나님은 비전에 순종하고, 하나님을 의지하는 자를 이끄시고, 그들의 대적자를 치시는 공의의 하나님이십니다. 이것은 우리에게 놀라운 축복입니다. 다윗왕의 대적자인 사울왕을 다윗왕이 제거하지 않아도 하나님이 알아서 제거하시잖아요. 혹 여러분을 힘들게 하는 사람이 있습니까? 여러분을 괴롭히는 대적자가 있습니까? 하나님의 뜻에 순종하고, 하나님의 비전에 순종하는 사람이 되면, 하나님께서 알아서 해결해 주십니다. 담대함을 가지십시오.

또 하나님께서는 물질의 축복을 약속해 주십니다. 3장 21~22절의 말씀입니다.

> 내가 애굽 사람으로 이 백성에게 은혜를 입히게 할지라. 너희가 나갈 때에 빈손으로 가지 아니하리니 여인들은 모두 그 이웃 사람과 및 자기 집에 거류하는 여인에게 은 패물과 금 패물과 의복을 구하여 너희의 자녀를 꾸미라. 너희는 애굽 사람들의 물품을 취하리라.

하나님은 이스라엘 백성들이 이집트에서 나올 때 노예의 신분으로 거지가 되어 나오게 하지 않으시고, 물질의 복을 주셔서, 애굽 사람들이 가진 좋은 보물, 물질을 취하게 될 것이라고 말씀하십니다.

사랑하는 젊은이 여러분! 우리가 살아가면서 물질은 반드시 필요합니다. 물질이 있어야 먹고 살고, 자식도 키우고, 만족도 누리고, 좋은 일도 할 수 있습니다. 하나님의 비전에 순종하면, 우리의 세상적인 필요를 하나님께서 채워주십니다. 마태복음 6장 33절의 말씀이 진리로서 우리에게 다가옵니다.

> 그런즉 너희는 먼저 그의 나라와 그의 의를 구하라. 그리하면 이 모든 것을 너희에게 더하시리라.

하나님의 뜻, 하나님의 비전을 먼저 구하고, 순종하는 사람이 되면, 세상적인 모든 것을 채워 주시고, 더해 주실 것이라는 말씀입니다.

하나님의 비전에 순종하십시오. 하나님의 비전을 발견하고 따르십시오. 하나님께서 기뻐하시는 일, 하나님께 영광 돌리는 일을 하십시오. 하나님께서 여러분의 인생길을 책임져 주시고, 보호하심의 축복, 세상적인 필요를 채워

주시는 축복, 이 밖에 가장 근원적인 하나님과 함께 동행하는 영적인 축복을
받아 누리게 될 것입니다. 할렐루야!

 함께 기도합시다!

1. 하나님을 온전히 따르고, 섬김으로 말미암아 신앙의 결과로서의 복을 받아누릴 수 있도록
2. 하나님께서 주시는 비전에 따르는 삶을 살아갈 수 있도록
3. 비전을 따라 가는 삶으로 말미암아 하나님의 보호하심의 축복을 받을 수 있도록
4. 비전을 따라 가는 삶으로 말미암아 하나님의 채워주심의 축복을 받을 수 있도록
5. 하나님의 나라와 하나님의 의를 위해 충성을 다하는 삶이 될 수 있도록

 평생 간직해야 할 성경구절

(1) 창세기 12장 3절
너를 축복하는 자에게는 내가 복을 내리고 너를 저주하는 자에게는 내가 저주하리니
땅의 모든 족속이 너로 말미암아 복을 얻을 것이라 하신지라.

(2) 신명기 28장 1절
네가 네 하나님 여호와의 말씀을 삼가 듣고 내가 오늘 네게 명령하는 그의 모든 명령
을 지켜 행하면 네 하나님 여호와께서 너를 세계 모든 민족 위에 뛰어나게 하실 것이
라.

(3) 느헤미야 1장 5절
이르되 하늘의 하나님 여호와 크고 두려우신 하나님이여, 주를 사랑하고 주의 계명을
지키는 자에게 언약을 지키시며 긍휼을 베푸시는 주여 간구하나이다.

(4) 시편 32편 7절
주는 나의 은신처이오니 환난에서 나를 보호하시고 구원의 노래로 나를 두르시리이
다.

(5) 시편 81편 10절

나는 너를 애굽 땅에서 인도하여 낸 여호와 네 하나님이니 네 입을 크게 열라. 내가 채우리라 하였으나.

(6) 시편 145편 20절

여호와께서 자기를 사랑하는 자들은 다 보호하시고 악인들은 다 멸하시리로다.

(7) 이사야 41장 10절

두려워하지 말라. 내가 너와 함께함이라. 놀라지 말라. 나는 네 하나님이 됨이라. 내가 너를 굳세게 하리라. 참으로 너를 도와 주리라. 참으로 나의 의로운 오른손으로 너를 붙들리라.

(8) 마태복음 6장 33절

그런즉 너희는 먼저 그의 나라와 그의 의를 구하라. 그리하면 이 모든 것을 너희에게 더하시리라.

(9) 히브리서 6장 14절

이르시되 내가 반드시 너에게 복 주고 복 주며 너를 번성하게 하고 번성하게 하리라. 하셨더니.

(10) 베드로전서 4장 14절

너희가 그리스도의 이름으로 치욕을 당하면 복 있는 자로다. 영광의 영 곧 하나님의 영이 너희 위에 계심이라.

CHAPTER 9

비전과 능력

(출애굽기 4장 1절~9절)

리차드 바크라는 사람은 이러한 멋진 말을 남겼습니다.

"우리가 무엇인가를 하고 싶어하는 것은 우리에게 그 일을 할 수 있는 능력이 있다는 뜻이다."

이 말에 신앙적인 표현을 첨가하면 다음과 같은 말이 될 수 있습니다.

"하나님이 무엇을 하라고 우리에게 비전을 주셔서 우리가 무엇을 하고 싶어하는 것은 하나님께서 우리에게 그 일을 할 수 있는 능력을 이미 부여하셨다는 뜻이다."

하나님께서 우리에게 주신 비전, 하나님의 뜻에 합당한 비전을 발견하면, 우리는 정말 비전을 이루고 싶은 열정이 들게 됩니다. 빌립보서 2장 13절에 이런 귀한 말씀이 나와 있습니다.

너희 안에서 행하시는 이는 하나님이시니 자기의 기쁘신 뜻을 위하여 너희에게 소원을 두고 행하게 하시나니

우리가 하나님의 비전을 받았을 때 어떠한 현상이 나타나는가 하면, 그 비

전을 꼭 이루고 싶다는 열망, 마음의 강한 소원이 든다는 것입니다. 그 소원이 시간이 지남에 따라 작아지는 것이 아니라, 좀 어려운 일이 다가오면 소원을 포기해 버리는 것이 아니라, 어려움이 다가오면 소원이 더 강렬해지고, 비전에 집중하게 되는 것입니다. 고난이 오고, 어려움이 오면, 바로 포기해 버리고 싶은 마음이 든다든가, 자기는 안 된다는 자기 한탄에 빠지는 것은 절대로 비전이라고 말할 수 없는 것입니다.

정말 이루고 싶은 꿈이 있습니까? 하나님께서 기뻐하시고, 하나님께서 인정하시는 꿈이라고 확신하십니까? 그러면 하나님께서 능력을 주시고 인도해 주십니다. 절대로 걱정하지 마시기 바랍니다.

몇 년 후에 미국으로 유학 가고 싶다는 생각이 듭니까? 유학 가서 열심히 공부해서 전세계를 누비며 주님의 영광으로 살아갈 구체적인 계획이 있습니까? 그러면, 하나님께서는 반드시 유학 갈 수 있도록 인도해 주실 것입니다.

지금 영어 잘 못해도 괜찮습니다. 토플 점수 좀 안 나와도 괜찮습니다. 여러분은 할 수 있습니다. 여러분의 능력이 아니고, 하나님께서 부여해 주신 능력으로 말입니다. 하나님께서 영어 잘 하도록 인도해 주실 것입니다. 여러분은 걱정하지 말고, 영어책을 펴서 최선을 다해 공부하면 되는 것입니다. 실력은 하나님께서 도와 주셔서 갖출 수 있게 됩니다.

가장 안타까운 사람이 어떤 사람인 줄 아십니까?

하나님으로부터 비전을 받았다고 생각하고, 그 비전을 이루고 싶다는 강렬한 소원이 들지만, 자신의 부족한 현실을 바라보며 금새 그 소원을 억누르며, 자신은 할 수 없다고 생각하며 다시 평범함으로 돌아오는 사람입니다.

사랑하는 젊은이 여러분! 하나님을 믿는 자녀들은 좌절이 있을 수 없고, 포기가 있을 수 없습니다.

하나님의 자녀는 하나님의 뜻에 맞는 일이라면, 내 능력이 아닌, 하나님께서 주신 능력 안에서 무엇이든지 해 낼 수 있는, 하나님의 형상을 닮은 위대한 가능성의 존재들입니다. 그 가능성을 묵살해 버리며, 자기 한탄에 빠진다면, 그것이야말로 우리를 존귀케 만드신 하나님 앞에 큰 죄를 짓는 모습일 것입니다.

부푼 꿈을 꾸다가 또 금새 낙심하는 모습의 악순환을 끊어버리기 위한 전제조건은 부정적인 자아상에서 벗어나야 한다는 것입니다. "할 수 없어.... 나는 안 돼...."와 같은 부정적인 자아상은 우리의 발목을 계속 잡아당깁니다. 그때마다 "나는 하나님의 자녀야! 나는 창세기 1장 27절의 말씀처럼 하나님을 닮은 존재야! 하나님은 내가 잘 되기를 원하셔! 하나님은 나에게 꿈을 주셨어. 하나님은 나에게 그 꿈을 성취할 수 있는 능력을 주셨어."와 같은 믿음의 선포를 계속 해 나가기 바랍니다. 부정적인 자아상에서 벗어나지 않고는 여러분의 생각 속에서 품는 어떤 꿈도 이루어질 수 없다는 것을 잊지 말기를 바랍니다.

우리 인간이 다른 존재와 다른 점은 생각할 수 있느냐, 그렇지 않느냐의 차이입니다. 유일하게 인간만이 가지고 있는, 다른 존재들이 가지지 못한 능력은 바로 생각의 능력입니다. 생각은 의지에 영향을 주고, 의지는 행동에 영향을 주게 됩니다. 따라서 생각을 잘 해야 좋은 결과가 나오는 것입니다. 생각 속에 부정적인 요소가 가득 찬다면, 부정적인 결과가 나올 수밖에 없는 것이고, 반대로 생각 속에 긍정적인 요소가 가득 찬다면, 긍정적인 결과를 기대해도 되는 것입니다. 즉, 생각 안에 결과가 내포되어 있는 것입니다.

우리가 믿는 예수님도 긍정의 예수님이심을 절대로 잊지 마시기 바랍니다.

고린도후서 1장 19절에 보면, 우리 예수님이 어떤 분이신지를 정확히 알려주고 있습니다.

우리 곧 나와 실루아노와 디모데로 말미암아 너희 가운데 전파된 하나님의 아들 예수 그리스도는 예 하고 아니라 함이 되지 아니하셨으니 그에게는 예만 되었느니라.

우리의 구주 예수님은 "No!"의 하나님이 아니고, "Yes!"의 하나님이십니다.

민수기 13장에 보면, 모세가 12명의 정탐꾼을 가나안 땅에 보냅니다. 그 땅에 가서 여호수아와 갈렙은 비전을 봅니다. "하나님께서 이 땅을 우리에게 주셨구나!" "하나님이 능력 주심으로 우리는 할 수 있구나!" 여호수아와 갈렙은 40일 정탐을 마치고 모세에게 돌아와서 비전의 고백을 합니다. 그러나 다른 정탐꾼 10명은 자신들의 부족함을 바라보며, 우리는 그 땅에 살고 있는 사람들에 비하면 메뚜기에 불과하다고 말하며 자기 비하를 합니다. 그리고 우리가 그 땅을 차지하기도 전에 거기 살고 있는 사람들에게 다 죽임을 당할 것이라고 한탄합니다.

여호수아와 갈렙은 부족한 현실을 바라보지 않고, 비전이 하나님으로부터 온 것이기에 내 능력이 아니고, 하나님께서 주신 능력으로 해 낼 수 있다고 확신했던 것입니다. 그러나 나머지 열 명은 가나안 땅을 차지하는 비전이 하나님으로부터 온 것인지에 대한 확신이 없었기에 자신들의 부족한 현실만 바라보다가 포기하고 좌절하게 된 것입니다. 그 결과 어떻게 되었습니까? 악평한 10명의 정탐꾼은 하나님의 벌을 받고 죽었고, 악평한 10명의 의견에 동조한 이스라엘 백성들은 정탐한 40일의 하루를 1년으로 계산해서 40년 동안 광야에 있게 되는 벌을 받게 됩니다. 그러나 여호수아와 갈렙 만이 남자만 60만 명이나 되는 출애굽 1세대 가운데서 가나안 땅에 들어가게 되는 사람이 된 것입니다. 즉, 하나님의 능력을 바라본 여호수아와 갈렙만이 꿈을 이루게 된다는 사실입니다.

부푼 꿈을 꾸다가 금새 낙심하는 모습의 악순환을 끊어버리기 위한 또 하나의 전제조건은 포기하면 안 된다는 것입니다.

어떤 목사님이 말씀하셨습니다. "포기는 배추 셀 때만 필요한 단어이다." 썰렁하지만 꼭 기억하십시오. 포기는 배추 셀 때만 필요한 단어이고, 우리의 삶에서는 있어서는 안 될 단어입니다.

위에서 말한 갈렙이 가나안 땅을 정탐할 때 이 땅에 들어갈 꿈을 꿉니다. 하나님으로부터 온 비전임을 확신합니다. 그런데 그 꿈을 꾸었을 때 나이가 몇 살인 줄 아십니까? 바로 40살 때입니다. 청소년기도 아니고, 청년기도 아닙니다. 그러나 더 놀라운 것은 갈렙이 실제로 꿈을 이루었을 때는 그로부터 45년이 지난 85세 때였다는 사실입니다. 갈렙은 꿈을 이루기 무려 45년의 세월을 기다렸던 것입니다. 그 세월도 결코 순탄했던 세월이 아닙니다. 45년의 세월의 대부분은 하루도 살기 힘든 아무것도 없었던 사막과 같은 광야에서 지냈고, 나머지 세월은 가나안 땅에 들어가서 가나안 땅에 살고 있던 적들과 싸우는 데 다 보냈던 것입니다.

갈렙은 하나님께서 자신에게 주신 비전을 잊지 않았습니다. 포기하고 싶은데도 포기하지 않습니다. 드디어 꿈에도 그리워하던 가나안 땅에 들어갔는데, 자신에게는 땅을 주지 않는 것입니다. 85세의 할아버지가 살면 얼마만큼 더 살겠습니까? 그런데도 갈렙은 자신의 꿈을 이루기 위해 당당하게 그 당시 지도자였던, 같이 가나안 땅을 정탐했던 여호수아에게 나가서 자신이 땅을 차지할 수 있는 기회를 달라고 말합니다. 여호수아 14장 11~12절의 말씀입니다.

모세가 나를 보내던 날과 같이 오늘도 내가 여전히 강건하니 내 힘이 그때나 지금이나 같아서 싸움에나 출입에 감당할 수 있으니 그 날에 여호와께서 말씀하신 이 산지를 지금 내게 주소서. 당신도 그 날에 들으셨거니와 그 곳에는 아낙 사람이 있고 그 성읍들은 크고 견고할지라도 여호와께서 나와 함께 하시면 내가 여호와께서 말씀하신 대로 그들을 쫓아내리이다.

모세가 나를 가나안 땅에 정탐 보냈던 45년 전이나 지금이나 힘이 똑같으니까 싸워서 내가 본 땅을 차지할 수 있게 해 달라는 것입니다. 45년 전에 하나님의 비전을 같이 듣고, 보았으니까 저를 좀 싸움에 내 보내 달라고 여호수아에게 부탁을 하는 것입니다.

감동이 아닐 수 없습니다. 85세 할아버지께서 하시는 말씀입니다. "45년 전에나 지금 85세나 힘이 똑같으니까 싸우겠다." 85세 할아버지가 힘이 있으면 얼마나 있겠습니까! 그러나 갈렙은 비전이 하나님으로부터 온 것임을 믿었기에 하나님께서 자신에게 능력을 주셨다고 확신할 수 있었던 것입니다. 실제로 갈렙은 싸움에 나가서 하나님께서 45년 전에 보여 주신 땅을 차지하게 되는 비전을 이루게 됩니다.

사랑하는 젊은이 여러분! 포기하지 않으면 때가 이루면 거두는 것입니다. 갈라디아서 6장 9절에 보면, "우리가 선을 행하되 낙심하지 말지니 포기하지 아니하면 때가 이르매 거두리라."고 나와 있습니다. 이것은 하나님의 공식입니다. 모든 일에 포기하지 아니하면 때가 이르면 거둡니다.

공부 못하는 애들 특징은 잘 포기한다는 것입니다. 좋다는 디딤돌 개념원리 처음 풀다가 포기, 영어 문제집 풀다가 포기, 토플 문제집 앞부분 풀다가 포기, 또 다른 문제집 풀다가 포기…. 여러분의 교과서와 문제집을 보세요. 앞부분만 시커멓지는 않습니까? 우리에게는 네버기브업(Never Give Up!) 정신이 필요합니다.

경제학에서 보면 손익분기점이라는 것이 있습니다. 손해와 이익이 구분되는 애매한 지점을 말합니다. 그 손익분기점을 넘어가기가 힘듭니다. 정체되어 있어 보입니다. 그러나 그 분기점을 넘어가면 이제 이익만 있습니다. 여러분의 실력도 마찬가지입니다. 시간 투자하고, 공부해도 실력이 나아지지 않는 것처럼 보여도 꾸준히 자라고 있는 것입니다. 중요한 것은 포기하지 말아야 한다는 것입니다.

해리포터를 지은 사람은 조엘 롤링이라는 사람입니다. 이 사람은 7권의 책을 쓰고 무려 1조 8천 50억 원을 벌었습니다. 1~6권까지는 5억권 팔렸고, 7권은 1초에 15권씩 팔리고 있다고 합니다. 대단하지요?

세계 최고의 대학인 하버드 대학은 졸업식 때 사회에서 성공한 사람을 초빙해서 연설을 하게 합니다. 조엘 롤링도 초대를 받아서 하버드 대학 졸업식 때 연설을 하게 되었습니다. 그때 그녀는 이런 말을 했습니다.

"저는 결혼한 지 2년 만에 남편과 헤어지고 딸 1명과 함께 살게 되었습니다. 저는 찢어지게 가난해서 정부에서 주는 연금으로 산 최빈곤의 삶을 살았습니다. 인생의 최대 밑바닥의 삶이 현실이 되니까 오히려 자유롭게 되기 시작했어요. 최악의 밑바닥에 가니까 내 삶에 불필요한 것들이 다 제거되더라고요. 최고 밑바닥에 가니까 더 내려갈 일도 없고, 더 안 될 것도 없고, 그때부터 두려움은 없어지고, 하기만 하면 되더라고요."

사랑하는 젊은이 여러분! 위기 가운데 있습니까? 밑바닥에 있다고 생각하십니까? 지금 공부를 잘 못한다 하더라도 포기하지 마십시오. 꼴찌는 더더욱 포기하지 마세요. 이제부터 하기만 하면 되는 것입니다. 밑바닥에 있는데 더 내려갈 때가 어디 있습니까? 이제 올라갈 일만 남은 것입니다.

이번 장의 본문에서 모세는 하나님께서 자신을 이집트에 보내시는 것에 대해 계속적인 의심을 가지고 있습니다. 그래서 4장 1절에 다음과 같이 말합니다.

모세가 대답하여 이르되 그러나 그들이 나를 믿지 아니하며 내 말을 듣지 아니하고 이르기를 여호와께서 네게 나타나지 아니하셨다 하리이다.

"하나님, 제가 이집트에 가서 이스라엘 백성들에게 '여호와께서 내게 나타나셔서 이집트에서 나오라고 하신다' 라고 말하면 '네 말을 어떻게 믿냐' 고 되물을 것이고, '하나님은 너에게 나타나지 않았다. 하나님이 너에게 이스라엘 백성들을 이집트에서 이끌고 나오라는 비전을 주시지 않았다. 너는 혼자 개꿈을 꾸고 있는 것이다.' 라고 말할 것입니다."

이런 의심 많은 모세에게 하나님은 몇 가지 능력을 보여 주십니다.

지팡이가 뱀이 될 수 있는 능력을 모세에게 보여 주시고, 그 능력을 쓸 수 있는 권한을 주셨습니다. 그리고 5절에 이 능력을 주신 이유를 말씀해 주셨습니다.

이는 그들에게 그들의 조상의 하나님 곧 아브라함의 하나님, 이삭의 하나님, 야곱
의 하나님 여호와가 네게 나타난 줄을 믿게 하려 함이라.

이스라엘 백성들에게 능력을 보여 주며, 하나님께서 모세에게 나타나셔서
비전을 주신 것을 이스라엘 백성들이 확신하게끔 하시기 위함입니다.

그래도 모세는 고개를 기우뚱거리자 또 다른 능력을 보여 주시고, 권한을
주셨습니다.

"네 손을 품에 넣어봐라. 그러면 손에 나병이 생겨 눈 같이 될 것이다."

하나님의 말씀대로 했더니 손에 나병이 생겼습니다. 그 다음 하나님께서 말씀
하셨습니다. "네 손을 다시 품에 넣어라." 모세가 또 하나님께서 말씀하신 대로
했더니 손이 깨끗케 되었습니다. 그리고 8절에 다음과 같이 말씀하셨습니다.

만일 그들이 너를 믿지 아니하며 그 처음 표적의 표징을 받지 아니하여도 나중 표
적의 표징은 믿으리라.

이렇게까지 하나님은 모세에게 확신을 주시는데, 그래도 모세는 시원찮은
반응을 보였습니다. 그러자 하나님은 "더 센 능력 또 보여줄게. 그 능력도 너
에게 주마." 약속하시면서(이 말씀은 눈을 씻고 봐도 성경에 안 나옵니다. 상
상을 해 본 것입니다.) 어마어마한 말씀을 하십니다.

그들이 이 두 이적을 믿지 아니하며 네 말을 듣지 아니하거든 너는 나일 강 물을
조금 떠다가 땅에 부으라. 네가 떠온 나일 강 물이 땅에서 피가 되리라.

나일 강 물을 조금 떠다가 땅에 부으면, 그 떠온 물이 피가 될 것이라는 무
시무시한 능력이었습니다.

하나님은 능력을 통해서, 놀라운 기적을 통해서 하나님께서 비전을 주셨음

을 확신케 했습니다. 그리고 비전대로 나아가면 하나님께서 주시는 놀라운 능력이 나타날 것임을 말씀하셨습니다.

성공하는 사람들 중에 기독교인이 굉장히 많습니다. 그 이유는 무엇이겠습니까? 하나님께서 주신 비전을 바라보고 갔더니 하나님께서 주시는 놀라운 능력이 나타났기 때문입니다. 자신의 능력이 아닌, 하나님의 능력으로 하니까 잘 될 수밖에 없지요. 성공할 수밖에 없는 것입니다.

"주일은 쉽니다."라는 광고로 유명한 신원에벤에셀 그룹은 경영철학이 믿음이라고 합니다. 주일에는 매출이 제일 높습니다. 사람들은 일요일에 옷 쇼핑을 합니다. 그 매출 황금 요일인 일요일이 하나님이 쉬라고 하신 날이라 예배 드리기 위해 쉰다는 것은 인간적인 생각으로는 엄청난 매출을 포기하는, 속된 말로 망하게 하는 행위입니다. 그러나 이 그룹이 망했습니까? 매년 매출이 오르기만 합니다. 베스티 벨리, 비키, 지크와 같은 유명 브랜드를 꾸준하게 늘려가고 있습니다. "주일은 쉽니다."라는 말에는 "저의 그룹은 돈보다 예배를 가장 우선시 합니다."라는 함의를 가지고 있습니다. 이와 같은 믿음의 비전 위에 사업을 하는데, 하나님께서 능력으로 도와 주시지 않겠습니까? 하나님께서 뒤에서 팍팍 밀어주시니까 사업도 잘 될 수밖에 없는 것입니다.

또 한 그룹을 소개하면 성주 인터네셔널입니다. 이 회사의 대표는 김성주 회장입니다. 그녀는 한국에서 제일 잘 나가는 여성 기업인으로 꼽히고, 세계 인물 100인에 항상 선정되는, 외국에서 더 유명한 분이십니다. 이분은 저의 대학교, 과 선배이기도 합니다. 이분은 한국에 들어와 있는 많은 수의 외국 명품 브랜드 대표를 맡고 있습니다. 대표적인 것이 '구찌 코리아', 'MCM 코리아' 입니다. 이분은 오직 하나님의 비전을 바라보며 기도로서 기업을 이끌어 나가고 있습니다. 이분은 신앙간증도 많이 하시는 분으로 많이 알려져 있습니다. 이분이 잘 될 수밖에 없는 이유가 무엇입니까? 하나님께서 도와 주시기 때문입니다. 하나님께서 잘 해낼 수 있는 능력도 주시고, 지혜도 주시기 때문입니다.

사랑하는 젊은이 여러분! 하나님을 믿고 비전대로 나아가십시오. 현실에 너무 높은 장벽이 있어도, 도저히 넘지 못할 것 같은 산이 있어도 뚫고 나아가십시오. 여러분은 그럴 능력은 없으나, 우리 하나님은 가지고 계십니다. 하나님의 능력이 모세의 능력이 된 것처럼 우리도 하나님의 능력이 나타나는 도구가 될 수 있습니다. 비전을 바라보며 부정적인 자아상을 거둬 버리고, 부족한 자신과 어려운 환경, 도전해도 안 될 것 같은 나의 실력 속에 파묻혀 포기하지 말고, 오직 하나님께서 주신 비전 붙들며, 열심히 노력하는 가운데 하나님의 능력이 저절로 나타나는 것을 바라보는 믿음의 사람, 능력의 사람들이 다 되시기를 예수님의 이름으로 간절히 소망합니다. 아멘.

마지막으로 미국 수정교회를 담임하고 있는 세계적인 목사님이신 로버트 슐러 목사님의 말을 인용해 볼까 합니다. 큰 도전을 받으시기 바랍니다.

산이 내 앞에 가로막힌다 해도 나는 단념하지 않으리라. 나는 계속 도전하리라. 나는 기어이 산을 오르리라. 아니면 산 밑에 터널을 파고 통과하리라. 아니면 하나님의 도움을 받아 그대로 그 산을 변화시켜 금광으로 만들리라.

 함께 기도합시다! ||||||||||||||||||||||||||||||||||||||||||||||||

1. 나는 안 된다는 부정적인 자아상을 거둬버릴 수 있도록
2. 포기하는 마음을 극복할 수 있는 강인한 정신을 가질 수 있도록
3. 하나님께서 주시는 능력을 붙들 수 있도록
4. 하나님께서 주시는 능력을 가지고 최선을 다해 도전하는 삶을 살아갈 수 있도록
5. 어떠한 고난과 역경도 이겨낼 수 있는 강한 믿음을 가질 수 있도록

(1) 창세기 1장 27~28절

하나님이 자기 형상 곧 하나님의 형상대로 사람을 창조하시되 남자와 여자를 창조하시고 하나님이 그들에게 복을 주시며 하나님이 그들에게 이르시되 생육하고 번성하여 땅에 충만하라, 땅을 정복하라, 바다의 물고기와 하늘의 새와 땅에 움직이는 모든 생물을 다스리라 하시니라.

(2) 시편 42편 5절

내 영혼아, 네가 어찌하여 낙심하며 어찌하여 내 속에서 불안해 하는가. 너는 하나님께 소망을 두라. 그가 나타나 도우심으로 말미암아 내가 여전히 찬송하리로다.

(3) 시편 46편 1절

하나님은 우리의 피난처시요 힘이시니 환난 중에 만날 큰 도움이시라.

(4) 시편 68편 34절

너희는 하나님께 능력을 돌릴지어다. 그의 위엄이 이스라엘 위에 있고 그의 능력이 구름 속에 있도다.

(5) 고린도전서 4장 20절

하나님의 나라는 말에 있지 아니하고 오직 능력에 있음이라.

(6) 고린도후서 1장 19절

우리 곧 나와 실루아노와 디모데로 말미암아 너희 가운데 전파된 하나님의 아들 예수 그리스도는 예 하고 아니라 함이 되지 아니하셨으니 그에게는 예만 되었느니라.

(7) 고린도후서 13장 4절

그리스도께서 약하심으로 십자가에 못 박히셨으나 하나님의 능력으로 살아 계시니 우리도 그 안에서 약하나 너희에게 대하여 하나님의 능력으로 그와 함께 살리라.

(8) 갈라디아서 4장 18절

좋은 일에 대하여 열심으로 사모함을 받음은 내가 너희를 대하였을 때뿐 아니라 언제든지 좋으니라.

(9) 갈라디아서 6장 9절

우리가 선을 행하되 낙심하지 말지니 포기하지 아니하면 때가 이르매 거두리라.

(10) 빌립보서 4장 13절

내게 능력 주시는 자 안에서 내가 모든 것을 할 수 있느니라.

비전과 동역

(출애굽기 4장 10절~17절)

요즘 서점에 가면, '리더십'에 관한 책이 많이 있습니다. 그만큼 리더십이 중요한 시대에 살고 있다는 말입니다. 축구만 봐도 알 수 있잖아요. 리더가 어떤 리더냐에 따라 그 조직의 운명이 달려 있는 것입니다. 2002년도 한일월드컵 당시 우리 나라 축구 대표팀을 보면 알 수 있지요? 히딩크라는 위대한 리더 한 명이 있으니까 조직 전체가 변하잖아요. 조직의 수준이 높아지잖아요. 구성원 모두가 승리자가 되는 놀라운 역사가 이루어지잖아요.

히딩크는 리더십이 무엇인지를 아는 사람입니다. 세계 축구의 중심에 서 있는 팀은 아닌 나라도 그가 가면, 세계 축구의 중심 국가가 될 가능성이 생깁니다. 히딩크는 리더십이 얼마나 중요한지를 보여주고 있는 대표적인 인물입니다.

최근 미국 경제실적 발표에 의하면, 미국의 포드 자동차가, 백여 년이 되는 기업 역사상 최악의 경영 실적을 기록했습니다. 2006년 포드 자동차의 적자 규모는 무려 127억 달러(약 12조 원)나 됐습니다. 차량 한 대를 팔 때마다 1,925달러(190만 원) 씩 손해를 보고, 1분마다 2400만 달러(약 2,300만 원)

1부: 젊은이를 위한 비전 멜로디 ● 129

씩 손실을 보는 최악의 불량 기업이 된 것입니다.

포드 자동차는 최초로 조립라인을 통한 대량생산이라는 세계 경제사에 남을 역사를 남겼지만, 이제는 하락세를 면치 못하고 있습니다. 왜 그럴까요? 리더가 변화의 때를 파악하지 못하고, 전통적인 방식을 계속 고수했기 때문입니다. 즉, 리더십을 제대로 발휘하지 못했기 때문입니다. 포드 자동차는 T자 형태의 자동차로 유명합니다. 그러나 T자 형태의 자동차는 너무 투박합니다. 그러나 포드 자동차의 리더는 소비자의 의견, 직원들의 의견을 듣지 않고, T자 형태의 자동차를 고집하다 보니까 고객들에게 외면당하고 있는 것입니다.

반면에 요즘 전세계에서 가장 잘 팔리고, 인기 있는 차는 일본차들입니다. 특히 인피니티라는 차는 요즘 우리 나라에서도 엄청나게 많이 팔리고 있습니다. 몇년 전까지만 해도 일본차는 적자를 면치 못했습니다. 고급차는 아닌데 비싸기만 하고, 디자인은 별로라고 생각했기 때문입니다. 특히 인피니티라는 차를 만드는 닛산 자동차는 자국 자동차 회사인 도요타에 밀려서 하향기로에 서 있었습니다.

그러나 몇년 만에 닛산 자동차는 전세계에서 주목받는 자동차가 되었습니다. 왜 그렇습니까? 리더가 바뀌었기 때문입니다. 닛산 자동차는 일본인이 아닌, 실력있는 외국 CEO를 영입해 왔습니다. 이 사람은 카를로스 곤이라는 사람인데, 탁월한 리더십을 가지고 있는 사람입니다. 직원들의 의견도 듣고, 시대문화를 읽어내면서 일본차가 안 팔리는 단점을 찾아냈습니다. 디자인을 중시하는 시대문화를 읽으면서 차의 디자인에 신경쓰고, 값싸 보인다는 일본차의 단점을 극복하기 위해 고급 세단을 만들고, 닛산 자동차라는 회사의 이미지가 고급 자동차 회사의 이미지가 아니었기에 자동차 회사의 이름을 숨기고, 차를 브랜드화시켰습니다. 그래서 차에 관심을 가지지 않는 사람이라면 인피니티 차가 일본차인지, 미국차인지 알 수 없습니다. 이 리더의 탁월한 리더십으로 말미암아 닛산 자동차는 엄청난 매출을 올리고 있습니다.

사랑하는 젊은이 여러분! 여러분은 스스로 리더라고 생각합니까? 아니면, 그렇지 않다고 생각합니까?

위에서 나온 히딩크와 같은 축구 국가대표팀 감독, 카를로스 곤과 같은 기업의 회장만이 리더가 아닙니다. 우리 모두는 리더입니다. 교회 선생님을 하고 있습니까? 그러면, 여러분은 교회학교 학생의 리더입니다. 자녀가 있습니까? 그러면, 여러분은 가정의 리더요, 자녀의 리더입니다. 부하 직원이 한 명이라도 있습니까? 그러면, 여러분은 그 부하 직원의 리더입니다.

그래서 우리는 리더십에 대해 알아야 하고, 리더십의 유형을 알아야 합니다.

몇년 전에 나온 책 중에 『컬러리더십』이란 책이 있습니다. 리더의 유형을 7가지 무지개 색으로 분류한 것입니다. 이 책을 보면, 리더십 유형을 쉽게 이해할 수 있습니다.

첫 번째는 빨간색 리더입니다. 빨간색 리더는 가슴으로 경영하는, 헌신적인 경영스타일을 가집니다. 이들은 자기 외의 리더를 쉽게 키울 수 있고 구성원의 이탈률도 상대적으로 낮습니다. 서번트 리더와 비슷합니다. 사우스웨스트항공의 허브 켈러 허가 좋은 예입니다. 그는 사람을 만나면 꼭 포옹을 하고 자신이 직접 고객들에게 땅콩을 가져다 준다고 합니다. 카리스마보다는 하인 스타일의 행동습관을 지니고 있습니다. 월마트의 샘 월튼도 빨간색 경영 스타일을 지닌 대표적인 리더로 분류 됩니다.

두 번째는 오렌지색 리더입니다. 오렌지색은 남들과 다른 튀는 색을 상징합니다. 그래서 오렌지색 리더는 튀는 아이디어로 승부하는 창의적인 브랜드 리더를 의미합니다. 이 유형에 속하는 대표적인 리더는 바로 빌 게이츠입니다. 오렌지 리더는 자기 자신이 회사 브랜드와 동일시되는 스타 리더들입니다. 빌 게이츠 외에도 잭 웰치, 소니의 노부유키 등이 포함됩니다. 이들은 1등 전략으로 기업을 이끕니다. 발상의 전환이 특기이고 안정적인 현실에 안주하지 않습니다.

세 번째는 노란색 리더입니다. 노란색 리더는 사이드 리더라고도 불립니다. 이들은 공감대를 통해 기업을 경영합니다. 여기에 속하는 리더는 "걱정하는 사람이 살아남는다"는 말을 남긴 인텔 사의 앤드루 그로브가 대표적입니다. 노란색 리더는 기업과 직원의 보호자 역할을 자청합니다. 이들은 매사를 찬찬히 챙기다가 문제가 생기면 '옐로카드'를 내미는 사람들입니다. 이들은 특히 시스템과 구조에 역점을 둡니다. 인텔의 앤드루 그로브 외에 모토롤라의 로버트 갤빈, 제록스의 퀸 랜드 등도 노란색 기질이 강한 사람들입니다.

네 번째는 녹색 리더입니다. 녹색 리더는 성실한 추진력을 주특기로 가지고 있는 리더입니다. 간디를 연상하면 쉽게 이해가 됩니다. 이들은 언행이 일치하고 솔선수범의 미덕을 지니고 있습니다. 제2차 세계대전 내내 "포기하지 말자"고 외치고 다닌 윈스턴 처칠이나 성실성으로 기업을 일군 맥도널드의 레이 크록이나 탁월한 실천력을 가진 델 컴퓨터의 마이클 델이나 현대그룹 창업주 정주영 회장도 녹색 성향이 강한 리더입니다.

다섯 번째는 파란색 리더입니다. 파란색 리더는 지식 리더입니다. 그래서 이들은 논리적인 성향을 가지고 있고, 인재들을 중시합니다. 인재 양성에 사활을 걸었던 마쓰시타 고노스케, 삼성그룹 창업주 이병철 회장 등이 여기에 속합니다. 이들은 문제의식을 가지고 끊임없이 새로운 것을 탐구하고 격변하는 환경을 이해하고 미래를 제시하는 통찰력을 가지고 있습니다. 입장이 정확하고 단정적이며 자신의 조직을 학습조직으로 만듭니다. 그러나 파트너십에 있어서는 약간의 약점이 있습니다.

여섯 번째는 남색 리더입니다. 남색 리더는 비전 리더입니다. 카리스마가 넘치고 앞서가는 비전 중심의 경영스타일을 가지고 있습니다. 사람들의 마음 속에 있는 꿈을 가지고 세계 일류 기업을 만든 월트 디즈니나 세계적인 커피기업인 스타벅스의 하워드 슐츠나 IBM 창업자인 토머스 왓슨이 여기에 속합니다. 정확한 상황판단, 독창적인 두뇌, 개인의 카리스마 등이 남색 리더의 공통점입니다.

일곱 번째는 보라색 리더입니다. 보라색 리더는 개혁적입니다. 이 유형에 속하는 리더로서 약점을 강점으로 바꾸는 소프트뱅크의 손정의 회장을 들 수 있습니다. 이 밖에 150센티미터 단신에 농부의 아들로 태어나 일본을 평정한 도요토미 히데요시, 시스코시스템스의 존 챔버스도 전형적인 보라색 기질을 가진 리더입니다. 이 유형이 신기술에 강하고 능동적인 자세가 돋보이는 유형입니다.

이와 같이 다양한 리더십이 있고, 다양한 성공 케이스들이 있지만, 그래도 성경적인 리더십에 근접한 리더유형은 첫 번째 빨간색 리더, 세 번째 노란색 리더, 네 번째 녹색 리더가 아닌가 생각됩니다.

자기가 우두머리가 되려고만 하는 카리스마적인 리더십의 시대는 지나갔습니다. 이제는 자기 외에 다른 리더들을 세워서 동역하는 빨간색 리더, 나 외에 다른 리더들을 적재적소에 배치하는 시스템 중심의 노란색 리더, 각자의 위치에서 솔선수범을 보이는 녹색리더가 필요합니다. 이 모든 것을 종합하는 한 마디는 "성실한 동역"입니다.

이제 사회는 전문화되었기 때문에 혼자 모든 것을 해 나가기가 힘듭니다. 서로 동역하면서 일을 해야 합니다. 자신에게 부족한 면은 옆 사람이 보완해 나가면서 일을 해야 합니다. 서로 경쟁자가 되어서 무조건 내가 이기려고만 하는 강박적 경쟁주의에서 벗어나야 합니다.

요즘 큰 교회 중에 동사목회, 전문목회라는 것이 이루어지고 있는 교회가 있습니다. 전문목회는 각 분야에 전문적인 실력을 가지고 있는 목회자가 배치되어 사역하는 것입니다. 행정학을 전공한 목사는 행정담당 목사가 되는 것이고, 상담을 전공한 목사는 상담담당 목사가 되는 것이고, 설교를 전공한 목사는 설교담당 목사가 되는 것입니다. 이와 같은 전문목회는 단점도 있지만, 교인들의 필요를 전문적으로 채워줄 수 있다는 큰 장점이 있기 때문에 호응이 좋습니다.

성경에 보면, 동역하던 인물들이 나옵니다. 바울은 선교여행을 떠날 때에 항상 동역자를 끼고 다녔습니다. 바나바라는 사람도 바울의 동역자였고, 실라라는 사람도 바울의 동역자였고, 제자와 같은 디모데도 바울의 동역자였습니다. 예수님께서도 제자들을 키우시고, 그들에게 능력을 주시면서 동역자로 키우셨습니다. 우리가 살펴보고 있는 모세도 천부장, 백부장, 오십부장, 십부장을 세워서 동역자로 함께 일했습니다. 또한 70장로들을 세워서 그들과 함께 일했습니다.

비전 있는 사람은 뭐든지 혼자 해내려 하지 않습니다. 왜냐하면 자신이 능력 있는 사람으로 인정받는 것보다 하나님의 비전을 이루는 것을 중시하기 때문입니다. 하나님의 비전을 이루기 위해 옆 사람과 협력해야 한다면 그렇게 합니다. 옆 사람과 함께 일하면 내가 혼자 하는 것보다 더 잘 할 수 있다면, 그렇게 합니다. 자기 이름만 높아지려는 욕심만 버리면, 즉, 진정으로 하나님의 비전을 가슴에 품는 자가 되면, 기꺼이 동역을 할 수 있게 됩니다.

지난 장에서 하나님은 모세에게 여러 가지 능력을 주시고, 부여해주시면서, 이집트에 갈 것을 명하셨습니다. 그러나 모세는 계속 자신없어 하는 모습을 보입니다. 심지어 이번 장의 본문에서는 모세가 이렇게 말합니다. 10절입니다.

모세가 여호와께 아뢰되 오 주여! 나는 본래 말을 잘 하지 못하는 자니이다. 주께서 주의 종에게 명령하신 후에도 역시 그러하니 나는 입이 뻣뻣하고 둔한 자니이다.

자신은 본래 말을 잘 하지 못하는 자니까 리더가 될 만한 자격을 갖추지 못했고, 이집트 왕에게 가서 더듬더듬 거리면서 말하면 웃을 것이라고 걱정하는 내용입니다.

그러자 하나님께서는 사람 입은 하나님이 지으셨기에 하나님께서 너의 입과 함께 있어서 할 말을 가르쳐주시겠다고 말씀하십니다.

그래도 모세는 거부합니다. 모세는 정말 강심장이었습니다. 하나님께서 명령하시는 것을 계속 거부하니 말입니다. 모세는 13절에 다음과 같이 말합니다. "모세가 이르되 오 주여! 보낼 만한 자를 보내소서." "나는 아니니까 보낼 만한 사람, 자격을 갖춘 사람 좀 보내세요. 그것이 하나님께도 좋을 것입니다." 이렇게 말하는 것입니다.

이 말에 하나님은 화가 나십니다. 14~16절에 다음과 같이 나와 있습니다.

여호와께서 모세를 향하여 노하여 이르시되 레위 사람 네 형 아론이 있지 아니하냐? 그가 말 잘하는 것을 내가 아노라. 그가 너를 만나러 나오나니 그가 너를 볼 때에 그의 마음에 기쁨이 있을 것이라. 너는 그에게 말하고 그의 입에 할 말을 주라. 내가 네 입과 그의 입에 함께 있어서 너희들이 행할 일을 가르치리라. 그가 너를 대신하여 백성에게 말할 것이니 그는 네 입을 대신할 것이요, 너는 그에게 하나님 같이 되리라. 너는 이 지팡이를 손에 잡고 이것으로 이적을 행할지니라.

"모세야! 너의 형 아론이 있잖아. 아론은 말 잘 하지 않니? 그와 함께 일해라. 해야 할 일을 내가 너한테 가르쳐 줄 것이니까 너는 너의 형 아론에게 그것을 전해라. 그러면, 아론이 너를 대신하여 백성에게 나의 말을 전할 것이다. 너는 지팡이를 손에 잡고 행동으로 기적을 보여 주기만 하면 되는 거야. 멋진 것은 너가 하는 거야.... 그저 지팡이 잡고 폼 잡으면 되는 것인데.... 기적은 내가 일으키는 것이고.... 뭐가 어렵니? 이제 좀 거부하지 말아라."

모세는 아론이 있었기에 비전을 이룰 수 있었던 것입니다. 지금까지 여러분은 이집트 왕에게 모세가 당당히 나가서 카리스마 있게 말하면서 기적도 일으킨 줄 알았겠지만, 사실은 그렇지 않았습니다. 아론은 말하고, 모세는 행동만 보여 주었을 뿐입니다.

사랑하는 젊은이 여러분! 비전 있는 자는 독불장군처럼 살아가지 않습니다. 비전 있는 자는 다른 사람에 대해 열려진 자세를 취하면서 살아갑니다.

나보다 옆 사람이 더 잘하는 것이 있으면 인정해 주고, 활용합니다. 도움을 청합니다. 그것이 비전있는 자입니다.

저도 예전에는 독불장군 식으로 일처리를 많이 했습니다. 자존심이 세서 누구에게 도움을 청하지 못했습니다. 혼자 다 하려고 했습니다. 그러니까 피곤하고, 능률도 잘 오르지 않고, 일도 제대로 되지 않았습니다.

그러나 동역에 대한 즐거움을 깨닫고 나서는 동역하는 것을 좋아합니다. 우리 교회도 제가 스스로 다하는 것을 원치 않습니다. 예전 같으면 찬양 인도도 제가 했을 것이고, 반주도 제가 다 했을 것입니다. 그러나 이제는 그렇게 하지 않습니다. 왜냐하면 동역의 기쁨이 소중하기 때문입니다.

제가 포토샵을 잘 못합니다. 얼마 전에 포토샵을 통해 작업할 것이 있었습니다. 예전 같으면 혼자 낑낑 대면서 힘들게 했을 것입니다. 그러나 요즘은 안 그렇습니다. 포토샵을 잘하는 신우에게 도움을 청했고, 그 신우가 해 주어서 너무 쉽게 작업이 마무리되었습니다.

동역을 하면 참 좋습니다. 쉽게 일처리가 됩니다. 서로 도움을 청한 사람이나, 도와주는 사람이나 다 기분 좋게 됩니다. 도움을 청한 사람은 그 일을 해결 받을 수 있으니 좋은 것이고, 도와 주는 사람은 자신을 필요로 하는 사람이 존재하니 좋은 것입니다.

사랑하는 젊은이 여러분! 비전있는 사람이 되십시오. 그리고 동역하는 사람이 되십시오. 비전을 이뤄가는 과정 속에서 독불장군처럼 혼자서 뭐든지 하려고 하지 마십시오. 필요하면 옆 사람의 힘을 빌리십시오. 필요하면 옆사람의 지혜와 지식을 빌리십시오. 도움을 청하고, 도움을 받으십시오. 또한 옆 사람이 여러분에게 도움을 청하면 기꺼이 도와 주십시오.

빌 클린턴 대통령 옆에는 뛰어난 두뇌 엘 고어 부통령과 지혜로운 부인인 힐러리가 있었습니다. 엘 고어와 힐러리가 없었다면 클린턴은 대통령이 되지 못했을 것입니다.

재미있는 이야기가 있습니다. 어느 날 빌 클린턴 대통령이 힐러리 여사를 데리고 여행을 떠났습니다. 여행 중에 주유소를 들렀는데, 그 주유소 사장이 힐러리 여사와 아는 사이였습니다. 그 주유소 사장은 힐러리 여사의 첫 사랑이었던 것입니다. 힐러리 여사는 클린턴 대통령에게 그 주유소 사장이 자신의 첫사랑이라고 이야기했습니다. 그랬더니 클린턴 대통령이 우쭐대면서 이렇게 이야기했습니다.

"당신은 나 잘 만난 거야. 나 만나서 당신은 영부인이 되었잖아. 저기 주유소 사장과 결혼했으면, 당신은 겨우 시골 주유소 사장 부인에 머물렀을 거야."

그랬더니 힐러리 여사가 다음과 같이 말했습니다.

"여보, 웃기는 소리 하지 마세요. 제가 만약 저 주유소 사장과 결혼했으면, 저 주유소 사장이 대통령이 되었을 것이에요."

의미심장한 이야기지요? 힐러리가 없었으면, 클린턴은 대통령이 되지 못했을 수도 있었을 것입니다.

축구에서도 스트라이커가 골을 넣을 수 있는 것은 어시스트 해 준 선수가 있기 때문입니다. 쇼트트랙 경기에서도 우리 나라 선수가 둘 이상 출전하면 한 명만 치고 나가고 나머지 선수들은 다른 나라 선수들이 앞으로 튀어 나오지 못하도록 스크린 플레이를 합니다. 치고 나가서 금메달을 딸 수 있는 것은 다른 나라 선수들이 나오지 못하도록 막는 역할을 하는 선수들이 있었기에 가능한 것입니다.

동역의 기쁨을 누리는 사람만이 그 맛을 아는 것입니다. 서로 도움을 청하고, 도움 받는 모습... 이 모습이 바로 인간의 삶인 것입니다. 이와 같은 동역의 정신, 동역의 실천이 있는 사람이 항상 자기만 드러나고, 자기만 이기려고 하는 경쟁적인 모습이 아닌, 평안의 미소가 있는 행복한 모습으로 비전을 성취할 수 있는 사람인 것입니다.

비전있는 사람이 되십시오. 웃으면서 동역하는 탁월한 리더가 되십시오. 하나님께서 기뻐하십니다. 일이 더 잘 됩니다. 일 가운데서 놀라운 동역의 기쁨을 맛볼 수 있습니다. 무엇보다도 사람을 얻을 수 있습니다. 이 시대의 뛰어난 경영학자 겸 사회학자인 피터 드러커는 말했습니다. "경영이란, 돈을 버는 것이 아니라, 사람을 얻는 것이다." 진정한 동역의 삶이 요구되는 때입니다.

 함께 기도합시다! |||||||||||||||||||||||||||||||||||

1. 하나님께서 원하시는 리더십을 가진 사람이 될 수 있도록
2. 하나님께서 원하시는 리더십을 발휘하는 영향력 있는 인생이 될 수 있도록
3. 서로 도와주고, 도움을 받는 동역하는 삶을 살 수 있도록
4. 나만 잘 되려는 마음을 버리고, 다른 사람들을 도와주고, 세워주는 삶을 살 수 있도록
5. 동역의 기쁨을 누리며 살 수 있도록

평생 간직해야 할 성경구절

(1) 역대하 30장 12절
하나님의 손이 또한 유다 사람들을 감동시키사 그들에게 왕과 방백들이 여호와의 말씀대로 전한 명령을 한 마음으로 준행하게 하셨더라.

(2) 시편 133편 1절
보라, 형제가 연합하여 동거함이 어찌 그리 선하고 아름다운고.

(3) 잠언 20장 3절
다툼을 멀리 하는 것이 사람에게 영광이거늘 미련한 자마다 다툼을 일으키느니라.

(4) 마태복음 5장 9절
화평하게 하는 자는 복이 있나니 그들이 하나님의 아들이라 일컬음을 받을 것임이요.

(5) 요한복음 17장 21절

아버지여, 아버지께서 내 안에, 내가 아버지 안에 있는 것 같이 그들도 다 하나가 되어
우리 안에 있게 하사 세상으로 아버지께서 나를 보내신 것을 믿게 하옵소서.

(6) 에베소서 2장 14절

그는 우리의 화평이신지라. 둘로 하나를 만드사 원수 된 것 곧 중간에 막힌 담을 자기
육체로 허시고.

(7) 에베소서 3장 6절

이는 이방인들이 복음으로 말미암아 그리스도 예수 안에서 함께 상속자가 되고 함께
지체가 되고 함께 약속에 참여하는 자가 됨이라.

(8) 빌립보서 2장 2절

마음을 같이하여 같은 사랑을 가지고 뜻을 합하며 한마음을 품어.

(9) 골로새서 2장 2절

이는 그들로 마음에 위안을 받고 사랑 안에서 연합하여 확실한 이해의 모든 풍성함과
하나님의 비밀인 그리스도를 깨닫게 하려 함이니.

(10) 야고보서 3장 18절

화평하게 하는 자들은 화평으로 심어 의의 열매를 거두느니라.

CHAPTER 11

비전과 청지기 의식

(출애굽기 4장 18절~23절)

　얼마 전에 기독교 교계에서 큰 어른으로 추앙받는 목사님이 돌아가셨습니다. 이분은 저희 교단 총회장도 역임하시고, 대내외적으로 큰 일을 하셨던 '시대의 목사님'이셨습니다. 이분은 청량리 중앙교회의 임택진 목사님이라는 분이셨습니다. 청량리에 가면 제일 큰 교회가 이 교회입니다. 이분이 돌아가시자 많은 분들이 슬퍼하셨습니다. 왜냐하면, 이분은 정말 예수님을 닮은 삶을 사신 목회자였기 때문입니다. 저도 이분의 삶을 들으면서 고개가 절로 숙여졌고, 저도 목사지만, 이 목사님의 그림자라도 따라갈 수 있을까라는 생각이 들었습니다. 이분의 일화는 정말 제 가슴을 울리고, 우리의 삶의 지표를 제공해 줍니다.

　이분의 3가지 일화만 소개하겠습니다. 임택진 목사님께서 회갑을 맞으셨을 때 교회 여전도회에서 금반지 하나를 선물해 드렸다고 합니다. 그런데 목사님은 주일 설교 시간에 금반지를 손에 들고 올라오셔서 다음과 같은 말씀을 하셨다고 합니다.

　"고맙습니다. 그러나 이 반지를 낄 수는 없습니다. 한 달에 쌀 한 말이라도 교회가 사 주어야 생활을 하는 가정이 50가정이나 되는데 그와 같은 교인들을 심방하는 목사가 손에 금반지를 끼고 목회를 할 수는 없습니다."

그 말씀을 하시면서 우셨다고 합니다. 교인들의 선물을 은근히 기대하는 저에게는 따라갈 수도 없는 위대한 선배이십니다.

두 번째 일화는 청량리중앙교회가 2백 명 정도 출석할 때 8백 명 정도 출석하는 교회로부터 담임목사 청빙을 받으셨다고 합니다. 어느 정도 목사님도 마음이 있으셨던 것 같은데 그 눈치를 채신 장로님들이 앞을 가로막고 못 가시게 하였습니다. 그러면서 다음과 같은 말씀을 하셨습니다.

"큰 교회로 가시면 생활비 많이 드리겠지요. 우리도 다음 달부터 당장 생활비 올려 드릴 테니 가지 마세요."

그와 같은 장로님들의 말씀에 정말 평생에 한 번 듣기 힘든 명언이 목사님의 입으로부터 나왔습니다.

"소시장에 묶어 놓은 소는 부르는 사람에 따라 올라도 가고 내려도 가지만 나는 소시장의 소가 아닙니다."

그 말씀을 하시곤 그냥 청량리중앙교회를 떠나지 않기로 결심하시고 은퇴 시까지 흔들림 없이 목회를 하셨습니다.

쉬운 곳, 편한 곳, 돈 많이 주는 직장을 찾아다니는 우리의 모습과는 너무나 구별되는 모습입니다.

목사님께서 은퇴하실 때 교회가 원로목사로 추대하면서 명일동에 30여 평의 아파트를 사 드렸습니다. 목사님은 거기서 사시다가 돌아가셨는데, 돌아가시기 전에 다시 그 아파트를 교회에 내 놓으시기로 하셨습니다. 사모님이 계시니까 사모님이 계시는 동안은 그 곳에서 사시다가 사모님까지 돌아가시면, 그 아파트를 자녀들에게 상속하지 아니하고 교회에 헌납하기로 하신 것입니다.

이렇게 하나님께서 원하시는 모습대로 사시다 하나님 곁으로 가신 목사님의 장례식에는 입관식과 하관식이 없었습니다. 시신을 대학병원에 연구용으로 기증하셨기 때문입니다. 돈이든, 집이든, 몸이든 살아계신 동안 단지 빌려 쓰는 것이고, 자신의 것이라고 욕심을 부리지 않으셨던 것입니다.

마지막 일화는 그의 은퇴사입니다. 23년 동안 목숨을 걸고 목회하신 청량리중앙교회를 은퇴하시는 날 마지막 은퇴사를 하시는데, 그 은퇴사는 10초도 걸리지 않았습니다. 그분은 누가복음 17장 10절의 말씀을 인용하면서 "명령받은 것을 다 행한 후에 이르기를 우리는 무익한 종이라. 우리가 하여야 할 일을 한 것뿐이니이다, 할지니라. 무익한 종은 물러갑니다. 그 동안 감사했습니다."라고 말씀하셨습니다.

은퇴할 때 얼마나 할 말씀이 많았겠습니까? 교계적으로 하신 일도 많으시고, 교회를 위해서도 하신 일도 많으시고, 세상을 위해 하신 일도 많으신데, 그 모든 한 일들을 말씀하시려면 1시간도 부족했을 것을 그분은 이 한 마디 하시고, 23년 간의 은퇴사를 마치셨던 것입니다.

우리에게도 임 목사님과 같은 삶의 고백이 필요합니다. "하나님은 저의 주인님이십니다. 저는 무익한 종입니다. 주인님이 원하셔서 명령하신, 마땅히 해야 할 일을 한 것뿐입니다."라는 고백이 필요합니다. 저의 바람은 죽기 전에 이런 고백을 하고 죽었으면 좋겠다는 것입니다.

우리의 삶은 임 목사님과 같은 청지기 의식을 가진 삶이어야 합니다. 청지기는 주인에 의해 어떠한 일을 맡게 된 사람을 뜻합니다. 청지기는 모든 것을 자신의 것이라고 생각하지 않습니다. 잘 관리하라고 주인께서 맡겨 주셨다고 생각합니다. 그래서 신앙적인 관점에서 청지기 의식을 가지고 사는 것은 내가 가지고 있는 모든 것, 내가 관계하고 있는 모든 것들이 내 것이 아니고, 잘 관리하라고 주인되신 하나님께서 나에게 맡겨 주셨다는 것을 믿고 사는 것입니다.

제대로 된 기독교인 부자는 자신이 가진 많은 돈을 자신의 것으로 여기지 않습니다. 그 돈은 주인 되신 하나님이 좋은 일 하라고, 하나님의 뜻에 맡겨 쓰라고, 하나님의 영광을 드러내기 위해 쓰라고 자신에게 맡겨 주신 돈이라고 믿습니다.

제가 잘 아는 부자 집사님이 있습니다. 이분도 청지기 의식이 투철하신 정말 모델이 될 만한 깨끗한 부자입니다. 이분은 자신이 가진 돈을 하나님의 것으로 여깁니다. 십일조가 아닌, 십이조, 십삼조를 하나님께 드리고, 봉사의 일, 선교와 관계되는 일을 하시는데, 그 돈을 쓰십니다. 이런 삶의 자세가 바로 청지기 의식을 가진 제대로 된 그리스도인입니다.

또한 제가 좋아하는 세계적인 인물 중에 "투자의 귀재"로 불리는 워런 버핏이 있습니다. 그는 포브스가 선정한 2008년 세계 최고 갑부에 등극했습니다. 그의 전 재산은 620억 불(약 58조 8,000억 원)로 1995년부터 지난해까지 13년 연속 1위를 기록해 온 빌 게이츠(580억 달러)를 제쳤습니다. 그러나 그는 그냥 옆집 할아버지같이 삽니다. 비싼 스테이크보다는 햄버거와 체리코크를 즐기며, 기사 없이 여전히 손수 운전을 합니다. 평범한 집에 살고, 옛날부터 타던 낡은 차를 가지도 다닙니다. 그럼, 그 많은 돈을 어디다 쓸까요? 그는 그의 돈을 좋은 일 하는 데 씁니다. 자신의 재산의 85%인 약 37조 원을 자선단체에 기부했는데, 그 자선단체는 자신의 이름으로 만든 재단이 아닌, 빌 게이츠가 만든 빌 게이츠 재단입니다. 보통 사람 같으면 자기 이름을 드러내기 위해 당연히 자신의 이름을 넣어 재단을 만들어야 하는데 그렇게 하지 않습니다. 그리고 자신의 경쟁자인 빌게이츠의 재단에 자신의 재산을 기부합니다. 너무나 멋있지 않습니까? 그리고 자신의 나머지 돈도 좋은 일 하는데 쓰고 있습니다. 워렌 버핏이야말로 청지기 의식이 무엇인지 알고 있는 이 시대의 진정한 부자입니다.

삶의 모든 자세가 이러해야 합니다. 하나님은 우리에게 자연을 주셨습니다. 우리 마음대로 자연을 사용하라는 것이 아닙니다. 하나님의 뜻대로 잘 관리하라고 우리에게 맡겨 주신 것입니다. 그래서 우리 믿는 자들은 특히 '자연보호'를 잘 실천하고, 자연을 아름답게 하는데, 최선의 노력을 다해야 하는 것입니다.

우리의 자녀들도 마찬가지입니다. 자녀는 부모가 만들었다는 것이 맞는 말 같지만, 근원적으로 들어가 보면, 그렇지 않습니다. 자녀는 하나님께서 주신 것입니다. 하나님께서 맡겨 주신 것입니다. 그렇기 때문에 부모가 자녀들을 양육할 때도 자신의 뜻대로, 자신의 생각대로가 아닌, 하나님의 뜻대로, 하나님의 영광을 위해서, 하나님의 방법으로 양육해야 하는 것입니다. 이러한 부모가 청지기 의식으로 살아가는 참된 부모인 것입니다.

우리의 삶의 목표도 마찬가지입니다. 내 삶이 아닙니다. 내 맘대로 사는 삶이 아닙니다. 하나님께서 하나님의 뜻대로 살라고 맡겨주신 삶입니다. 그래서 건강관리도 중요한 것입니다. 하나님께서 맡겨 주신 몸이기에 잘 관리해야 하는 것입니다.

성경 레위기 19장 28절에 보면, 문신을 하지 말며, 무늬를 놓지 말라고 나옵니다. 왜 그렇습니까? 우리 몸은 내 것이 아니라, 하나님의 것이기 때문입니다. 하나님의 것인데, 우리 몸에 일부러 상처를 내어서야 되겠습니까? 문신을 하면, 병균이 몸에 침투하기도 쉬어집니다. 멋을 위해 그렇게 우리 몸을 함부로 할 수는 없는 것입니다. 열왕기상 18장에 보면, 엘리야가 바알과 아세라 선지자 850명과 대결을 합니다. 850 대 1의 싸움입니다. 엘리야가 믿는 하나님이 진짜 신인지, 아니면, 바알과 아세라 신이 진짜 신인지 구별하자는 것입니다. 송아지를 잡아서 나무 위에 놓고, 기도해서 불을 내리는 신이 진짜 신이라는 것입니다. 바알과 아세라 선지자들이 먼저 기도합니다. 그러나 불은 절대로 내려오지 않습니다. 그러자 어떤 행동을 취한 줄 하십니까? 칼과 창으로 자신들의 몸에 상처를 내고 피를 흘린 것입니다. 자해함으로 자신의 신앙을 보여 주는 것입니다. 이것은 거짓 종교에서 드러나는 모습니다. 우리 하나님은 절대로 우리 몸에 상처를 내고, 피를 내는 것을 좋아하지 않습니다. 우리 하나님은 우리 몸이 건강하고, 안전하기를 원하시는 분이십니다. 왜 그렇지요?

계속 강조하지만, 하나님께서 우리에게 맡겨 주신 몸이기 때문입니다. 운동도 해야 합니다. 왜 그렇죠? 하나님께서 주신 몸을 잘 관리하기 위해서입니다.

우리가 계속 비전에 대해 논하지만, 비전도 그렇습니다. 무조건 내가 원하는 것이 아닌, 하나님께서 원하시는 것, 하나님께서 나에게만 맡겨 주신 내 인생을 찾으려고 하는 것이 바로 비전을 바라보는 비전있는 삶인 것입니다.

이 역사의 감독은 하나님이십니다. 우리 인간 역사의 주체는 하나님이십니다. 하나님께서 이 세상을 만드셨기에 하나님께서 이 세상의 주인이십니다. 하나님께서 인간의 역사를 시작하게 하셨기 때문에 인간 역사의 주인도 바로 하나님이십니다. 어떤 신학자는 하나님께서 이 세상을 창조하시고, 방관하신다고 말합니다. 말도 안 되는 이야기입니다. 하나님은 이 세상을 창조하시고, 이 세상의 역사를 이끌고 가시고, 종말의 때에 역사를 완성하실 것입니다.

우리는 이 역사의 배우입니다. 감독의 뜻대로 연기를 하는 사람들입니다. 감독에 의해 역할이 부여된 청지기인 것입니다.

사도 바울은 예수 그리스도를 만난 후 자신이 예수 그리스도의 종, 예수 그리스도의 청지기가 되었음을 자랑스럽게 전했습니다. 세상에서는 종이 되는 것은 부끄러운 것인데, 예수님의 종이 되는 것은 매우 자랑스러운 일인 것입니다. 예수님의 종이 되었다는 것은 예수님께서 택하셨다는 증거이기 때문입니다. 로마서 1장 1절 - "예수 그리스도의 종 바울은....." 빌립보서 1장 1절 - "그리스도 예수의 종 바울과....." 디도서 1장 1절 - "하나님의 종이요 예수 그리스도의 사도인 나 바울이....."

이 장의 본문을 보면, 하나님께서 역사의 주인되심을 알 수 있습니다. 19절에 보면, 하나님께서 모세에게 이집트에 대한 정보를 알려주십니다.

여호와께서 미디안에서 모세에게 이르시되 네 목숨을 노리던 자가 다 죽었느니라.

"40년 전, 너가 이집트 왕자로 있을 때 이집트 사람을 죽인 그 사건으로 말미암아 너에게 복수하겠다고 눈에 불을 켰던 그 사람들이 다 죽었다. 이제 이집트로 가도 된다."라고 말씀하시는 것입니다. 하나님께서 역사에 대한 정보를 가르쳐 주시는 것입니다.

이 말씀을 의지하면서 모세는 20절에 이집트로 갈 준비를 합니다.

"모세가 그의 아내와 아들들을 나귀에 태우고 애굽으로 돌아가는데 모세가 하나님의 지팡이를 손에 잡았더라."

하나님께서 21절에 또 중요한 말씀을 하십니다.

여호와께서 모세에게 이르시되 네가 애굽으로 돌아가거든 내가 네 손에 준 이적을 바로 앞에서 다 행하라. 그러나 내가 그의 마음을 완악하게 한즉 그가 백성을 보내주지 아니하리니

여기서 놀라운 구문은 바로 "내가 그의 마음을 완악하게 한즉 그가 백성을 보내주지 아니하리니"입니다. 하나님께서 이집트 바로 왕의 마음을 완악하게 만드셔서 이스라엘 백성을 보내주지 않게 하겠다고 말씀하십니다. 왜 그렇게 하신다고 말씀하시지요? 그 답은 22~23절에 나와 있습니다.

너는 바로에게 이르기를 여호와의 말씀에 이스라엘은 내 아들 내 장자라. 내가 네게 이르기를 내 아들을 보내 주어 나를 섬기게 하라 하여도 네가 보내주기를 거절하니 내가 네 아들 네 장자를 죽이리라 하셨다 하라, 하시니라.

하나님께서 바로 왕의 마음을 완악하게 만드셔서 이스라엘 백성을 보내주지 않으시려 하는 이유는 이집트가 이스라엘 백성들에게 잘못한 죄값을 받게 하고, 하나님께서 큰 이적을 베푸시는 능력의 하나님, 참 신이심을 드러내게 하시기 위함이었습니다.

모세가 이집트 바로 왕에게 가서 "내 백성을 내어 놓으라. 이제 우리는 이집트에서 나가겠다."라고 말했는데, 순순히 나가게 하면 재미없잖아요. 그리고 극적인 것이 없잖아요. 그래서 하나님은 이집트 왕을 강퍅하게 만들고, 그렇

게 해서 이집트 왕이 절대로 이스라엘 백성들을 못 나가게 하면, 하나님께서 재앙을 내리셔서 이집트 왕과 이집트 백성들을 고난에 처하게 하시며, 이런 과정을 계속 반복하게 하다가 결국 이집트에서 처음 난 아들, 즉 장자는 다 죽는 벌까지 받게 하고, 그래서 결국 이집트 왕과 이집트 백성들이 백기를 들고, 이스라엘의 하나님이 참 신임을 인정하고, 이스라엘 백성들을 우러러 보면서 노예로 부려먹은 값을 다 치루려고 보석들과 귀한 것들을 다 주고, 편안하게 이집트에서 나가게 하려는 계획이셨던 것입니다.

우리 나라 야구 대표팀이 베이징 올림픽에서 우승했잖아요. 결승전에서 아슬아슬하게 정말 극적으로 3-2로 이겼습니다. 1회 때 10점을 내서 10-0으로 이겼다면 재미가 반감이 되었을 것입니다.

하나님은 역전의 하나님이십니다. 극적인 역사, 기적과 같은 역사를 이루시는 분이십니다.

하나님께서 말씀하신 대로 하나님의 계획은 실제로 성취되어서 이집트에 열 가지 재앙이 내려지고, 마지막 재앙은 가장 무서운 벌로써, 동물이건, 사람이건 간에 이집트에서 첫 번째 난 장자는 다 죽임을 받게 됩니다. 벌을 받을 때, 이런 구절에 계속 반복됩니다. 한 구절만 예로 들겠습니다. 출애굽기 9장 12절입니다.

여호와께서 바로의 마음을 완악하게 하셨으므로 그들의 말을 듣지 아니하였으니 여호와께서 모세에게 말씀하심과 같더라.

사랑하는 젊은이 여러분! 우리 하나님은 세상의 역사, 교회의 역사, 인간 개인의 역사 등 모든 역사를 주관하실 수 있는 능력을 가지신 분이십니다. 사무엘상 2장 6~7절에는 다음과 같이 나와 있습니다.

여호와께서는 죽이기도 하시고, 살리기도 하시며, 스올에 내리게도 하시고, 거기에서 올리기도 하시는도다. 여호와는 가난하게도 하시고, 부하게도 하시며, 낮추

기도 하시고 높이기도 하시는도다.

그래서 우리가 살아가면서 "하나님의 일을 한다"라고 말하는 것은 정확한 표현이 아닙니다. "하나님의 일에 참여한다. 하나님께서 맡겨 주신 일을 한다."라고 말하는 것이 정확한 표현입니다.

우리는 "하나님의 역사"라는 큰 모자이크의 한 부분 부분을 담당하고 있는 사람들입니다. 그 모자이크 조각 중에 어떤 사람은 형태를 결정짓는 조각일 수도 있습니다. 그리고, 어떤 모자이크 조각은 하나의 배경색에 지나지 않는 조각일 수도 있습니다. 형태를 결정짓는 조각만 중요한 모자이크 조각입니까? 아닙니다. 하나의 배경색에 지나지 않는 조각도 똑같이 중요한 조각입니다. 배경색에 지나지 않는 조각이 모자이크 판에 끼워지지 않는다면, 그 모자이크는 항상 미완성의 모자이크로 남게 될 것입니다. 우리는 모두 다 각자의 위치에서 하나님의 역사를 이루어가는 매우 중요한 모자이크 조각임을 잊지 마시기 바랍니다.

청지기 의식을 가진 사람이 바로 비전있는 사람입니다. 비전은 분명 하나님께서 주신 것입니다. 하나님께서 나에게 맡겨 주신 것입니다. 그렇기 때문에 비전과 청지기 의식은 같이 갈 수밖에 없습니다. 나에게 맡겨 주신 가족, 재능, 능력, 돈, 일, 배경, 상황, 자연 등 모든 것이 다 하나님의 것입니다. 나는 이 모든 것 속에서 청지기 의식을 가지고 하나님의 뜻대로, 하나님께서 원하시는 비전을 이루기 위해 노력할 뿐입니다.

열심히 하나님의 비전대로 산 후에 "나는 무익한 종이라. 내가 하여야 할 일을 한 것뿐이라(눅 17:10)."는 삶의 고백을 할 수 있는 비전의 사람들이 다 되시기를 주님의 이름으로 간절히 소망합니다. 아멘.

함께 기도합시다!

1. 역사의 주인되신 전지전능하신 하나님을 인정하며 살아갈 수 있도록
2. 나에게 맡겨주신 것들을 잘 관리하며 살아갈 수 있도록
3. 청지기 의식을 가지고, 겸손하게 살아갈 수 있도록
4. 청지기 의식을 가지고, 하나님께 충성하며 살아갈 수 있도록
5. "나는 무익한 종이라. 내가 하여야 할 일을 한 것뿐이라."는 누가복음의 구절이 내 삶의 진실된 고백이 될 수 있도록

 평생 간직해야 할 성경구절

(1) 신명기 10장 14절
하늘과 모든 하늘의 하늘과 땅과 그 위의 만물은 본래 네 하나님 여호와께 속한 것이로되

(2) 사무엘상 2장 6~7절
여호와는 죽이기도 하시고 살리기도 하시며 스올에 내리게도 하시고 거기에서 올리기도 하시는도다. 여호와는 가난하게도 하시고 부하게도 하시며 낮추기도 하시고 높이기도 하시는도다.

(3) 느헤미야 9장 6절
오직 주는 여호와시라. 하늘과 하늘들의 하늘과 일월 성신과 땅과 땅 위의 만물과 바다와 그 가운데 모든 것을 지으시고 다 보존하시오니 모든 천군이 주께 경배하나이다.

(4) 잠언 25장 13절
충성된 사자는 그를 보낸 이에게 마치 추수하는 날에 얼음 냉수 같아서 능히 그 주인의 마음을 시원하게 하느니라.

(5) 마태복음 25장 21절
그 주인이 이르되 잘하였도다. 착하고 충성된 종아, 네가 적은 일에 충성하였으매 내가 많은 것을 네게 맡기리니 네 주인의 즐거움에 참여할지어다, 하고.

(6) 누가복음 17장 10절

이와 같이 너희도 명령 받은 것을 다 행한 후에 이르기를 우리는 무익한 종이라. 우리가 하여야 할 일을 한 것뿐이라, 할지니라.

(7) 요한복음 1장 3절

만물이 그로 말미암아 지은 바 되었으니 지은 것이 하나도 그가 없이는 된 것이 없느니라.

(8) 고린도전서 4장 2절

그리고 맡은 자들에게 구할 것은 충성이니라.

(9) 골로새서 1장 16절

만물이 그에게서 창조되되 하늘과 땅에서 보이는 것들과 보이지 않는 것들과 혹은 왕권들이나 주권들이나 통치자들이나 권세들이나 만물이 다 그로 말미암고 그를 위하여 창조되었고.

(10) 요한계시록 2장 10절

네가 죽도록 충성하라. 그리하면 내가 생명의 관을 네게 주리라.

CHAPTER 12

비전과 순동

(출애굽기 4장 24절~31절)

제가 좋아하는 찬양이 있습니다. 저의 좌우명과도 같은 귀한 찬양입니다. 이 찬양의 제목은 "주님 말씀하시면"입니다.

"주님 말씀하시면, 내가 나아가리라. 주님 뜻이 아니면 내가 멈춰서리라. 나의 가고 서는 것 주님 뜻에 있으니 오 주님! 나를 이끄소서. 뜻하신 그 곳에 나 있길 원합니다. 이끄시는 대로 순종하며 살리니 연약한 내 영혼 통하여 일하소서. 주님 나라와 그 뜻을 위하여 오 주님! 나를 이끄소서."

신앙의 출발점과 종착점은 순종입니다. 사무엘상 15장 22절의 말씀처럼 순종이 제사보다 낫고, 하나님의 말씀을 듣는 것이 제사드릴 때 드리는 숫양의 기름보다 나은 것입니다.

순종이 없이는 신앙의 성숙도, 성장도 없습니다. 순종이 없으면, 비전도 없습니다. 비전이 있는 사람은 하나님께 순종하는 사람입니다. 비전을 성취하는 사람은 하나님께서 말씀하신 대로 나아가는 사람입니다. 하나님께서 말씀하지도 않으셨는데 "하나님께서 나에게 말씀하셨어...."라고 착각하는 사람이 요즘에 너무나 많이 있습니다. 자기 욕심, 자기 욕망 속에 사로잡혀 있는데,

그것이 자신의 비전이라고 착각하는 사람이 너무나 많이 있습니다. 하나님의 말씀을 들으려고는 하지 않고, 자기 판단에 의지해서 자기 생각이 하나님께서 주신 비전이라고 말하는 사람들이 너무나 많이 있습니다. 하나님을 믿는 신 앙을 의지하고 나아가는 것이 아니라, 자기 욕망을 성취하기 위한 도구로 신 앙을 끌어들이는 사람들이 너무나 많이 있습니다.

사랑하는 젊은이들이여! 비전은 순종을 통해 시작되며, 순종을 통하여 완 성됨을 잊지 마시기 바랍니다.

부모님과 자식과의 관계에는 순종이라는 매커니즘이 작용합니다. 순종은 부모님과 자식과의 관계를 유지하게 만드는 가장 기본적인 전제입니다. 아무 리 부모님과 자식 사이에 허물이 없을지라도 자식이 부모님에 대한 순종이 없 이는 제대로 된 부모와 자식 간의 관계라고 말할 수 없습니다. 자식은 부모님 의 말씀을 들어야 합니다. 부모님의 뜻에 순종할 수 있어야 합니다. 이것이 바 로 효도입니다.

하나님과의 관계에서도 마찬가지입니다. 교회에 다니면서도 하나님께 순종 하지 않고, 그러면서도 자신이 잘 되기만을 바라며 사는 것, 자신의 욕망만을 이루기를 원하는 것... 이러한 삶의 모습은 하나님께서 가증스럽게 여기는 삶 입니다. 신앙은 자기 욕망을 위한 도구로 전락된 장식품에 지나지 않는 삶입 니다.

사랑하는 젊은이 여러분! 비전있는 사람이 되고 싶습니까? 비전을 성취하 는 젊은이가 되고 싶습니까? 그러면, 하나님께 순종하십시오. 순종하면 됩니 다. 순종하면 반드시 하나님께서는 여러분의 삶의 걸음걸음을 인도하여 주실 것입니다.

이 장의 본문을 보면, 모세가 하나님께 순종하는 장면이 나옵니다. 순종하 니까 문제도 해결되고, 비전도 이루게 되는 것입니다.

모세는 하나님의 말씀을 다 듣고, 이집트로 출발합니다. 이집트로 가는 도 중에 하나님께서 모세에게 나타나셔서 모세를 죽이려 하십니다. 성경을 보면 해석하기 어려운 구절들이 있는데, 그 대표적인 구절이 바로 본문 24절입니다.

모세가 길을 가다가 숙소에 있을 때에 여호와께서 그를 만나사 그를 죽이려 하신지라.

모세에게 나타나셔서 모세에게 비전을 주신 그 하나님께서 이제 비전을 성취하려고 이집트를 향해 가고 있는 모세를 죽이려 하시는 것입니다. 이 장의 본문의 내용을 제대로 이해하지 못하면, 우리 하나님을 이상한 하나님으로 만들 큰 위험이 있습니다.

그럼, 왜 하나님은 모세를 죽이려고 하셨을까요? 그 이유는 25절에 나와 있습니다.

십보라가 돌칼을 가져다가 그의 아들의 포피를 베어 그의 발에 갖다 대며 이르되 당신은 참으로 내게 피 남편이로다 하니

하나님께서 모세를 죽이려고 위협을 주신 이유는 모세가 자신의 둘째 아들 엘리에셀에게 할례를 베풀지 않았기 때문입니다. 모세의 부인 십보라는 모세와 함께 이집트로 떠나기 직전에 둘째 아들 엘리에셀을 낳았으며, 이집트로 가는 동안 할례 연한인 8일을 넘겼습니다. 할례를 베풀지 않자 하나님은 화가 나신 것입니다.

할례는 남자 성기의 귀두부를 덮고 있는 양피를 잘라내는 의식을 말하는데 창세기 17장 10절에서 하나님께 명령하신 것입니다.

너희 중 남자는 다 할례를 받으라. 이것이 나와 너희와 너희 후손 사이에 지킬 내 언약이니라.

할례는 하나님의 백성이라는 징표를 나타내는 것입니다. 하나님의 거룩한 백성이 된 것을 기념하는 것입니다. 하나님의 거룩한 백성이 되었다는 증거를 몸

에 남기는 것입니다. 이렇게 중요한 할례를 모세가 소홀히 한 것입니다. 모세의 부인인 십보라는 이방 여인이기 때문에 할례가 무엇인지 잘 몰랐을 것입니다. 할례에 대한 중요성을 모세나 십보라나 다 가지고 있지 않았던 것입니다.

하나님께서는 모세에게 할례의 중요성을 강조하신 것입니다. 의미적으로 해석하면, 하나님께서는 거룩에 대한 순종을 강조하신 것입니다.

할례는 하나님의 거룩한 백성이 되었다는 것을 나타내는 의식입니다. 그 의식을 어디에다 합니까? 성기에다 하는 것입니다. 남자들이 타락하기 쉬운 몸의 기관이 어디입니까? 바로 성기입니다. 그 성기에 하나님의 거룩한 백성이 되었다는 의식을 행하는 것입니다. 무슨 말입니까? 이제 내 몸은 하나님의 거룩한 몸이니 경건하게 살아야 한다는 것입니다. 할례는 하나님의 백성은 거룩하게 살아야 한다는 것을 가르쳐주는 중요한 의식인 것입니다. 레위기 11장 44절에는 다음과 같이 나와 있습니다.

나는 여호와 너희의 하나님이라 내가 거룩하니 너희도 몸을 구별하여 거룩하게 하고

하나님께서 거룩하시기 때문에 하나님의 백성이요, 자녀인 우리들도 반드시 거룩해야 하는 것입니다.

요즘 시대는 거룩을 방해하는 시대입니다. 경건하게 살기가 참으로 어려운 시대입니다. 디모데후서 3장 12절의 말씀처럼 그리스도 예수 안에서 경건하게 살고자 하는 자는 고난을 받는 시대입니다. 특히 몸의 욕망에 가장 민감한 젊은이들은 거룩하게 살아가기가 정말 힘든 시대입니다. 인터넷에 들어가면 수많은 성인물들이 젊은이들을 유혹합니다. 밖에 나가면 술집과 유흥업소들이 넘쳐납니다. 성적인 유혹이 우리의 심령을 혼돈케 합니다. 거룩하게 살기 힘든 이 시대에 하나님을 믿는 젊은이들은 거룩에 순종해야 합니다. 디모데후서 3장 1~5절을 보면 말세의 현상이 언급됩니다. 그 마지막 현상에 이것이 나옵

니다.

쾌락을 사랑하기를 하나님 사랑하는 것보다 더하며 경건의 모양은 있으나 경건의
능력은 부인하니....

육적인 쾌락을 사랑하기를 하나님 사랑하는 것보다 더하고, 겉만 경건한 척
하는 모습이 우리의 모습은 아닌지 돌아보아야 합니다.

고린도전서 3장 16~17절을 보면 다음과 같은 구절이 나와 있습니다.

너희는 너희가 하나님의 성전인 것과 하나님의 성령이 너희 안에 계시는 것을 알
지 못하느냐. 누구든지 하나님의 성전을 더럽히면 하나님이 그 사람을 멸하시리
라. 하나님의 성전은 거룩하니 너희도 그러하니라.

우리의 몸이 하나님의 성전인 것입니다. 왜 그럴까요? 그것은 우리 안에 성
령 하나님이 계시기 때문입니다. 그래서 우리가 죄 가운데 빠져 몸을 더럽히
면, 우리 안에 계신 성령 하나님을 멸시하는 것이 됩니다. 이것은 하나님 앞
에 크나큰 죄일 수밖에 없습니다.

사랑하는 하나님의 자녀들이여! 경건에 힘씁시다! 거룩을 회복합시다! 젊은
이 시절에 거룩하게 살기 힘들다는 거 잘 압니다. 왜냐하면 저도 젊은이이기
때문입니다. 좀 전에 언급한 디모데후서 3장 12절의 말씀을 잘 묵상하십시
오. 우리 나라는 좋은 나라라서 하나님 믿는다고 잡아가지 않습니다. 하나님
전한다고 돌에 맞지 않습니다. 즉, 물리적인 고난을 받는 것은 없습니다. 물리
적인 고난은 없을지라도 경건하게 살려고 할 때 받는 정신적인 고난은 있을 것
입니다. 예를 들어, 주일에 교회 가느라 믿지 않는 친구들과 관계가 소원해진
다든가, 술을 안 먹으면서 직장 상사에게 미움을 받는다든가 하는 고난이 있
을 것입니다. 그 고난을 디모데후서 3장 12절에 나오는 고난으로 여기시기 바
랍니다. 그렇게 받는 고난이 바로 가장 축복된 고난인 것입니다. 그 고난을 받

으면 하나님께서 기뻐하시고, 여러분이 받는 어려움도 결국은 하나님께서 해결해 주십니다.

술을 안 마신다고 직장 상사에게 소위 찍혔다고 생각하십니까? 결국은 하나님께서 기가 막힌 역사로 문제를 해결해 주십니다.

제가 만났던 교인 중에 교회는 잘 나오지만, 술 문제는 해결하지 못한 분이 있었습니다. 이분은 인격도 훌륭하고, 신앙도 아름다운데, 그놈의 술이 문제였습니다. 술만 마시면, 다른 사람이 되고, 가족들을 힘들게 하는 것이었습니다. 저는 그분과 상담하면서 술을 끊을 것을 권고했습니다. 그랬더니 그분은 자신도 술을 좋아서 마시는 게 아니라고 말했습니다. 직장 생활을 하려면 어쩔 수 없다는 것이었습니다. 술을 안 마시면, 직장 상사들에게 미움을 받을 것이기 때문에 승진을 위해서도 술을 마실 수밖에 없다고 말했습니다. 저는 그분에게 "성도님의 미래, 성도님의 승진은 하나님께서 책임져 주시니까 그 믿음 붙잡고 나아갑시다! 술에 의지하지 말고, 하나님만 의지해 봅시다! 내 말을 믿고, 술을 끊어 봅시다!"라고 강하게 말했습니다.

결국 이분은 그렇게 끊기 어려운 술을 끊었습니다. 이분이 술을 끊자 놀라운 역사들이 일어났습니다. 술 때문에 몸에 생겼던 알코올성 피부염도 깨끗이 나았고, 가족들도 행복하게 되었고, 일에 집중하게 되니까 일도 잘 하고, 더 큰 일을 맡게 되었습니다. 그 뿐만이 아니라, 이분은 술자리에서 가장 인기 있는 사람이 되었습니다. 술을 안 마시기 시작했는데, 술자리에 빠지면 안 될 가장 인기 있는 사람이 되었다는 것입니다. 왜 그랬을까요? 이분이 술을 안 마시니까 운전을 할 수 있잖아요? 그러니까 사람들이 이분을 믿고, 편하게 술을 마신다는 것입니다. 손수 운전해서 술에 취한 직장 상사들을 집까지 태워 주니까 직장 상사들로부터 신임도 두터워지고, 직장 안에서 인기가 계속 올라가게 되었습니다.

이분은 경건하게 살기 위해 결심하고 술을 끊은 결과 이전보다 더 나은 삶을 살고, 모든 문제가 해결되고, 큰 축복을 받게 된 것입니다. 하나님께서 경건하게 살려고 하는 자에게 베풀어 주신 은혜인 것입니다.

사랑하는 젊은이 여러분! 하나님은 이 어두운 시대에 거룩하고 순결한 자들을 찾으십니다. 여러분의 삶 속에서 경건하지 못한 작은 습관들부터 고쳐 나가십시오.

시편 110편 3절에서 귀한 말씀이 나옵니다.

주의 권능의 날에 주의 백성이 거룩한 옷을 입고 즐거이 헌신하니 새벽 이슬 같은 주의 청년들이 주께 나오는도다.

우리의 정체성은 새벽 이슬입니다. 새벽 이슬의 특징이 무엇입니까? 때가 묻지 않았습니다. 순수합니다. 순결합니다.

하나님을 믿는 젊은이들은 새벽 이슬과 같이 죄의 때가 묻지 않도록 노력해야 합니다. 육체적 욕망을 제어하며, 거룩한 옷을 입고, 즐거이 하나님께 헌신함을 통해 순결함을 찾아야 합니다. 말씀과 기도, 예배를 통해서 유혹을 이겨낼 수 있는 강한 힘을 얻어야 합니다.

좋은 엔진이 있어야만 비행기는 제대로 날 수 있습니다. 강한 엔진이 있어야만 자동차는 높은 산길도 갈 수 있습니다. 마찬가지로 우리는 말씀과 기도를 통해서 좋은 신앙, 강한 신앙이 확립되어야만 어떠한 유혹도 이겨낼 수 있는 것입니다.

이 젊음의 때, 순간순간 유혹이 찾아오는 때에 야고보서 1장 27절 - "하나님 아버지 앞에서 정결하고 더러움이 없는 경건은 곧 고아와 과부를 그 환난 중에 돌보고 또 자기를 지켜 세속에 물들지 아니하는 그것이니라."의 말씀을 붙들고, 세속에 물들지 않도록 자기의 몸과 마음을 지키고, 젊은이 때의 남아 도는 힘을 이상한 곳에 쓰지 말고, 주위의 어렵고 힘든 자들을 찾아다니며, 그들을 돕는 봉사의 현장에 쓰시기 바랍니다.

거룩한 삶에 대해 한 가지를 더 강조하면, 예배를 소중히 여겨야 한다는 말씀을 드리고 싶습니다. 예배는 경건생활의 핵심입니다. 예배는 우리를 창조하시고, 우리를 구원해 주시고 인도해 주시는 삼위일체 하나님의 놀라우신 은혜에 감격해서 드리는 경건의 의식이자 표현입니다. 거룩의 행위입니다. 그래서 하나님께서는 예배를 제일 중시 여기시며, 예배 잘 드리는 사람을 하나님께서 가장 사랑하십니다. 역사서를 보면, 하나님께 칭찬받은 왕들이 있습니다. 여호사밧, 히스기야, 요시야.... 이들은 무엇 때문에 하나님께 칭찬받은 줄 아십니까? 바로 성전을 수리하거나 깨끗케 했기 때문입니다. 성전은 하나님께 예배드리는 공간입니다. 그곳을 사모하며 깨끗이 하고 소중히 여겼기에 하나님께서 사랑하신 것입니다.

다윗도 마찬가지입니다. 다윗은 하나님께 사랑받을 거리가 별로 없었는데, 큰 사랑을 받았습니다. 왜냐하면, 성전을 엄청 사모했고, 하나님을 찬양하는 것을 좋아했기 때문입니다. 그는 성전을 정말 짓고 싶어 했습니다. 성전을 지을 수 있는 모든 준비를 다 했습니다. 그 모습을 하나님께서 기뻐 받으신 것입니다. 또한 그는 하나님을 찬양하는 것을 좋아했습니다. 다윗이 거의 대부분 쓴 시편은 하나님을 찬양하는 시입니다. 그리고 그는 바지가 벗겨져도 모를 만큼 순수하게, 즐겁게 하나님을 찬양하던 사람이었습니다.

사랑하는 젊은이들이여! 무슨 일이 있어도 예배는 목숨처럼 지키십시오. 그것이 거룩하게 사는 비결이자, 비전있는 사람이 되는 지름길입니다.

세계적인 육상선수였던 에릭 리들이란 사람이 있었습니다. 그는 스코틀랜드 출신의 영국 육상대표로 1924년 제8회 파리 올림픽 100미터의 금메달 후보였습니다. 지금이나 그때나 100미터 경기는 육상의 꽃이자, 올림픽의 꽃이었습니다. 그러나 100미터 경기 일정이 주일 오후 3시와 5시로 발표되자 그는 "주일에는 뛰지 않겠다."며 경기 본부에 알렸습니다.

에릭 리들의 100미터 출전 포기 소식을 듣고 많은 사람의 반응은 냉소적이 없습니다. 사람들은 그를 가리켜 '편협하고 옹졸한 신앙인' '신앙을 소매 끝에 달고 다니는 신앙심 깊은 척하는 위선자' '조국의 명예를 버린 위선자' 라고 비난했습니다. 100미터 예선 경기가 열리던 7월 6일, 그는 스코츠 커크 장로교회에서 예배를 드리고 간증했습니다. 결국 100미터 경기에서는 영국의 헤럴드란 사람이 금메달을 목에 걸었습니다. 에릭 리들은 기쁜 마음으로 헤럴드의 우승을 축하해 주었습니다.

사람들은 에릭 리들의 선수 생활이 끝났다고 했지만 하나님께서는 주일을 목숨처럼 지키는 에릭 리들을 보고 감동을 받으셨고, 그를 도와 주셨습니다. 에릭 리들은 자신의 주 종목이 아닌 200미터에서 동메달을 땄고 400미터에도 출전해서 세계 기록을 가진 우승 후보들을 제치고 47초 6이라는 세계 신기록까지 세우며 금메달을 목에 걸었습니다. 에릭은 우승의 비결을 묻는 기자들 앞에서 "처음 200미터는 내 힘으로 뛰었고, 나머지 200미터는 하나님의 도우심으로 뛸 수 있었다."고 고백했습니다.

제가 청소년 목회를 하면서 이해가 안 되었던 일은 교회 중직자들도 자신의 자녀들을 주일에 학원을 보낸다는 것이었습니다. 저는 주일에 예배 안 드리고 학원가는 학생 치고 공부 잘하는 학생 못 봤습니다. 예배 소홀히 해서 잘 되는 학생을 보지 못했습니다.

저는 고등학교 2학년 때 교회에서 회장을 하며, 예배 준비를 열심히 했습니다. 남들은 고3이라고 교회에 안 나올 때, 저는 중·고등부 예배 시간에 찬양 인도를 했습니다. 그 결과 하나님께서 은혜와 보너스를 주셔서 지금 제가 이 자리에 있다고 생각합니다.

저의 제자 중에 지금 서울대 피아노과에 재학하고 있는 청년이 있습니다. 그 청년은 고3 끝날 때까지 중·고등부에서 예배 반주를 했습니다. 하나님께 먼저 예배드리는 일에 힘쓰고, 고3인데도 불구하고 예배를 위해 봉사하는 삶을 살았기 때문에 하나님께서 그의 삶을 순탄하게 인도해 주셨다고 믿습니다.

또 다른 제자 중에 과학 고등학교에 다니면서 세계 수학 올림피아드에서 수상한 친구가 있습니다. 그 친구도 예배에 한 번도 빠지지 않은 모범 학생이었습니다. 제가 설교할 때는 정말 반짝반짝이는 눈으로 저를 쳐다보던 기억이 납니다.

기독교는 성공주의를 말하지 않으나, 하나님께 예배드리는 삶에 힘쓰면 하나님이 도와주시기 때문에 잘 될 수밖에 없는 것입니다.

제가 예전에 청년부에서 활동했을 때, 교회에 한 주에 한 번 평일에 모여서 예배드리고 기도하는 시간을 가졌습니다. 그리고 한 달에 한 번 기도원에 가서 예배드리는 시간을 가졌습니다. 간절히 예배드리며 하나님을 찾으면서 청년의 때를 보냈습니다. 그때 그 예배 모임에 나왔던 사람들은 모두 잘 되었습니다. 한 명은 서울대 경제학과를 나와 지금 미국 유학 중이고, 한 명은 신학생이 되어 지금 동남아시아에서 선교훈련 중이고, 저는 목사가 되었고, 한 명은 음악을 전공해서 대학교 강사가 되었고, 한 명은 선교단체 리더로서 대기업에 다니고 있고, 한 명은 지금 서울에 있는 청년부로 유명한 교회에서 찬양사역자로 사역하고 있습니다. 지금 와서 생각해 보니까 놀라웠습니다. 예배를 중히 여기는 사람들의 인생길을 하나님께서 책임져 주시고, 인도해 주신 것입니다.

저는 피자를 굉장히 좋아합니다. 여러분도 피자를 좋아하시나요? 세계 3대 피자회사는 파자헛, 도미노, 리틀시저스입니다. 이 세 회사는 나름대로의 특징을 가지고 있는데, 피자헛은 "다양한 메뉴"를 공급한다는 특징을 가지고 있고요, 도미노는 "빠른 배달"을 특징으로 가지고 있어요. 그리고 우리에게는 생소한 리틀시저스는 "싼 가격"을 특징으로 가지고 있습니다. 그런데 최근에 주목받는 피자회사가 등장했습니다. 히딩크 감독이 선전해서 더 유명해진 파파존스라는 피자회사가 요즘 피자 업계의 돌풍을 일으키고 있습니다. 이회사는 30대의 젊은 사장인 "슈네트"라는 사람들이 만들었는데, 매출이 매년 두 배 이상 오르고 있다고 합니다. 피자업계 전문가들은 앞으로 파파존스의 매출이 피자헛, 도미노, 리틀시저스를 앞지를 것이라고 예상합니다.

파파존스가 왜 이렇게 인기가 좋을까요? 마케팅 전문가들은 파파존스가 소비자들의 관심을 끄는 이유를 연구했습니다. 그 결과 파파존스는 피자의 본질인 맛으로 승부를 건다는 사실을 알아냈습니다. 파파존스의 피자의 값은 비싸지만(우리 나라에 들어와 있는 파파존스 피자 매장에 가 보십시오. 다른 피자가게들보다 비쌉니다.) 정말 양질의 재료, 최고의 신선도를 유지하고 있는 야채들을 써서 최고의 맛으로 고객들을 끌어들이고 있습니다. 피자는 싼 것도 중요하고, 빨리 배달되어야 하는 것도 중요하고, 다양성을 가지고 있는 것도 중요하지만, 무엇보다도 가장 중요한 것은 두말 할 것도 없이 맛입니다. 피자의 본질은 맛입니다.

사랑하는 젊은이 여러분! 신앙생활에 있어서 본질은 무엇일까요? 두말 할 것도 없이 바로 예배입니다. 예배는 신앙생활의 본질이자, 기본이자, 핵심입니다. 다시 강조하지만, 하나님께서는 예배자를 찾으십니다. 예배 잘 드리는 사람을 찾으십니다. 예배 잘 드리는 사람이 경건하고 거룩하기 때문입니다. 예배는 아무리 강조해도 지나침이 없습니다.

성경은 우리 몸을 예배드리는 데 바치라고 말씀합니다. 로마서 12장 1절의 말씀입니다.

> 그러므로 형제들아, 내가 하나님의 모든 자비하심으로 너희를 권하노니 너희 몸을
> 하나님이 기뻐하시는 거룩한 산 제사로 드리라. 이는 너희의 드릴 영적 예배니라.

우리의 몸을 하나님께 산 제사로 올려드려야 합니다. 우리의 몸은 항상 하나님께 예배드리는 현장에 있어야 하며, 예배드리는 모습으로 살아야 합니다. 삶이 예배고, 예배가 삶이어야 하는 것입니다.

하나님께 온전한 예배를 잘 드림으로 말미암아 거룩과 경건을 회복하며, 하나님의 인도함을 받는 비전있는 사람으로 성장해 나가기를 간절히 소망합니다.

다시 본문으로 돌아오겠습니다. 모세와 부인 십보라는 하나님의 경고하심을 깨닫고 바로 아들에게 할례를 시행합니다. 그랬더니 26절에 하나님은 모세를 살려 주십니다. "여호와께서 그를 놓아 주시니라. 그때에 십보라가 피 남편이라 함은 할례 때문이었더라." 할례를 받으면서 아들이 피를 흘렸기 때문에 십보라가 모세에게 "피의 남편"이라고 부른 것입니다.

할례 사건이 끝나고 모세는 하나님께서 약속하신 대로 27절에 동역자인 아론을 만납니다. 모세는 자신의 형 아론에게 하나님께 받은 모든 말씀과 이적을 알렸습니다. 그리고 모세와 아론은 함께 이집트에 가서 하나님께서 모세에게 명령하신 대로 이집트에 있는 이스라엘 백성들에게 이집트에서 나오라는 하나님의 뜻을 전하고, 그 증거로서 이적을 베풀었습니다. 그랬더니 백성들은 모세와 아론의 말을 믿고, 하나님께서 우리를 찾으시고, 우리의 고난을 살펴셨음을 깨닫고 머리 숙여 하나님께 경배했습니다.

이집트에 갈 수 없다고 버티던 모세가 하나님의 명령에 적극적으로 순종하니까 놀라운 역사가 일어나게 된 것입니다. 이집트에 있던 이스라엘 백성들이 모세를 하나님께서 보내신 자로 믿게 된 것입니다. 모세를 신뢰하게 된 것입니다. 이스라엘 백성들을 붙드시고, 이스라엘 백성들의 고난에 방관하지 않으시고, 굽어 살피셨던 하나님을 인식하게 된 것입니다. 이스라엘 백성들이 하나님의 사랑을 다시 깨닫게 된 것입니다. 이집트에서 나아갈 수 있다는 구원의 소망을 가지게 된 것입니다.

사랑하는 젊은이들이여! 비전있는 사람이 되고 싶거든 하나님의 명령, 하나님의 말씀에 순종하시기 바랍니다. 하나님의 명령에 순종할 때, 답답한 현실이 뚫어지는 역사가 일어나게 될 것입니다. 하나님의 말씀을 지킬 때, 하나님께서 인도하시는 손길을 느끼게 되는 역사가 일어나게 될 것입니다.

우리는 성경을 읽을 때, 자신에게 유리한 말씀만 받아들이는 경향이 있습니다. 지키기 쉬운 말씀만 듣는 안 좋은 습관을 가지고 있습니다. 하나님의 말씀, 하나님의 명령은 다 중요합니다. 다 소중합니다. 하나님의 말씀에 "원수까지도 사랑하라."고 나와 있으면, 자신의 원수라고 생각되는 그 사람까지도 품고 사랑하고, 기도해야 하는 것입니다. 하나님의 말씀에 "왼손이 하는 일을 오른손이 모르게 하라."고 나와 있으면, 좋은 일을 해도 떠벌리지 말고, 드러내지 않게 겸손히 해야 하는 것입니다. 하나님의 말씀에 "십일조를 내라."고 나와 있으면, 고민하거나 주저하지 않고, 기꺼이 십일조를 내야 하는 것입니다.

세상에서 가장 행복한 사람은 하나님의 명령을 지키는 사람입니다. 한 단계 더 나아가서 세상에서 가장 축복받고 행복한 사람은 하나님의 말씀을 즐겁게 읽고, 하나님의 명령을 기꺼이 지키는 사람입니다. 이런 면에서 다윗은 정말 축복받고 행복한 사람이었습니다. 시편 119편 103절에서 다윗은 노래합니다.

주의 말씀의 맛이 내게 어찌 그리 단지요. 내 입에 꿀보다 더 다니이다.

우리도 이러한 모습을 닮아야 합니다. 성경책은 단지 일주일에 한 번 꺼내는 장식품이 아닙니다. 성경책은 매일 매일 읽고 지켜도 또 읽고 싶고, 또 지키고 싶은 꿀보다 더 단 것입니다. 젊은이들은 말합니다. "너무 바빠서 성경 읽을 시간이 없어요. 성경은 재미가 없어요."

그들을 향해 저는 말합니다. "너무 바빠도 성경은 읽어야 합니다. 성경은 읽다 보면 재미가 있게 됩니다."

저는 처음 수영을 배울 때 재미가 하나도 없었습니다. 물을 계속 먹게 되니까 괴로웠습니다. 팔 젓는 것이 너무 힘들어서 짜증이 났습니다. 그러나 시간이 갈수록 제 몸이 물과 친해지게 되었습니다. 제 몸이 물에 뜨게 되었습니다. 팔을 젓자 앞으로 나아가게 되었습니다. 쉼 호흡을 잘 하자 물을 먹지 않게 되었습니다. 점점 수영이 재미있게 되었습니다. 그래서 지금은 누가 수영장을 가자고 하면, 자다가도 벌떡 일어나서 수영장을 갈 정도입니다.

하나님의 말씀을 읽는 것도 마찬가지입니다. 성경은 몇천 년 전, 다른 나라의 배경을 담고 있기에 처음에는 읽어도 이해가 안 되고 재미가 없을 수 있습니다. 그러나 읽다 보면 그 속에 담겨있는 메시지를 이해하게 됩니다. 말씀 속에서 역사하시는 살아계신 하나님을 만날 수 있습니다. 그러면서 성경을 읽는 것이 흥미롭게 되고, 깨달음이 오면서 하나님의 말씀을 지키고 싶은 열정이 솟아나오게 되는 것입니다.

히브리서 4장 12절에는 성경이 어떤 책인지를 밝혀줍니다.

하나님의 말씀은 살아 있고 활력이 있어 좌우에 날선 어떤 검보다도 예리하여 혼과 영과 및 관절과 골수를 찔러 쪼개기까지 하며 또 마음의 생각과 뜻을 판단하나니

역사상 가장 유명한 부흥사 중 한 명으로 꼽히는 무디 선생님은 하나님의 말씀을 즐겨 읽고, 그 말씀을 지켰습니다. 무디 선생님의 성경책 곳곳에는 줄이 쳐져 있고, TP란 알파벳 단어가 수없이 많이 적혀져 있습니다. 이 알파벳 단어 TP는 "실천해 보니 그대로 증명되었다"는 뜻을 가진 "Tested and Proved"인 것입니다. 무디 선생님이 기독교 역사에 발자취를 남길 수 있는 위대한 비전의 인물이 될 수 있었던 것은 하나님의 말씀을 가까이 하며 하나님의 명령을 지키고 순종했기 때문입니다.

비전있는 인물이 되고 싶습니까? 순종이라는 덕목을 잊지 마시기 바랍니다. 비전을 향해 달려갈 젊음의 때에 거룩한 옷을 입고, 즐거이 헌신함으로 통해 경건한 삶에 순종하십시오. 거룩하게 살기 어려운 이 시대에 육체적 욕망을 제어하며 거룩한 삶에 헌신하십시오. 예배를 통해 거룩과 경건을 회복하십시오. 하나님의 말씀을 읽기 어려운 바쁜 시대에 하나님의 말씀을 즐겨 읽고, 하나님의 명령에 순종하십시오. 하나님은 순종하는 자들을 택하시고, 인도하시고, 그들에게 비전을 주시고, 비전을 성취하게 하시며, 축복을 주시

고, 큰 은혜를 베푸십니다. 할렐루야!

 함께 기도합시다!

1. 주님 말씀하시면 나아가고, 주님 뜻이 아니면 멈춰설 수 있는 순종의 사람이 될 수 있도록
2. 세속에 물들지 않고, 젊음의 때에 거룩하게 살아가는 경건한 사람이 될 수 있도록
3. 예배에 집중하며, 예배를 가장 귀히 여기는 예배자가 될 수 있도록
4. 하나님의 말씀을 즐겨 읽고 실천하는, 하나님의 말씀과 동행하는 삶이 될 수 있도록
5. 순종을 통해 비전을 성취하는 하나님의 진정한 자녀가 될 수 있도록

 평생 간직해야 할 성경구절

(1) 레위기 11장 45절
나는 너희의 하나님이 되려고 너희를 애굽 땅에서 인도하여 낸 여호와라. 내가 거룩하니 너희도 거룩할지어다.

(2) 시편 110편 3절
주의 권능의 날에 주의 백성이 거룩한 옷을 입고 즐거이 헌신하니 새벽 이슬 같은 주의 청년들이 주께 나오는도다.

(3) 시편 119편 103절
주의 말씀의 맛이 내게 어찌 그리 단지요. 내 입에 꿀보다 더 다니이다.

(4) 사무엘상 15장 22절
사무엘이 이르되 여호와께서 번제와 다른 제사를 그의 목소리를 청종하는 것을 좋아하심 같이 좋아하시겠나이까. 순종이 제사보다 낫고 듣는 것이 숫양의 기름보다 나으니.

(5) 로마서 12장 1절
그러므로 형제들아, 내가 하나님의 모든 자비하심으로 너희를 권하노니 너희 몸을 하나님이 기뻐하시는 거룩한 산 제물로 드리라. 이는 너희가 드릴 영적 예배니라.

(6) 고린도전서 3장 16~17절

너희는 너희가 하나님의 성전인 것과 하나님의 성령이 너희 안에 계시는 것을 알지 못하느냐? 누구든지 하나님의 성전을 더럽히면 하나님이 그 사람을 멸하시리라. 하나님의 성전은 거룩하니 너희도 그러하니라.

(7) 디모데후서 3장 12절

무릇 그리스도 예수 안에서 경건하게 살고자 하는 자는 박해를 받으리라.

(8) 히브리서 4장 12절

하나님의 말씀은 살아 있고 활력이 있어 좌우에 날선 어떤 검보다도 예리하여 혼과 영과 및 관절과 골수를 찔러 쪼개기까지 하며 또 마음의 생각과 뜻을 판단하나니.

(9) 야고보서 1장 27절

하나님 아버지 앞에서 정결하고 더러움이 없는 경건은 곧 고아와 과부를 그 환난중에 돌보고 또 자기를 지켜 세속에 물들지 아니하는 그것이니라.

(10) 베드로전서 1장 15절

오직 너희를 부르신 거룩한 이처럼 너희도 모든 행실에 거룩한 자가 되라.

VISION FOR YOU...

충성된 사자는
그를 보낸 이에게
마치 추수하는 날에
얼음 냉수 같아서
능히 그 주인의 마음을
시원하게 하느니라
(잠언 25장 13절)

VISION

2부

삶에
통찰을 주는
5분 메시지

이 시대의 젊은이...
꿈이 없는 세대,
가슴이 마른 세대를 위한
삶에 지혜와 통찰을 주는
아름다운 희망의 메시지이다!

모든 것 아시는 하나님을 붙들라!

마태복음 10장 29~31절을 보면, 너무나 귀한 말씀이 나온다.

참새 두 마리가 한 앗사리온에 팔리는 것이 아니냐. 그러나 너희 아버지께서 허락
지 아니하시면 그 하나라도 땅에 떨어지지 아니하리라. 너희에게는 머리털까지 다
세신 바 되었나니 두려워하지 말라. 너희는 많은 참새보다 귀하니라.

참새가 땅에 떨어지는 것조차도 하나님께서 허락지 아니하시면 이루어질 수
없다는 말씀은, 모든 것의 주관자는 바로 하나님이시라는 말씀이다. 왜 그런
가? 하나님께서 온 만물을 창조하신, 온 만물의 주인이시기 때문이다. 그 다
음 말씀이 우리에게는 감동의 전율로 다가온다. 그 말씀은 바로 하나님께서는
우리의 머리털의 숫자까지도 알고 계시다는 것이다. 자기 머리털 개수를 아는
사람이 있을까? 아무도 없을 것이다. 그러나 하나님은 알고 계신다. 이것 또
한 왜 그런가? 그 이유 또한 하나님께서 우리를 창조하신, 우리의 주인이시기
때문이다.

어린 시절 나는 자동차 장난감을 매우 좋아했다. 만들어진 자동차 장난감
이 아니고, 내가 직접 조립하고, 디자인하고, 색칠하는 자동차 장난감을 좋아
했다. 자동차 장난감을 조립한 내가 이 장난감의 제작자이다. 나는 이 자동차
의 기능을 다 알고 있고, 부품이 무엇인지 차의 특징이 어떠한지 다 알고 있
다. 이 자동차를 제일 잘 알고 있는 사람은 바로 제작자인 "나"이다.

예수님께서 이 구절의 말씀을 왜 하셨을까? 바로 우리들에게 희망을 주시기 위함이다. 머리털 개수까지 다 아시는 하나님이 바로 너희 하나님이니까 다가오는 삶을 두려워하지 말라는 것이다. 삶 속에서 이해 못할 일이 다가오고, 고난이 닥쳐오고, 역경과 어려움 속에 헤맬 수밖에 없는 환경 속에서도 믿지 않는 자처럼 두려워하지 말라는 것이다. 하나님은 우리의 제작자이고, 우리의 일거수 일투족을 다 아시기 때문에, 고난 중에, 힘든 삶의 과정 중에서 "하나님은 어디 계십니까?" "내 고통을 알기는 하신 것입니까?" "왜 이런 고통이 내게 임했습니까?"라는 불신앙적인 처절한 외침이 필요치 않다는 것이다.

하나님은 우리의 삶의 과정을 다 알고 계신다. 좀 더 구체적으로 말하면, 우리가 살아가면서 정말 겪으면 안 될 것 같은 일이 다가오면, 하나님은 막으시고, 허용치 않으신다는 사실이다. 그렇기 때문에 인생을 살아가면서 우리는 좀 담대할 필요가 있다. 물론 자기 책임을 배제하는 말은 아니다. 그러나 두려워하거나 낙담하고 후회하는 인생이 될 필요는 없다는 것이다. 우리는 하나님의 손 안에, 하나님의 계획 안에 살아가고 있는 존재들이다.

나를 가장 잘 아시는 분이 가장 좋은 방법으로 나의 삶의 길을 이끌고 나가실 것이라는 믿음을 가지고 살아갈 때, 상황과 관계없이 평안한 삶을 누릴 수 있을 것이고, 고난과 역경이 다가와도 더 하나님을 붙들고 의지하는 신앙의 모습을 보일 수 있을 것이다.

외로움과 고독함

사람은 혼자 있지 못하는 태생적 본능을 가지고 있다. 기독교 신앙적으로 이야기하면 창조의 섭리이기도 하다. 하나님께서는 남자와 여자를 창조하시고, 가정을 이루어 공동체 속에서 살게 하셨다. 이것이 근원이 되어 사람은 사회라는, 국가라는 공동체를 만들어 그 속에서 다른 사람들과 어울려 살아간다. 따라서 사람은 다른 사람들과의 어울림 속에 있을 때에만 그의 존재 가치가 증명되는 것이다. 이러한 인간 본연의 모습이 있기에 사람은 혼자 있을 때 외로움을 느끼게 된다. 혼자 있을 때 우울하게 된다. 혼자 있을 때 삶의 의욕을 잃고 슬프게 된다. 외로움은 다른 사람들과 자연스럽게 멀어져서 내 주위에 사람이 없음을 느끼며 우울해지는 감정이다.

그러나 사람은 그리 단순한 동물이 아니다. 다른 사람과 함께 있다고 해서, 사랑하는 사람과 결혼을 해서 가정을 이룬다고 항상 행복해 하지는 않는다. 외로움의 문제를 해결하면 사람은 고독함을 찾는다. 고독함을 찾는 것 또한 인간 본성의 모습이다. 왜냐하면 키에르케고르의 말처럼, 인간은 신 앞에 선 단독자로서 살아가야만 하는 존재이기 때문이다. 그래서 사람은 고독해지려고 노력하기도 한다.

그럼, 고독함이란 무엇인가? 고독함은 외로움과는 다르다. 외로움은 위에서 말한 대로 자연스럽게 다른 사람들과 멀어져서 느끼는 감정이다. 예를 들면, 군대에 오면, 사회에 있을 때 만났던 사람들과 자연스럽게 단절된다. 그러면서 가슴 한편이 허전해옴을 느낀다. 그 느낌의 감정이 바로 외로움이다. 그러나 고독함은 어떠한 목적에 의해 인위적으로 다른 사람들과의 관계를 일시적 혹은 영구적으로 끊고 나서 느낄 수 있는 감정이다. 예를 들면, 하나님께 기도하기 위해 일시적으로 다른 사람들과의 관계를 끊고 기도원에 홀로 들어간다든가 성직자들이 신께 더 가까이 하기 위해 영구적으로 수도원에 들어가서 도를 닦을 때 느끼는 감정이다. 즉, 고독함은 자신이 택하는 것이다.

외로움을 극복해도 사람은 고독함을 느끼기 원하고 고독한 장소를 찾는다. 그래서 인간은 외로움과 고독함의 긴장관계의 지평 위에 걸어가고 있는 것이다.

그럼, 우리 신앙인이 외로움과 고독함 속에서 취해야 할 삶의 자세는 무엇인가? 그것은 바로 하나님과의 대면을 위해 정기적으로 고독함을 선택하고, 그 고독함을 즐기라는 것이다. 그리고 그 고독함 속에서 하나님이 주시는 평안과 기쁨, 사랑을 가지고 외로움의 문제를 이겨내라는 것이다. 인간은 외로운 존재라고 말한다. 그러나 신앙인에게는 최고의 사랑하는 분 하나님이 내 곁에 계시기에 외롭지 않다. 하지만, 사랑하는 그분이 내 곁에 계시다는 것을 느끼는 인생 최고의 선물은 인간과의 인위적인 단절도 감수하면서까지 하나님을 찾으려는 고독한 방황 속에서 주어진다는 사실이다.

선택의 문제에서 방황하지 않는 법

키에르케고르는 『이것이냐, 저것이냐』라는 명저를 남겼다. 키에르케고르의 견해에 의하면, 이것을 선택해도 후회, 저것을 선택해도 후회를 하는 존재가 바로 인간이라는 것이다.

결혼을 안 하면 외로워서 후회하고, 결혼해도 답답해서 후회하는 것이 인간의 변덕스런 마음이다. 인간의 일생은 항상 어떠한 것을 선택하는 과정 속에서 나아가고 있다. 우리 신앙인에게도 항상 선택의 문제가 다가온다. 세상 사람들은 자신의 가치관, 자신의 뜻, 자신의 계획에 따라서 어떠한 것을 선택하고, 잠시잠깐 자신의 선택이 옳았음을 기뻐하지만, 이내 후회하고 만다. 그래서 죽고 못 살 것같이 사랑했던 남자, 여자와 결혼해도 너무나 쉽게 마음이 바뀌어 이혼하는 경우를 요즘 많이 본다. 그러나 신앙인에게 있어서 제대로 된 선택이면 후회란 있을 수 없고, 그 선택한 것을 누리며 항상 행복해 할 수 있다.

그럼, 과연 제대로 선택한다는 것이 무엇일까? 그것은 바로 하나님의 뜻에 따르는 선택을 할 때 이것이 가능하다는 것이다. 우리는 흔히 이렇게 생각한다. 하나님의 뜻을 따르면, 나의 욕심, 나의 계획, 나의 소원을 버려야 한다고 말이다. 그러면서 부담의 한숨을 쉬는 것이 우리의 모습일 것이다. 그러나 그렇지 않다. 하나님은 당신의 뜻을 보여주실 때, 우리의 마음에 소원을 불어넣으신다. 우리 마음에 열망을 넣어주신다. 빌립보서 2장 13절에 이렇게 나와 있다.

> 너희 안에서 행하시는 이는 하나님이시니 자기의 기쁘신 뜻을 위하여 너희에게
> 소원을 두고 행하게 하시나니

하나님께서는 하나님의 뜻을 가르쳐 주시는 방법으로 우리 마음 속에 강렬한 소망과 기대, 열망을 주신다. 그러나 오해하지 말 것은 내 안에 가진 소망, 열망이 다 하나님께로부터 온 것, 하나님의 뜻은 아니라는 것이다.

그러면, 하나님의 뜻을 정확하게 파악하는 방법은 무엇인가? 그 방법은 간단하다. 그것은 기도를 통한 소원의 지속성과 평안함이다. 기도를 해서 내 마음 속의 소원이 계속되고, 마음의 평안함이 왔을 때 그것은 하나님의 뜻이 확실하다. 기도를 하지도 않고 하나님께 여쭈어 보지도 않는데 내 마음에 드는 소원은 내 만족만 채우기 위한 욕심일 수 있고, 하나님의 뜻과는 상관없는 나의 뜻일 수 있다. 기도를 하면 할수록 내 마음속에서 소원이 강렬해지고, 커지면서 마음에 평안함이 찾아오면, 마음에 염두해 두고 있는 것을 과감히 선택해야 한다. 하나님께로부터 오지 않은 나의 소원은 시간이 지나면 잠잠하게 되어 있다. 왜냐하면 처음에 키에르케고르가 자신의 책에서 지적한 대로 인간은 이것이냐, 저것이냐 고민하면서 이것을 선택해도 후회, 저것을 선택해도 후회하는 변덕스러운 존재이기 때문이다.

어떠한 선택의 문제가 왔을 때, 어느 정도 시간을 가지고 하나님께 기도하라. 그리고 기도하면 할수록 내 마음 속 소원이 어떠한 선택을 계속 따른다면, 그리고 마음에 불안함이 아닌 평안함이 찾아오면 마음속에 그리는 그것을 선택하라. 그러면 실패하지 않을 것이고, 하나님이 인도해 주시는 선택일 것이다.

초심을 잃지 않는 사람이 신사이다

이 세상에서 가장 멋진 사람이 누구일까?

바로 초심을 잃지 않는 사람이 아닐까 생각해 본다. 초심을 잃지 않는 사람이 일관성 있는 사람이요, 인생을 멋있게 사는 사람이다. 초심을 잃으면 사람은 정도(正道)를 벗어나게 된다. 초심을 잃으면 사람은 비열해지며, 흐트러진 인생을 살 수밖에 없다.

의사는 히포크라테스 선서를 하면서 진정한 사랑의 마음을 가지고 아픈 사람을 돕기로 결단한다. 의사는 히포크라테스 선서를 했을 그 초심의 상태를 유지해야 의술의 빛이 발휘될 수 있는 것이다. 의사가 초심을 잃고 돈의 노예가 된다든지, 사회적 명예와 병원 조직의 권력에 집중해 버리면 의술은 자기 욕망의 도구가 될 수밖에 없는 것이다.

목회자도 마찬가지다. 목회자는 목사 안수를 받을 때, 진정으로 주의 종으로 살겠노라는 진심어린 결단과 기도를 하나님께 드린다. 안수 받을 때의 심정으로 목회를 해야만, 영혼을 치유하는 진정한 영적 리더의 모습이 나올 수 있는 것이다. 목회자가 초심을 잃고 세상적인 것에 집착하거나 자기 자신의 안락에 집중하면, 목회자라는 직함은 단지 수천 가지의 직업 중 하나로 전락될 수밖에 없는 것이다.

남녀 관계에 있어서의 남자의 태도로 마찬가지다. 결혼 전에는 모든 것을 내어줄 것같이 여자에게 매달리고, 결혼하면 공주님으로 모시고 살겠다고 여자에게 어찌보면, 비굴한 구애를 요청하지만, 결혼하면 연애 때의 초심을 잃고, 언제 그랬냐는 듯이 자기 부인을 함부로 대하는 비열한 모습을 보이고 만다.

물론 초심을 잃지 않기란 매우 어려운 일이다. 왜냐하면, 인간은 감정의 동물이기에 그 감정이 변화되기 때문이다. 초심의 감정은 변화될 수 있기에, 또한 사람은 이기적인 본성을 가지고 있기에 초심을 잃게 되는 것이다. 그래서 우리의 과제는 초심을 잃지 않게 하는 데 있다.

그럼, 초심을 잃지 않기 위해서는 어떻게 해야 하는가? 그 해답은 반성적 삶에 있다. 반성적 삶이란, 자기 자신의 모습을 살펴보고, 자기 자신의 생각을 점검하며, 자기 자신을 개혁하는 삶이다. 요즘 우리는 너무 바쁘게 살기에 생각하는 삶에 거리를 두고 있다. 하지만, 자기 자신의 성찰과 반성 속에 감정을 초극하는 일관된 삶의 태도가 나올 수 있는 것이다. 변함없는 모습으로 충실히 자기 맡은 일을 하는 사람, 결혼 전보다 결혼 후에 더 상대방에게 잘하며, 상대방의 눈에서 감동의 눈물을 흘릴 수 있게 만드는 커플.... 얼마나 멋있지 않은가!

우리도 이런 사람이 될 수 있다. 자기 자신을 객관적으로 바라볼 수 있는 건강한 자아와 반성의 생각을 할 수 있는 여유가 있다면 말이다. 무엇이든 초심을 잃지 말자. 하나님은 일관된 사람을 사랑하신다. 왜냐하면, 일관된 사람은 일관된 신앙을 가지고 있는 사람이요, 성실한 신앙의 소유자이기 때문이다. 초심을 잃었다고 생각하는 사람이여! 여기서 가던 길을 멈추어 뒤를 돌아보라. 다시 처음으로 돌아가려는 용감한 결단이 필요한 때다.

자기 사랑 vs 타인 사랑

레위기 19장 18절에 보면 "이웃 사랑하기를 네 몸과 같이 사랑하라."고 나와 있다. 예수님께서도 마태복음 22장 39절, 마가복음 12장 31절에서 "네 이웃을 네 몸과 같이 사랑하라."고 말씀하셨다.

우리는 이 구절의 말씀을 숱하게 많이 들었지만, 중간의 "네 몸과 같이"는 아무런 인식 없이 넘어가는 경우가 많이 있다. 단지 "네 이웃을 사랑하라."는 정도의 의미의 구절로 받아들인다는 것이다. 그러나 "네 몸과 같이"라는 첨가구는 이 구절에서 중요한 비중을 차지하고 있다. 이 구절에 대한 올바른 해석은 남을 사랑하되, 네 몸을 사랑하는 것처럼 사랑하라는 것이다. 이런 해석에 따르면 이웃사랑의 전제는 자기 자신을 사랑해야 한다는 것이다. 자기 자신을 사랑하지 않는 사람, 혹은 덜 사랑하는 사람이 이 구절을 적용하면, 내 몸을 덜 사랑하는 것처럼, 다른 사람도 덜 사랑해야 한다는 이상한 해석이 나오게 된다.

다른 사람을 진정으로 사랑하기 위해서는 우선 자기 자신을 사랑해야 한다. 자기 자신을 긍정적으로 받아들여야 한다. 열등감은 무엇인가? 자기 자신을 사랑하지 않는 것이다. 우리는 열등감을 가질 필요가 없다. 열등감은 상대주의적인 관점에서 나오는 것이다. 그러나 기독교의 관점은 절대주의적인 관점이다. 하나님은 우리를 다른 사람들과의 비교 속에 상대평가하지 않으신다. 하나님은 우리가 하나님의 형상을 닮은 자임을 인식하면서, 하나님이 각자에게 주신 것들을 활용하며 감사 속에서 살기를 원하신다. 열등감을 갖는다는 것은 자신을 지으시고, 인도하시는 하나님의 계획을 무시하는 불신앙적인 죄임을 반드시 기억하기 바란다. 자기 자신을 온전히 받아들이고 사랑할 수 있어야 한다. 그 다음에 자기 자신을 사랑하는 것처럼, 다른 사람을 사랑할 수 있어야 하는 것이다.

만약 자기 자신을 사랑하는 것에서 머무른다면, 그것은 나르시즘적 자기애(自己愛)와 자기도취에 빠진, 심리적 병자의 상태가 되는 것이다. 이스라엘에 가면 사해(死海), 즉 "죽은 바다"라는 곳이 있다. 거기는 염분이 하도 높아서 생명체가 살 수 없다. 생명체가 살 수 없기에 겉으로 보기에는 푸른 바다이지만, 속에는 소금밖에 없는, 바다의 기능을 상실한 죽은 바다이다. 그 사해가 왜 생겼는지 아는가? 물을 흘려 내보내지 않고, 계속 고이기 때문에 죽은 것이다.

우리 인간도 마찬가지다. 자기에게만 초점을 맞추고, 자기에 대한 사랑만 가지고 있으면, 사해와 같이 자신의 삶이 병들게 되는 것이다. 자신을 사랑하면, 그 사랑을 다른 사람에게 전달하고, 흘려 보내야 하는 것이다. 얼마 전 히트를 쳤던 요구르트 아이스크림 회사의 문구처럼 "나를 사랑하자!" 그리고 나를 사랑하는 것에서 멈추지 말고, 그 사랑을 다른 사람에게 흘려 보내자. 사랑을 유통하는 사람이 진짜 건강한 사람이고, 기독교적인 삶을 멋있게 살아가는 사람이다.

자신감을 실력으로 보여 주는 사람이 되라!

내가 가지고 있는 좌우명 중의 하나는 "자신감을 실력으로 보여 주는 사람이 되자!"이다. 이 문구는 내 자신의 열정, 내 자신의 도전 욕구를 자극하는 삶의 활력소와도 같은 가치 있는 문구이다.

성공자가 되기 위해서 필요한 양쪽의 날개 중 하나는 바로 자신감이다. 자신감은 자기 자신이 "나는 할 수 있다"고 생각하는 것이다. 이것은 교만과 다르다. 교만은 "나는 한다"고 판단내리는 것이다. 말 한 마디의 차이 같지만, "나는 할 수 있다"와 "나는 한다"는 말은 큰 차이점을 가지고 있다. "나는 할 수 있다"는 의지적인 긍정의 표현이지만, "나는 한다"는 결정론적인 우월감의 교만한 표현이다.

교만이 아닌 자신감은 삶의 열정을 살아나게 한다. 적극적인 삶의 자세를 갖게 만든다. 무언가에 도전하려는 강한 의지를 갖게 한다. 우리 자신은 하나님께서 친히 계획하시고 만드신 귀한 존재들이다. 그렇기에 우리는 자신감을 가지고 살아야 축복받는 인생이 된다. 성공자가 되기 위해서 필요한 다른 한쪽의 날개는 바로 실력이다. 자신감만 가지고, 실력이 없다면, 그 사람은 허풍쟁이에 지나지 않을 것이다. 자신감에 실력이 붙어야만 자신감도, 실력도 살아나는 것이다. 실력은 노력을 통해 배양된다. 노력하지도 않고 실력을 키우려 한다면, 그것이야말로 비정직의 대표적인 모습이 될 것이다. 철저한 노력의 시간을 통해 실력을 키워라! 인내의 시간을 통해 전문성을 배양하라! 한 술 밥에 배 부를 수 없듯이 진정한 실력은 하루아침에 나올 수 없는 것이다.

베스트셀러 『7막 7장』의 주인공이자, 전 헤럴드 미디어 회장인 홍정욱 씨는 유학시절 이를 악물고 냄새나는 화장실에 가서 새벽까지 공부를 함으로 실력을 배양했다. 천재 변호사로 알려진 고승덕 변호사는 밥 먹는 시간이 아까워서 밥 먹는 시간을 아낄 수 있는 자기만의 특제 비빔밥을 만들어 먹으면서 악발이 같이 공부했다. 이와 같은 노력을 통해 실력을 갖추었기에 이들은 성공자가 된 것이다. 정직한 성공을 추구하라! 정직한 노력을 통해 실력을 배양하라! 자신감에 실력... 자신감을 실력으로 보여줄 수 있는 자가 인생을 가치 있게, 당당하게 살아갈 수 있는 자이다.

하나님께서는 우리가 성공하기를 원하신다. 그러나 그 성공은 하나님만 의지함을 통해 배양된 자신감을 가지고, 정직한 노력을 통해 실력을 갖춤으로써 이루는 성공을 원하신다. 갈라디아서 6장 7절에 이런 구절이 나온다.

스스로 속이지 말라. 하나님은 업신여김을 받지 아니하시나니 사람이 무엇으로 심든지 그래도 거두리라.

자신감과 실력의 양 날개를 가지고 하나님만 의지함으로 말미암아 성공자의 반열에 들어서는 저와 여러분이 되기를 간절히 소망한다.

작심삼일(作心三日)의 저주

사자성어 중에 "작심삼일(作心三日)"이라는 말이 있다. 우리 인간의 게으른 심리를 정확하게 표현해 주고 있는 말이다. 무엇인가를 하기로 결심하는데, 그 결심이 삼일을 넘기기 힘들다는 의미의 말이다. 아! 우리 인간의 결심과 의지의 유통기한이 겨우 삼일이라는 말인가! 안타깝지만, 정말 그런 것 같다. 작심삼일의 늪에서 빠져 나온 사람은 별로 없을 것이다. 학창시절에 다 경험해 보지 않았던가..... 영어 공부를 시작해도 삼일을 못 가고, 운동을 시작해도 삼일을 넘기기 힘들다. 신앙훈련도 마찬가지이다. 하루에 성경 3장, 아니 1장을 읽는다고 결심해도 3일을 넘기기 힘들고, 매일 기도하기로 결심해도 3일 하면 많이 한 것이다.

작심삼일의 저주가 우리의 발목을 계속 잡고 있는 것이다. 성공한 사람들에게 공통적으로 나타나는 특징이 무엇인 줄 아는가? 그것은 바로 작심삼일의 저주를 끊을 정도의 의지가 있다는 것이다. 성공한 사람들은 자신의 결심을 실천해서 3일의 고비를 넘긴다. 그리고 다시 작심해서 또 3일을 넘긴다. 그럼으로써, 결심에 따른 실천이 습관화되도록 만든다.

습관은 무엇인가? 몸에 익힘이다. 자연스런 몸의 적응이고, 반응이다. 작심삼일의 저주와 유혹을 세 번만 끊으면 습관화가 이루어질 것이라고 생각한다. 당신의 의지가 당신의 게으름을 이겨내어야 자신의 발전도 이룰 수 있는 것이고, 자신의 비전도 성취할 수 있는 것이다.

이러한 말이 있다.

"게으름은 모든 불행의 원인이며, 살아 있는 사람의 무덤이다."

로마서 12장 11절에도 바울 사도가 우리에게 권면한다.

부지런하여 게으르지 말고, 열심을 품고, 주를 섬기라.

우리가 가진 안타까운 속성인 나태함, 게으름, 좌절 속에 파묻힌 작심삼일의 저주를 떨쳐버리고, 일어나서 부지런히 열심을 품고, 주님을 섬기고, 부지런히 좋은 결심을 실천하고 그것을 습관으로 만듦으로 말미암아 항상 자기 자신을 성숙시키고, 한계를 뛰어넘는 자기경영의 성공자들이 다 되기를 바란다.

상대성 이론의 시간

누구에게나 똑같이 주어진 시간이라는 선물을 상대성 이론의 패러다임 속에 흘러간다. 예를 들어, 할머니와 함께 보내는 한 시간은 열 시간처럼 느껴질 것이다. 그러나 사랑하는 여자와 함께 보내는 한 시간은 십 분, 아니 일 분처럼 느껴질 것이다.

부대 안의 병사들의 생활도 마찬가지이다. 어떤 병사에게서 하루는 열흘처럼 지겹게 느껴질 것이고, 어떤 병사에게는 하루가 한 시간처럼 짧게 느껴질 것이다.

그럼, 우리는 다음과 같은 질문을 스스로에게 던져볼 수 있다. 절대적인 물리적 시간이 어느 때에는 짧게 느껴지고, 어느 때에는 길게 느껴지는 것일까? 길고 짧음의 상대적 체감의 기준이 되는 것은 무엇인가?

해답은 바로 "즐김"이다. 즐기면 시간은 금방 지나간다. 그러나 즐기지 못하면 시간은 정지되어 있는 것처럼 느껴질 것이다. 즐김은 의무가 아니다. 즐김은 자연스러운 좋은 느낌의 흐름이다. 도입부에서 이야기한 예를 다시 보면서 분석해 보면, 할머니와 함께 보내는 한 시간은 즐길 것이 없기 때문에 열 시간처럼 느껴지는 것이다. 그러나 사랑하는 여자와 함께 보내는 한 시간은 좋은 느낌의 계속적인 흐름으로 이루어진 즐김의 상태가 지속됨으로 십분, 아니 어떤 경우에는 일분처럼 느껴지는 것이다. 그러나 중요한 점이 있다. 단순히 즐긴다는 느낌의 차원도 중요하지만, 무엇을 즐겨야 하는지에 대한 목적론적인 내용의 차원은 더더욱 중요한 것이다.

예를 들어, 단순한 육체적 쾌락을 즐긴다는 느낌은 가질 수 있으나, 목적론적인 내용, 즉 가치의 차원이 없기 때문에 인생을 파멸로 이끌 수 있는 것이다.

그래서 내가 말하고 싶은 것은 해야만 하는 일이 담겨 있는 목적론적인 내용의 즐김을 우리의 삶에서 구현해 내야 한다는 것이다. 이것을 역설적인 표현이다. 해야만 하는 일, 즉 의무가 부과된 일은 솔직히 즐기면서 해 내기가 힘들다. 예를 들어, 해야만 하는 공부는 즐기면서 하기가 참으로 힘들다. 학창시절에 다 경험해 보지 않았던가!

그러나 해야만 하는 일을 하고 싶은 일로 만드는 사람이 성공할 수 있는 사람임을 반드시 기억해야 한다. 해야만 하는 일을 하고 싶을 일처럼 즐기며 해 내는 사람이 성공자의 반열에 들어설 수 있다. 해야만 하는 일을 상대성 이론이 지배하는 시간 속에서 즐기면서 함으로, 하루를 한 시간처럼 보낼 수 있는 사람은 어떠한 고난과 역경의 상황, 어떠한 어려운 과제가 주어져도 능히 해 낼 수 있는 강인한 사람이다.

"시간을 지배하는 자가 세상을 지배한다."

좀 더 자세히 언급하면, 해야만 하는 가치 있는 일을 마음껏 즐김으로, 절대적 시간을 상대적으로 바꾸는 자가 자신의 목표를 이루며 항상 인생을 행복하게 영위해 갈 수 있는 것이다.

성경 에베소서 5장 16절에 다음과 같이 나온다.

세월을 아끼라. 때가 악하니라.

시간을 아끼며 어떠한 환경과 조건과 업무 속에서도 즐김의 미학을 삶의 가치로 받아들이는 자에게 시대를 분별하며, 멈추지 않는, 역동적인 삶을 걸어갈 수 있는 영광의 레드 카페트(red carpet)가 펼쳐질 것이다.

태초에 하나님이 천지를 창조하시니라.(창 1:1)

성경의 첫 장 첫 절, 즉 성경의 시작은 창조의 믿음으로부터 시작된다. 하나님께서 이 세상을 창조하셨다. 이 믿음이 있어야 성경을 하나님의 말씀으로 받아들일 수 있는 것이다. 창세기 1장 27절에도 중요한 선포가 나온다.

하나님이 자기 형상 곧 하나님의 형상대로 사람을 창조하시되 남자와 여자를 창조하시고...

우리 인간도 바로 하나님께서 창조하셨다는 선포이다. 우리 기독교는 "창조론"의 믿음 위에서 나아간다. 창조론이 진리이다. 그러나 소위 "진화론"이 우리의 이성을 공격하고, 우리의 신앙을 공격한다. 단백질이 아메바가 되고, 양서류에서 고등동물로 진화하면서 인간이 되었다는 얼토당토한 진화론은 사탄의 계략으로 전 세계에 퍼졌다.

다윈의 진화론이 퍼지며 발전할 수 있었던 이유는 과학적 논증이 그럴 듯해서 그런 것이 아니고, 18-19세기의 경쟁적 공업사회가 진화론의 이론과 맞아떨어졌기 때문이다. 즉, 사회의 풍조에 힘을 얻고, 진화론이 힘을 받게 된 것이다. 좀 더 쉽게 말하면, 그 당시 사회 풍조는 공업사회를 맞이하여 경쟁에서 이겨야 먹고 살 수 있다는 극단적 자본주의가 판을 쳤기 때문에, 죽도록 일하지 않고, 경쟁에서 지면, 도태된다고 생각했다. 그래서 실제로 그 당시에는 어린 청소년들조차 공장에서 뼈가 빠지도록 일했다. 이 사회 풍조는 진화론의 이론과 맞아 떨어졌다. 진화론은 경쟁에서 진 생물은 자연 도태되고, 경쟁에서 이기기 위해 환경에 맞게 변화하고 발전한다. 진화론은 18-19세기의 사회적 산물임을 인식해야 한다.

과학적 논증으로도 진화론은 그 설자리를 잃는다. 진화론의 논리가 성립하기 위해서는 개체가 다른 개체로 진화될 때, 중간 형태, 예를 들면, 원숭이와 사람 사이의 어떤 중간 형태의 존재가 있어야 하는데, 현재 이런 중간 형태의 생물은 없다. 또한 생물학적, 수학적 논증으로도 진화론은 정당성을 확보할 수 없다.

예전에 과학 기사를 보면서 얻어낸 중요한 정보를 소개해 볼까 한다. 생물의 구성체는 단백질이다. 이 단백질은 20여 종류가 되는 서로 다른 아미노산이 연결되어 만들어진다. 그래서 한 개의 단백질은 400여 개의 아미노산으로 구성되어 있다. 그런데, 진화론에서 말한 것처럼 이 한 개의 단백질이 우연히 생겨나려면, 20개의 아미노산 중에서 한 개를 고를 확률인 1/20을 400번 곱해야 하므로 1/10,520의 확률이 나온다. 그 다음, 스스로 복제 가능한 단순한 생명체가 존재하려면 400개 아미노산으로 구성된 단백질 124개는 있어야 한다. 그러면 1/10,520을 124번 곱해야 하므로 1/1,064,480의 확률이 나온다. 진화론은 확률게임에서도 진 것이다.

진화론은 "우연"을 강조한다. 우연히 수소와 산소가 생겨났고, 우연히 빅뱅이 일어났고... 등등 "우연"은 과학적 용어가 아니다. 그러므로 진화론은 과학도 아니고, 허무맹랑한 가짜이다. 우연은 없고, 하나님의 계획 속에 저와 여러분이 그리고 온 만물이 창조된 것이다.

하나님이 모든 것을 지으시되 때를 따라 아름답게 하셨고...(전 3:11)

격려 한 마디의 중요성

세계 최대의 매출액을 올리고 있는 기업은 마이크로 소프트 회사이다. 그 회사는 빌게이츠가 만든 것이다. 빌게이츠가 그 회사를 만들게 된 계기는 거창한 데 있는 것이 아니라, 폴 앨런이라는 빌게이츠의 동료가 실의에 빠져 있던 게이츠에게 던진 말 한 마디에 있었다. 폴 앨런은 어느 회사에 들어가 일하기 힘들어서 좌절하고 있는 빌 게이츠에게 다음과 같이 말했다.

"아예 회사를 차려버리자. 우리는 할 수 있어!"

인터넷 자료 검색에 어려움을 느끼며 포기하려던 세르게이도 래리라는 동료의 말 한 마디로 힘을 얻는다.

"자료 검색 때문에 고생하지 말고, 우리가 새로운 엔진을 만들자. 해 보자!"

우리가 잘 아는 시가 총액 135조 원의 구글 회사도 그렇게 만들어졌다.

따뜻한 말 한 마디는 사람의 마음에 감동을 준다. 실의와 좌절에 빠져 있는 자에게 위로와 소망을 준다. 삶의 활력소와 다시 도전하게 만드는 용기를 제공해 준다.

우리 속담에 "말 한 마디로 천냥 빚을 갚는다."라는 말이 있다. 말 한 마디가 놀라운 역사를 만들어 내는 것이다. 문학이론 중에 "말의 마술적 능력"이라는 것이 있다. 말은 힘을 가지고 있어서 마술과 같은 놀라운 영향을 준다는 것이다.

마크 트웨인은 격려 한 마디로 두 달을 살 수 있다고 했다. 사람은 밥만 먹고 사는 존재가 아니다. 사람은 인정받음의 욕구, 위로받음의 욕구가 있기에 누군가로부터 격려 한 마디, 칭찬 한 마디, 위로 한 마디를 받아야 만족을 얻으며 살아갈 수 있는 것이다.

목사인 나도 마찬가지이다. 격려 한 마디, 위로 한 마디에 새 힘을 얻고 행복해진다. 며칠 전에도 한 사병이 나에게 와서 이렇게 말했다.

"목사님 설교에 감동과 도전을 받습니다."

사랑스러운 우리 여집사님들은 지난 주 구역예배 후에 나에게 이렇게 말씀해 주셨다.

"이렇게 새로운 성경공부는 처음 해 봐요. 너무 재미있어요."

나는 이 맛(?)에 목회를 힘차게, 열정적으로 해 나갈 수 있는 것이다.

서로를 격려하자! 말 한 마디에 사랑과 칭찬을 담아서 전달하자! 전혀 칭찬할 것, 격려할 것이 없어 보이는 사람도 잘 살펴보면, 칭찬하고 격려해야 할 부분들이 너무나 많이 있음을 발견할 수 있다. 한 가지 이야기를 더 들려주는 것으로 이 글을 마무리하려고 한다.

빈민가로 잘 알려진 뉴욕 할렘가에서 태어나 뉴욕 최초의 흑인 주지사가 된 로저롤스는 "당신이 성공하게 된 원동력이나 계기가 무엇인가?"라는 질문에 초등학교 시절 교장 선생님의 말 한 마디 때문이라고 답변했다. 교장 선생님은 사고나 치고, 말썽만 피어대는 로저 롤스의 손을 잡고 이렇게 말했다.

"긴 손가락을 보니 장차 뉴욕 주지사가 되겠구나!"

긴 손가락과 주지사가 무슨 상관이란 말인가! 그러나 단 한번도 칭찬이나 격려를 들어보지 못한 롤스는 그날부터 자신이 주지사가 될 것이라는 확신을 가지게 되었다는 것이다.

격려하는 습관, 칭찬과 위로의 한 마디를 던지는 습관을 가지자! 이러한 한 마디가 행복과 성공을 가져오는 한 줄기의 빛이 되는 것이다.

복의 기독교적 관점

우리는 "복"을 좋아한다. 복을 싫어하는 자는 아무도 없을 것이다. 하나님을 믿는 사람들도 복을 엄청 좋아한다. 그러나 하나님을 믿는 자가 복에 대한 제대로 된 자세와 이해를 갖지 않는다면, 마음 속에 품고 있는 복은 신앙을 방해하는 독이 되어 하나님과의 사이를 점점 멀어지게 만들 것이다. 한국교회 교인들의 문제점으로 항상 지적되는 것이 바로 기복주의적인 신앙이다.

그럼, 기복주의적인 신앙이 무엇인가? 기복주의적인 신앙이란, 하나님을 믿고, 하나님을 섬기는 목적이 복 받기 위함이라는 전제를 가지고 있다. 교회에 와서 하나님께 예배를 드리고, 헌금 잘 내고, 봉사 열심히 하는 것이 하나님께 잘 보여서 삶이 평안하고, 물질의 복을 받으며, 무병장수하기 위해서이다. 이것이 바로 기복주의적인 신앙이다. 이것은 기독교 신앙이 아니다. 이것은 무당종교의 세속적인 신앙이다. 돈 많이 내고, 굿을 해서 귀신을 잘 달래서 집안의 우환을 없애고, 복을 받으려는 신앙의 철학을 가진 무당종교나 별반 차이가 없는 비기독교적인 신앙인 것이다. 기복주의적인 신앙을 가진 자들은 삶속에서 고난이나 어려움, 시험이 다가오면 신앙에 회의를 가지게 되고 교회를 떠날 수밖에 없다.

이처럼 기복주의적인 신앙은 우리가 경계하고, 우리 마음 속에 스며들지 않도록 주의해야 한다. 물론 복 그 자체는 좋고, 중요한 것이다. 성경 곳곳에는 복에 대해 언급한다. 아브라함, 이삭, 야곱, 요셉, 더 나아가 이스라엘 민족에게 약속하신 복은 우리의 피부에 와 닿는, 우리가 좋아하는 세상적인 복이다.

자손번성, 소유번성, 평안, 장수 등의 세상적인 복을 성경은 말하고 있다. 신명기 28장을 보면, 정말 우리가 좋아하는 세상적인 복이 계속 언급된다.

그럼, 기복주의 신앙에 빠지지 않으면서 건전한 복을 사모하는 신앙은 어떤 신앙이 되어야 하는지에 대한 질문을 던질 수밖에 없다. 이 질문의 답대로만 살면, 좋은 신앙을 가지면서도 세상적인 복을 받아 누리는 삶이 될 수 있을 것이라고 확신한다.

이 질문에 대한 답은 바로 신앙적인 결과로서 복을 받아누리는 것이다. 기복주의적인 신앙은 신앙의 목적이 복인데 반해, 건전한 신앙은 신앙의 결과가 복인 것이다. 좀 더 자세하게 말하면, 하나님을 잘 섬기고 하나님을 기쁘시게 해 드리는 것이 우리의 신앙의 목적이다. 하나님의 말씀을 잘 지키는 것이 우리의 신앙의 목적이다. 거기에 신앙의 온 신경이 집중되어 있는 것이다. 하나님의 말씀을 잘 지키고 하나님을 잘 섬김으로써 하나님께서 세상적인 복을 주시면 감사한 마음으로 "아멘"하고 받는 것이다. 혹여나 세상적인 복을 받지 못하고, 물질의 어려움이 찾아오고, 고난이 찾아와도 "하나님께서 알아서 채워주시고, 인도해 주시겠지..."라는 확고한 신뢰 속에 하나님을 더 잘 섬기고, 더 하나님의 말씀을 잘 지키는 모습이 신앙의 결과로서의 복을 받아 누릴 수 있는 자격이 있는 사람이다.

신명기 28장 1~2절을 보면, 복의 전제가 다음과 같이 나와 있다.

네가 네 하나님 여호와의 말씀을 삼가 듣고, 내가 오늘 네게 명령하는 그의 모든 명령을 지켜 행하면..... 네가 네 하나님 여호와의 말씀을 청종하면 이 모든 복이 네게 임하며 네게 이르리니.....

예수님께서도 마태복음 6장 33절에 다음과 같이 말씀하셨다.

너희는 먼저 그의 나라와 그의 의를 구하라. 그리하면 이 모든 것을 너희에게 더하시리라.

하나님의 말씀과 뜻에 초점을 맞추고, 신앙생활을 하면, 세상적인 필요와 복을 더해 주신다는 약속의 말씀이다.

요한 3서 2절에도 비슷한 약속의 말씀이 나온다.

사랑하는 자여 네 영혼이 잘 됨같이 네게 범사에 잘 되고, 강건하기를 내가 간구하노라.

우리의 영혼이 하나님께 초점을 맞추고, 하나님의 말씀을 잘 지킴으로 우리의 신앙이 건강하다면, 세상적으로도, 육신적으로도 잘 되고, 강건하게 될 수 있다는 신앙의 결과로서의 복을 가르쳐주고 있는 말씀이다.

신앙의 목적으로서의 복이 아닌, 하나님을 잘 섬기고, 하나님의 말씀을 잘 지킨 결과로서의 복을 받아누리는 진정한 복의 사람들이 다 되기를 소망한다.

중도(中道)의 길-회색분자가 되자!

나는 검정색 양복을 좋아한다. 검정색은 권위와 정숙함의 이미지를 부여해 주기 때문이다. 그러나 검정색 양복은 너무 무거운 느낌, 우울한 느낌이 연출되어 장례식에 온 것 같은 암울한 이미지가 연출된다.

나는 흰색 양복은 없지만, 흰색의 캐주얼 재킷을 좋아한다. 흰색은 깨끗함과 밝음의 이미지를 주기 때문이다. 그러나 흰색의 재킷은 너무 가벼운 느낌이 연출되고, 때가 잘 타기 때문에 활동에 제약이 따른다.

그래서 나는 회색 계통의 옷을 좋아한다. 회색은 흰색과 검정색의 중간 색깔이다. 회색은 검정색과 흰색의 장점을 연출하며, 단점을 보완한다. 회색은 검정색에도 잘 어울리고, 흰색에도 잘 어울린다. 요즘 나의 패션 트렌드는 회색 양복 상의에 흰색 와이셔츠나 검정색 와이셔츠를 입고, 회색 양복 하의를 입는다. 또는 검정색 정장에 흰색 와이셔츠를 입고 회색의 넥타이를 맨다. 회색이 있어 나는 옷을 덜 사면서도 다양한 패션 스타일을 연출할 수 있다. 그래서 나는 행복하다.

우리 사회는 진보와 보수로 나뉘어져 있다. 진보에도 장단점이 있고, 보수에도 장단점이 있으나, 진보에 속해 있는 자들은 자신들이 진리이고, 시대를 앞서나가는 개혁적 인물들로 본다. 마찬가지로 보수에 속해 있는 자들도 자신들이 국가를 지키고, 온전한 선(善)인 줄만 안다. 검정색과 흰색이 장단점을 가지고 있듯이 진보와 보수도 서로 장단점을 가지고 있는 것이다.

우리 나라의 민족성은 이상하리만큼 편협하다. 그 편협성은 자신이 맹신하는 정치적 이데올로기 혹은 삶의 이데올로기로부터 기인한다. 안타까운 우리 나라의 역사와 정치가 그것을 말해 준다. 교회까지도 이 이데올로기의 상황 속에 분열이 일어났다. 진보교회가 있는 반면, 보수교회도 있다. 정치쇼에 놀아나서 서울시청 앞 한쪽에서는 친미(親美)를 위한 기도회를 열고, 다른 한쪽에서는 민족의 자주성을 위한 기도회를 열기도 한다. 씁쓸한 모습일 수밖에 없다.

진리의 문제가 아닐 경우 모든 신념이란, 옳을 수도, 혹은 그를 수도 있는 것이다. 그렇기 때문에 제일 중요하고, 좋은 자세는 겸손함의 중도성(中道性)을 가지는 것이다. 즉, 검정과 흰색의 장점을 공유하는 회색을 지향하는 것이다. 회색분자라는 말이 있다. 부정적인 의미를 내포하고 있다. 이쪽도 저쪽도 아닌, 애매모호한 기회주의자의 의미를 가지고 있다.

그러나 21세기에는 회색분자가 필요하다. 우리 나라의 정치 상황에는 회색분자가 많이 필요하다. 친미(親美)를 주장하면서도, 동시에 민족의 자주성을 말할 수 있어야 하는 것이다. 민족의 자주성을 주장하면서도, 동시에 북한이 드러내기 싫어하는 북한의 인권과 국군납북자 포로송환 문제에 대해서 말할 수 있어야 하는 것이다.

신앙도 마찬가지이다. 성령의 뜨거움을 강조하면서도 냉철한 이성이 요구되는 성경공부를 할 수 있어야 하고, 자유로운 비형식의 찬양예배를 강조하면서도 엄숙하고 진지한 전통예배를 좋아할 수 있어야 하는 것이다. 뜨거운 통성기도도 할 수 있어야 하고, 엄숙한 침묵기도나 깊은 관상기도도 할 수 있어야 하는 것이다.

여호수아 1장 7절에 다음과 같은 말씀이 나온다.

좌로나 우로나 치우치지 말라. 그리하면 어디로 가든지 형통하리니...

회색분자의 길은 앤서니 기든스의 책 제목을 인용하면, 바로 『제3의 길』인 것이다. 회색분자의 길은 자신의 신념이 잘못될 수 있다는 전제를 가진 겸손함의 길이다. 회색분자의 길은 양쪽을 화해시킬 수 있는 평화의 길이자, 어디든지 갈 수 있는 형통의 길이다. 우리 모두 회색분자가 되자!

공동체의 조건

현대 물리학이 풀지 못하고 있는 난제가 있다. 그것은 바로 "빛의 이중성"에 관한 문제이다. 이 "빛의 이중성"의 난제를 명확하게 풀어내면 반드시 노벨 물리학상을 받게 될 것이다. 물리학을 공부하고 있는 사람이 있다면 도전해 봐라!

이 "빛의 이중성"의 문제는 빛이 두 가지의 성질을 가지고 있다는 것이다. 하나는 입자이고, 하나는 파동인 것이다. 이것이 말이 되는가! 하나는 알갱이이고, 하나는 흐름 즉, 반대되는 존재의 형태인데 말이다. 그런데 빛은 이 두 가지 성질을 다 가지고 있는 것이다. 빛이 입자라고 가정하고 실험을 진행하면 진짜 그런 결과가 나오는 것이고, 빛이 파동이라고 가정하고 실험을 진행하면 또 파동인 결과가 나오는 것이다. 서로 반대되는 속성이 한 물질 안에서 공유하고 있으니 신기할 따름이다.

또 하나 재미있는 이야기를 하겠다. 경제학도 마찬가지이다. 미시경제학과 거시경제학은 같은 경제학이 아니다. 한자 그대로 미시경제학은 세부적인 자세한 안목으로 경제 흐름을 보면서 경제 현상을 분석하는 것이고, 거시경제학은 전체적인 안목으로 경제 흐름을 보면서 경제 현상을 분석하는 것이다. 이렇게 보면, 거시경제학이라는 큰 숲속에 미시경제학이라는 나무들이 들어가 있는 것 같아 보인다. 그러나 미시경제학과 거시경제학은 서로 맞지가 않는다. 이론이 서로 충돌한다. 미시경제학과 거시경제학의 충돌을 논리적으로 정확히 해석해서 융합시키면 노벨 경제학상은 따논 당상이다. 경제학을 공부하고 있는 사람이 있다면 도전해 봐라!

경제 흐름을 미시적 관점에서 보면, 미시적으로 경제 현상이 분석되고, 또 반대로 거시적 관점에서 보면 거시적으로 경제 현상이 분석된다. 맞지 않아 보이는 반대 성질이 융합해서 하나의 학문을 이루고 있는 것이다.

공동체도 마찬가지이다. 공동체에는 다 비슷한 사람들만 모여 있는 것이 아니다. 다 나와 같은 생각과 성격과 문화를 공유하는 사람들만 모여 있는 집단이 아니다. 나와 반대되는 성격, 반대되는 문화, 반대되는 삶의 환경을 공유한 사람들도 모여 있다. 그러나 그 반대되고, 맞지 않아 보이는 성질의 존재들이 모여 하나의 집단을 형성해서 공동체라는 이름으로 나아가는 것이다.

나와 다른 것은 축복이다. 모든 사람들이 나와 똑같다면, 그것은 비극일 것이다. 나와 다른 사람들이 있어서 재미 있는 것이다. 나랑 똑같이 생각하고, 내가 가진 취미와 특기, 관심사를 공유하고 있는 사람들만 이 지구상에 있다면, 우리 인생은 참으로 재미가 없을 것이다. 자신의 부인이나 남편이 자신과 똑같은 점만 있다면 결혼생활도 재미 없을 것이다. 다른 것은 좋은 것이다.

이것을 인정할 때, 공동체가 건강하게 성장하는 것이고, 공동체라는 이름이 붙여질 만한 자격이 주어지는 것이다. 서로 용납하고, 자신과 반대되는 사람들까지도 받아들이는 너그러운 사람이 되어 하나 되는 멋진 회사 공동체, 교회 공동체, 가정 공동체를 만들어 보자!

긍정적으로 튀는 자가 아름답다!

"사공이 많으면 배가 산으로 간다."

여러분은 이 속담의 뜻이 무엇이라고 생각하는가?

자기 주장을 펼치는 자가 많으면 각기 다른 여러 주장들 때문에 조직이 본래 세운 목표대로 나아갈 수 없다는 것이다.

우리는 지금까지 이 속담의 의미를 이와 같이 알고 있었을 것이다. 그러나 이 속담에서 나는 다른 의미를 찾을 수 있다고 생각한다. 내가 생각하는 이 속담의 다른 의미는 이것이다.

"서로 협동하면 못 이룰 것이 없다."

멋진 의미가 아닌가! 혼자 감탄한다! 아무튼 이 속담을 부정적으로 보면, 우리가 익히 알고 있는 의미밖에 안 되지만, 긍정적인 의미로 해석하면, 협동하고, 협력하면 불가능한 일이 없다는 기가 막힌 해석이 나오는 것이다.

남들과 똑같이 생각하고, 남들과 똑같이 판단해서는 독창성도 나올 수 없고, 새로움도 나올 수 없는 것이다.

뒤집어볼 수 있는 넓는 시야도 필요한 것이다. 하지만, 안 좋게 뒤집어 보면, 그것은 돈키호테식의 사고 혹은 반대를 위한 반대밖에 되지 않는다. 내가 말하려고 하는 것은 이 속담의 새로운 해석처럼 긍정적으로 튀는 생각을 하자는 것이다.

예전에 중동의 "아랍 에미리트" 하면 떠오르는 것은 "석유"밖에 없었다. 그러나 지금 "아랍 에미리트"라는 국가는 단지 석유로만 유명한 나라가 아니다. 불과 십년 전만 해도 그랬을지 모르지만, 유학파 출신의 아랍 에미리트 왕자 "셰이크 모하메드"가 집권하고 나서는 바뀌었다. 그는 오늘 내가 이야기하고 있는 긍정적으로 튀는 사고를 잘하는 리더이다. 그가 생각하고 실현해 낸 결과물은 사막의 스키장, 해저호텔, 허허벌판 해변가의 IT 도시 건설, 세계 최고의 고층빌딩 건설이었다.

사막의 스키장이 말이 되는가! 바닷속 해저에 호텔을 만드는 것이 말이 되는가! 그런데 이 모하메드 왕자는 이것을 말이 되게 만들었다. 그래서 아랍 에미리트의 수도 두바이는 중동에서 가장 발전하고 잘 나가는 도시가 되었고, 관광객이 세계에서 가장 많이 오는 도시 중에 하나가 되었다.

이 모든 것이 모하메드 왕자의 긍정적으로 튀는 사고의 결과이다.

아프리카에 처음으로 N회사가 진출할 때도 재미있었던 일화가 있다. 아프리카 시장을 조사하기 위해 두 명의 연구원을 보냈는데, 한 연구원은 "여기 아프리카 사람들은 다 맨발로 다니기 때문에 신발 사업을 하면 다 망할 것이다."라고 평가했고, 다른 한 명의 연구원은 "여기 아프리카 사람들은 다 맨발로 다니기 때문에 여기 있는 사람들 한 명 한 명에게 신발 한 켤레만 신기워도 떼 돈을 벌게 될 것이다."라고 평가했다. N회사가 후자의 의견을 들었기에 N회사가 아프리카에 진출할 수 있었고, 아프리카 사람들은 대부분 N회사의 운동화를 신고 다니게 되었다.

성경에서도 긍정적으로 튀는 사고를 하는 사람이 인정받음을 알 수 있다. 출애굽 후에 가나안 땅에 12명의 정탐꾼을 보냈을 때, 2명(여호수아와 갈렙)만이 긍정적으로 튀는 사고를 하지 않는가! 그 결과 2명만이 출애굽 1세대 가운데서 가나안 땅에 들어가는 축복을 누리지 않았는가!

긍정적으로 이리저리 돌려보는 독창적인 사고를 하자! 남들과 똑같은 생각을 하지 말고, 긍정적인 방향으로 뒤집어서도 생각을 해 보자! 부정적이거나 잘못되게 튀는 사고가 아닌, 긍정적이고 실천적인 power up 사고를 하자! 성공의 가능성은 그 사고 속에서 태동하는 것이다!

감동유통업자가 되자!

베스트셀러였던 『마시멜로 이야기』에서 보면, 다른 사람이 나를 돕게 만드는 방법으로 6가지를 제시한다. 첫째, 원리원칙과 법률을 내세운다. 둘째, 대가를 지불한다. 셋째, 인맥과 학맥, 권위를 행사한다. 넷째, 그 사람의 감정에 호소한다. 다섯째, 아름다움으로 유혹한다. 여섯째, 감동을 통해 설득한다.

이 중에서 가장 좋은 방법, 이상적인 방법은 무엇이겠는가?

나는 말할 것도 없이 여섯째인 감동을 통해 설득하는 방법이라고 생각한다. 우리는 감동의 부재(不在) 시대에 살고 있다. 감동적인 가르침이 없고, 감동적인 의사소통이 없고, 감동적인 배려와 섬김이 없다. 부족하다고 표현하지 않고, 없다고 표현한 것은 감동부재(不在)에 대한 경각심을 주기 위함이다.

내 인생의 목표이자, 좌우명 중에 하나는 다른 사람에게 감동을 주자는 것이다. 설교와 가르침을 통해, 대화와 행동을 통해 감동전달자가 되기 위해 노력하고 있다. 물론 아직은 너무나 부족하기에 현재완료가 아닌, 현재진행형의 목표인 것이다.

우리가 믿고 따르는 성경은 하나님의 감동으로 된 것이다.(딤후3:16) 성경 속에는 인간을 감동시키는 하나님이 나온다. 하나님은 우리를 감동시키신다. 그 감동이 우리 마음에 와 닿으면 우리는 행복해지게 된다.

이사야 43장 1~2절에는 인간을 감동시키는 하나님의 사랑의 멘트가 나온다.

너를 만드신 자가 말씀하시느니라. 너는 두려워 말라. 내가 너를 구속하였고, 너를 지명하여 불렀나니 너는 내 것이라. 네가 물 가운데로 지날 때 내가 함께할 것이라. 강을 건널 때에 물이 너를 침몰치 못할 것이며, 네가 불 가운데로 행할 때에 타지도 않을 것이요, 불꽃이 너를 사르지도 못하리니....

하나님은 우리의 모델이시다. 하나님께서는 우리 인간의 죄를 위해 하나밖에 없으신 존귀한 아들 예수 그리스도를 우리 인간에게 내어 주심으로 감동의 클라이맥스를 보여 주셨다.

우리도 하나님을 닮은 존재이기에 다른 사람을 감동시킬 수 있다. 아니, 하나님께서 하셨던 것처럼 우리도 다른 사람을 감동시켜야 하는 책임이 있는 것이다. 감동은 말의 기술로 이루어지지 않는다. 말의 기술로 이루어진 이벤트성 감동은 순간의 감동일 뿐이다. 진짜 감동은 지속성이 있는 진실한 배려에서 나온다. 진실성은 감동을 주기 위한 철학이며, 배려는 감동을 주기 위한 실제적인 방법이다. 지속성은 감동이 유지되기 위해 필요한 전제이다.

지속성이 있는 진실한 배려를 하기 위해서는 감동을 주려는 대상을 정확하게 알아야 한다. 그 대상이 좋아하는 것, 그 대상의 성격, 취미, 감정 상태 등을 정확히 알아야 진실한 배려가 부담이 아닌, 감동으로 연결되는 배려가 되는 것이다.

나를 좋아하는 사람뿐만 아니라, 나를 싫어하는 반대파에게까지도 관심을 갖고 무엇을 좋아하는지를 정확하게 알아 지속성이 있는 진실한 배려를 통해 감동을 주는, 하나님의 감동을 전파하는 자들이 다 되시기를 주님의 이름을 소망한다.

감동을 주고받는 가운데, 사랑이 싹트고, 행복의 열매가 맺혀지는 것이다.

평범 예찬

플라톤은 인간의 행복의 조건으로 5가지를 제시했다. 첫째, 먹고 입고 살고 싶은 수준에서 조금 부족한 듯한 재산, 둘째, 모든 사람이 칭찬하기에는 약간 부족한 용모, 셋째, 자신이 자만하고 있는 것에는 절반 정도밖에 알아주지 않는 명예, 넷째, 겨루어서 한 사람에게는 이기고, 두 사람에게는 질 정도의 체력, 다섯째, 연설을 듣고서 청중의 절반은 손뼉을 치지 않는 말솜씨이다.

이 다섯 가지를 종합해서 의미를 추출하면, 행복은 적당히 모자란 가운데 그 부족함을 채우려고 성실히 노력하는 일상의 삶 가운데서 나옴을 알 수 있다.

하나님은 공평하시다. 이 세상에서 완벽한 사람은 없다. 외모가 출중하면 다는 아니지만, 성격이 안 좋다던가, 무엇인가 부족한 면이 쉽게 발견된다. 머리가 굉장히 좋은 사람은 외모가 안 따라 준다던가, 약간 독특한 정신 세계를 지니고 있음이 발견된다. 그래서 제일 좋은 것은 모든 면에서 적당히 모자란 평범함이다. 플라톤이 말한 것처럼, 지갑 속에 돈도 많지 않을 정도로 있고, 잘 생긴 것 같기도, 아닌 것 같기도 한 외모를 가지고 있고, 자신의 재능을 알아주는 사람이 열 명 중에 다섯 명 정도밖에 없고, 1:1로 싸워야 겨우 이길 수 있을 정도의 싸움실력을 가지고 있고, 자신이 이야기하면, 듣는 사람의 반은 하품하는 정도의 말솜씨를 가지고 있는 평범한 사람이 행복한 사람이다.

다시 말하면, 이와 같은 평범함 속에 하루하루 열심히 살고, 자족하는 마음을 갖는 사람이 행복이란 선물을 받을 수 있는 자격이 있는 사람이다.

물론 부족함을 채우려고 성실히 노력하는 삶의 자세는 굉장히 중요하다. 하지만, 그 부족함을 채우려고 강박관념 속에 산다든가, 남들과의 경쟁에서 무조건 이기려고만 하는 정복주의적인 자세는 지양해야 하는 것이다. 이 속에서 이룬 성공은 행복한 삶과 분리되는 공허한 메아리와 같은 가치밖에 지니지 못하는 것이니까 말이다.

디모데전서 6장 6절에서 사도 바울은 다음과 같이 말한다.

지족하는 마음이 있으면 경건에 큰 이익이 되느니라.

있는 것에 감사하며, 자족하는 사람이 하나님의 뜻에 맞게 살아갈 수 있는 축복된 사람이라는 귀한 말씀이다. 하나님의 뜻에 맞게 살아가는 사람은 행복할 수밖에 없는 것이다. 하나님의 뜻에 맞게 자족하며, 자신의 부족함을 하나님께 내어놓으며, 신앙으로 이겨내는 사람은 행복해질 수밖에 없는 것이다. 부족한 자신의 모습 때문에 실망하거나 불평하지 말고, 감사하며 자족하는 가운데, 하나님께서 주시는 행복을 삶 깊숙이 들이키는 저와 여러분이 되기를 간절히 소망한다.

진정한 감사의 회복

탈무드에 보면, 다음과 같은 격언이 나온다.

"세상에서 가장 지혜로운 사람은 배우는 사람이고, 세상에서 가장 행복한 사람은 감사하며 사는 사람이다."

감사와 행복이 같은 선상에 있다는 말이다. 행복해서 감사하는 것이 아니라, 감사하기 때문에 행복해 지는 것이다.

우리가 살고 있는 이 시대는 감사를 잃어버렸다. 삶을 주시고 인도하시는 하나님께 감사하지 못하고, 나의 존재를 가능케 한 부모님께 감사하지 못하고, 부족한 내 옆에서 함께 울고 웃는 친구, 동료들에게 감사하지 못한다.

감사하지 못하기 때문에 삶 속에서 웃음이 사라지고, 따뜻함 속에 피어나는 사랑이 식어지는 것이다.

여러분의 삶을 바라보라! 감사할 조건이 수없이 많을 것이다. 여러분을 여기까지 있게 만들어 준 수많은 감사한 분들이 떠오를 것이다. 생각의 깨달음에서 그치지 말고, 감사를 겉으로 표현하라! 표현하지 않는 감사는 선물을 포장만 하고 주지 않는 것과 같다.

미국 사람들이 제일 많이 쓰는 영어 구문은 바로 "thank you"이다. 미국 사람들은 별 것도 아닌 일에도 항상 "thank you"를 연발한다. 우리는 어떠한가? 과연 우리의 입술에서는 "감사합니다"라는 말이 수없이 터져 나오고 있는가? 감사는 표현해야 그 맛을 알 수 있는 것이다. 언어유희를 쓰면, 감을 사 놓고 먹지 않고 보기만 하면 아무 소용이 없고, 시간이 지나면 썩어서 버릴 수밖에 없게 되는 것처럼, 감은 사 놓고 먹어야 그 맛을 알 수 있는 것이다. 이제부터 감은 사 놓고 먹을 때마다 감사에 대한 깨달음을 되새김질하자!

만약 감사할 것이 자기 인생에서 없다고 생각한다면, 무(無)의 상태에서 가지게 된 것을 생각해 보라! 여러분이 가진 것이 엄청나게 많음을 확인할 수 있다. 그리고 감사할 것이 없다고 생각하는 자신의 생각을 뒤집어 보라. 그러면 감사할 수 있다.

『평생 감사』라는 책에서 읽은 재미있는 감사 조건을 예시로 제시해 본다. 어떤 대머리 아저씨가 거울을 보다가 감사할 조건을 찾아보았다. 무려 6가지가 나왔다고 한다. 첫째, 여성에게는 거의 없는 현상이다. 그러므로 모든 여성은 감사해야 한다. 둘째, 하나님의 사랑을 받는 자가 대머리가 된다. 왜냐하면 하나님께서 날마다 머리를 쓰다듬어 주시기 때문이다. 셋째, 대머리인 사람은 얻어먹고 사는 사람이 없다. 대머리로 구걸하는 사람은 아직 한 사람도 못 보았다. 넷째, 비교적 목회자들이 대머리가 된 사람이 많다. 엘리사도 대머리였다. 다섯 째, 비누, 샴푸, 물을 상당히 절감할 수 있다. 여섯째, 하나님을 편하게 해 드린다. 마태복음 10장 30절에 의하면, 주님은 날마다 우리의 머리카락까지 세시기 때문이다.

우리의 인생에서 감사를 회복하자! 자신의 삶을 돌아보며 많은 것을 받음에 감사하자! 나를 이 자리까지 있게 만들어 주신 소중한 분들을 생각하며 감사하자! 그리고 이제부터 항상 감사를 표현하는 습관을 가지자! 감사가 생활화될 때, 여러분은 진정한 신앙인의 반열에 올라설 수 있는 것이며, 데살로니가 5장 18절의 말씀처럼, 하나님의 뜻을 삶 속에서 구현하는 자가 될 수 있는 것이다.

실력자가 되는 길

처음으로 하늘을 나는 비행기 설계도를 그린 사람은 바로 갈릴레이였다. 그러나 갈릴레이가 비행기 설계도를 그린 후 무려 300년이 지나서 하늘을 나는 물체인 비행기가 라이트 형제에 의해서 발명되었다. 그 이후에 몇 십년 지나지 않아 장거리 비행기가 만들어졌고, 우주선이 발명되었다. 어떤 분야에서 처음 물꼬를 트는 일은 어렵다. 시간이 오래 걸린다. 그러나 물꼬를 틀고 나면, 그 다음 성장과 발전은 쉬어지게 된다.

어떤 분야에서 실력을 갖춘 프로가 되기 위해서도 이와 같은 과정을 겪어야 한다. 예를 들어, 피아노를 잘 치기 위해서는 피아노를 치겠다는 생각을 가지고, 피아노 의자에 앉아야 한다. 그리고 건반 음계를 외우고, 악보를 볼 줄 알아야 한다. 이것은 위에서 말한 갈릴레이가 비행기 설계도를 그리는 과정이다. 그 다음 많은 실수와 시행착오를 거치는 고난의 과정을 통해 다장조 악보의 곡(#이나 b이 하나도 붙지 않은 곡) 정도는 칠 수 있도록 해야 한다. 이것은 위에서 말한 라이트 형제에 의해 비행기가 발명되는 과정이다. 여기까지는 시간이 오래 걸린다. 피아노를 전혀 못 치는 사람이 다장조 악보의 곡까지 치기 위해서는 꽤 많은 시간이 걸리고, 꽤 많은 노력이 필요하다. 비행기 설계도를 그린 후 꽤 많은 시간이 지난 후 비행기가 만들어진 것처럼 말이다.

하지만, 다장조 정도의 악보를 칠 수 있을 정도의 실력을 갖추면, 그 다음 #이나 b이 붙은 악보를 치기 위한 시간과 노력은 처음 피아노를 치는 사람이

다장조 정도의 악보를 치기까지 투자한 시간과 노력과는 비교도 될 수 없을 만큼 단축되고 축소된다. 비행기가 발명되고 나서 몇십 년 지나지 않아 장거리 비행기, 우주선이 발명된 것처럼 말이다.

실력을 갖추는 원리는 다른 모든 분야에도 적용된다. 영어공부, 수학공부의 원리도 마찬가지이고, 수영, 스키와 같은 운동에서 실력을 갖추는 원리도 마찬가지이다. 그래서 우리가 어떤 분야에서 실력을 갖추기 위해서는 우선은 도전하고, 노력과 시행착오를 통해 겉핥기식의 일반적인 지식과 방법을 습득해야 한다. 여기까지 도달하는 과정 중에는 포기하고 싶은 유혹이 수도 없이 찾아올 것이다. 포기하면 "꽝"이 되는 것이고, 계속 나아가면 목표 성취가 점점 눈앞에 다가오게 되는 것이다.

경제학 용어 중에 "손익분기점"이라는 용어가 있다. 손해와 이익이 비슷비슷한 애매한 지점을 말한다. 즉, 손해 같기도 하고, 이익 같기도 한 애매한 지점을 말한다. 이 손익분기점까지 도달하기 전에는 투자한 시간과 노력은 다 손해이다. 그러나 손익분기점만 넘어가면 다 이익이 된다. 마찬가지로 일반적인 방법과 지식을 습득하기 위해서 노력하는 과정은 아무 성과 없는 손해라고 생각될 때가 많다. 물론 손익분기점에서 본 것처럼 손해인 것은 맞다. 하지만 그냥 손해는 아니다. 손익분기점을 넘어 이익으로 나아갈 수 있는 가능성이 있는 손해이다.

일반적인 방법과 지식을 습득하고 나면, 그 방법과 지식, 원리를 세부사항에 접목하면 쉽게 깊이 있는 실력을 갖추게 되고, 그 분야의 프로가 될 수 있는 것이다. 피아노를 다장조 악보까지 칠 수 있게 되면, 피아노 치는 원리에 # 한 개, # 두 개, # 세 개…… ♭ 한 개, ♭ 두 개, ♭ 세 개를 대입시키면 어려운 악보도 빠른 시일 내에 치게 되는 것이다.

여러분이 도전하고 싶은 분야에 도전하라! 악기 연주하고 싶은 사람은 피아노 의자에 앉아라! 기타를 손에 잡아라! 영어 잘 하고 싶은 사람은 영어책을 펴라! 이어폰을 귀에 꽂으라! 그 다음 일반적인 겉핥기 지식과 방법을 습득하기 위해 손익분기점 원리를 기억하면서 이익의 순간들이 온다는 것을 생각하면서 포기하지 말고, 열심히 노력하라! 그 다음, 그 일반적인 지식과 방법, 원리들을 그 분야의 세부항목, 세부내용에 접목하고 적용하라! 그리고 반복함으로 자기 것으로 만들라! 여러분이 도전하는 모든 분야에서 실력자가 될 수 있을 것이다.

멘토(mentor)의 중요성

슈바이처는 다음과 같이 말했다.

"우리 인생에는 마음의 불이 꺼질 때, 이 불을 다시 붙여 주는 사람이 있다."

우리는 살아가다가 실패를 경험한다. 때로는 외로움과 고독함을 경험한다. 그 속에서 삶에 대한 모든 열정을 잃고 힘들어 하며, 괴로운 하루하루를 보내기도 한다. 그때, 우리 마음속에 삶에 대한 열정, 삶에 대한 희망, 삶에 대한 용기를 다시 불어넣어 주는 사람이 있다. 그 사람은 목사님이 될 수도 있고, 선생님이 될 수도 있고, 부모님이 될 수도 있고, 친구가 될 수도 있다. 이 존재들은 한 마디로 "멘토(mentor)"라고 표현할 수 있다.

멘토라는 말은 원래 호머의 오디세이(BC 1250)에 나오는 얘기 중에 왕자를 가르친 스승의 이름으로서 이타카의 왕 오디세우스가 전쟁을 치르기 위해 장기 출정 후 20년 만에 돌아올 동안 멘토는 텔레마코스 왕자를 지혜롭고, 현명한 왕으로 성장시켰는데, 이후 멘토를 "지혜와 신뢰로 한 사람의 인생을 이끌어주는 지도자"라는 의미로 사용되기 시작했다.

내가 예전에 감명 깊게 봤던 영화 중에 "이보다 더 좋을 순 없다(as good as it gets)가 있다. 이 영화의 주인공 남자는 "obsessive compulsion" 즉, 강박장애를 가지고 있는 사람이다. 밥 먹고 그릇을 씻어도 열 번 이상은 닦아야 하고, 남이 쓰던 그릇은 불결하다고 생각하기에 식당에 갈 때에도 자기 밥

그릇을 챙겨가야 한다. 문을 잠궈도 열 번 이상은 확인해야 한다. 이 철저한 사람이 여자 주인공을 만나면서 변화된다. 여자 주인공은 사랑으로 이 남자 주인공을 이끌고, 강박적인 삶을 여유 있는 행복한 삶으로 바꿔준다. 즉, 좋은 변화, 사랑의 치유가 일어난 것이다. 남자 주인공은 사랑스런 여자 주인공에게 다음과 같은 멋진 말을 던진다.

"당신은 내가 더 멋있고, 좋은 남자가 될 수 있게 만들었어."

이 남자 주인공의 멘토는 바로 여자 주인공이었던 것이다.

멘토를 통해 좋은 삶의 변화가 일어난다. 상처가 치유된다. 삶에 대한 열정이 회복되며, 행복한 인생으로 바뀔 수 있다.

나는 지금까지 인생을 잘 살아온 것 같다. 주님의 은혜로 젊은 날에 많은 것을 이루었다. 하지만, 안타까운 점이 한 가지 있다. 그것은 내 인생에서 진정한 멘토가 없는 것이다. 내가 존경하는 스승도, 내가 따르고 싶은 선배도 아쉽지만 없다. 나도 인간이다. 힘들 때가 많다. 열정이 식고, 우울감이 찾아올 때가 있다. 그럴 때마다 나의 모든 이야기를 들어주고, 다시금 내 삶의 열정을 불어넣어 줄 수 있는 나만의 멘트가 있으면 얼마나 좋을까 생각해 본다.

반면에 나를 멘토로 삼는 사람들은 많이 있다. 왜냐하면 내가 사역을 시작하면서 결심한 부분이기 때문이다. 내가 존경할 만한 나의 멘토는 아직 제대로 없지만, 내가 누군가의 멘토가 되어 주면, 나와 같은 아쉬움을 가지고 있는 사람들에게 희망과 용기를 줄 수 있다고 생각했기 때문이다. 그리고 이러한 확신도 있다. 마태복음 7장 12절의 황금률의 말씀처럼 내가 누군가의 멘토가 되어 주면 내 옆에 나만의 멘토가 나타날 것이라는 확신 말이다.

인생을 행복하게 살기 위한 조건 세 가지 중에 하나로 들어가는 것이 바로 자신의 진정한 스승이고, 조언자가 되어 주는 멘토를 만나라는 것이다. 기도하면서 여러분을 이끌어 주고, 도와 주며, 힘들 때 일으켜 주며, 삶의 희망과 열정의 불이 줄어들었을 때에 다시 붙여줄 수 있는 신앙의 멘토를 만나라! 그리고 여러분이 누군가의 멘토가 되어 그 누군가의 인생에서 꼭 필요한 사람이 되라! 풍요로운 인생이 될 것이다.

때로는 안정이 답이 아닐 수가 있다

한 사람이 있다. 그는 1953년 미국 뉴욕 브루클린의 찢어지게 가난한 빈민가에서 태어났다. 그는 어려서 운동을 좋아했고, 운동으로 인생의 성공에 도전하기를 원했다. 그는 미식축구 선수 장학금을 받고 노던 미시간 대학에 입학했다. 그러나 그는 미식축구 선수로 좋은 성적을 거두지 못하고 실패했다. 그는 새로운 인생의 출구를 찾아 대학 졸업 후에 제록스 회사에 세일즈맨으로 취직을 한다. 거기서 별 성공을 거두지 못하고, 가정 용품을 파는 해마 플라스트에 취업한다. 그는 이 회사에서 처음으로 작은 성공을 거두게 된다. 회사의 부사장이 된 것이다. 그는 이제 고급 아파트에 살고, 고급 레스토랑에서 식사를 하고, 저녁이면 고급 파티를 즐기게 되었지만, 만족스럽지 못했다.

그러던 어느 날 출장 차 찾은 시애틀의 한 커피가게에서 그윽한 원두커피 향을 맡는 순간 그는 새로운 세계를 발견한다. 지금까지 마셨던 커피는 커피도 아니라고 느꼈다. 그는 뉴욕으로 돌아오면서 이 커피의 유혹에서 벗어나지 못했다. 그는 회사의 모든 특권을 버리고, 시애틀의 작은 커피숍의 매니저로 새로운 인생을 출발했다.

그리고 1985년 원두구매를 위해 이탈리아 밀라노로 출장갔을 때, 그는 사람들이 커피가게에서 커피만 마시는 것이 아니라, 친구들, 사업 파트너들이 인생을 이야기하고, 사업을 논의하는 것을 지켜보다가 현대인들에게는 가정도, 직장도 아닌 이와 같이 다양한 이야기를 할 수 있는 제3의 땅이 필요하다는 결론에 도달한다. 그 비전을 가지고, 그는 커피가게를 새로 차리게 된다. 그 커피가게가 바로 세계 최고 매출을 자랑하는 스타벅스이다. 그리고 이 한 사람의 이름은 바로 스타벅스의 CEO인 하워드 슐츠이다.

사람은 누구나 안정을 원한다. 실패를 두려워한다. 그렇기 때문에 안정이 오면 안주해 버리고자 한다. 선택의 문제에서 제일 중요한 것은 합리성이 아니고, 안정이다. 그러나 때로는 안정을 버리고, 자신이 옳다고 생각하는 가치에, 선택에 투자할 수 있는 도전정신도 필요하다.

예전에 가전제품하면 소니(SONY)가 최고였다. 그러나 요즘은 아니다. 소니는 베타방식만 고집한다. 다른 회사는 베타방식을 사용하지 않는 데도 소니는 자기 회사의 전통을 고집하며 변화를 시도하려 하지 않는다. 그래서 소니 제품 텔레비전을 사면, 소니 제품 DVD 플레이어를 사야 한다. 비디오도 소니 제품을 사야 한다. 왜냐하면 소니는 타회사와 호환이 잘 안되기 때문이다. 그러니까 소비자들이 점점 소니 제품을 사지 않게 되는 것이다. 포드 자동차도 새로운 디자인 개발은 소홀히 하고 계속 T자형 디자인을 고집하다가 결국 소비자들의 외면을 바라볼 수밖에 없게 된 것이다. 뒤늦게 이것을 깨닫고 요즘은 포드 자동차도 다양한 디자인의 차를 개발하기 위해 노력하고 있다.

안정도 중요하지만, 변화와 도전도 필요하다. 스타벅스의 CEO 하워드 슐츠처럼 실패를 두려워하지 않고, 가치 있다고 생각하는 것을 선택하고, 도전할 수 있는 용기와 추진력이 필요하다.

사도행전 21장을 보면, 바울은 주위 사람들이 다 말리는 데도 예루살렘에 가려고 한다. 왜냐하면 유대교의 중심지인 예루살렘에서 복음을 전해야 한다고 확신했기 때문이다. 자기 생명보다 더 큰 가치인 복음이 있었기에 죽기를 각오하고, 예루살렘에 가는 선택을 할 수 있었던 것이다.

선택의 문제에서 기도하라! 기도 안하고 도전정신이다 뭐다 말하면서 변화를 추구하면 튀는 돈키호테밖에 안 되고, 망할 수밖에 없다. 기도하고 확신이 들면, 어떤 어려움과 고난이 와도, 실패의 위험이 찾아와도 그것을 선택하라는 것이다. 그리고 바울처럼 중요한 신앙적 가치를 선택할 수 있는 도전정신도 신앙적 관점에서 보면 정말 필요한 것이다. 좋은 일에 대한, 좋은 가치에 대한, 열정을 불어 넣을 수 있는 일에 대한, 가치에 대한 도전정신은 신앙인의 삶에서 정말 필요한 것이다. 때로는 안정이 답이 아닐 수 있다.

제대로 된 모델을 따라가라

예전에 많이 회자되던 우스운 이야기가 있다. 그 이야기는 다음과 같다. 어느 시골 중학교 1학년 교실에서 영어 단어 시험을 보았다. 첫 번째 문제가 "of course"의 뜻을 적는 것이었다. 공부 안 하고 놀기만 하던 아이들은 그 단어가 무슨 뜻인지 알 턱이 없었다. 그러나 유일하게 공부를 열심히 하고, 잘하는 아이가 앞자리에 앉아 있었다. 뒤에 있던 공부 못하는 아이가 그 아이 등을 콕콕 찔러서 답이 무엇이냐고 물었다. 앞에 있는 공부 잘하는 아이는 답이 "물론"이라고 가르쳐 주었다. 공부 못하는 아이는 "물론? 물론이 뭐지?" 라며 혼자 중얼거렸다. 그리고 깨달음의 미소를 지었다. "맞다. 논에 물이 가득하다를 뜻하는구나! 물이 가득한 논은..... 미나리광" 이 친구는 자랑스럽게 뒷줄에 앉아 있던 친구들에게 답을 가르쳐 주었고, 그 줄에 앉아 있던 아이들은 맨 앞에 공부 잘하는 아이만 빼고 모두 답을 "미나리광"이라고 썼다.

나는 이 이야기를 통해 우리가 따라가는 모델의 중요성에 대해 깨달았다. 우리는 살아가면서 누군가를 따라간다. 교육학 용어로 "모델링"이 있다. 우리 인생의 모델들이 있다는 것이다. 우리 인생의 모델들이 부모님일 수도 있고, 내가 나가고자 하는 분야의 잘 나가는 선배일 수도 있고, 학교 선생님일 수도 있고, 심지어는 친구일 수도 있다. 그러나 이상한 모델, 검증되지 않은 모델을 따라가면, 위의 이야기처럼 "미나리광"이라는 오답을 쓰는 오답 인생이 될 수밖에 없다.

한 가지 이야기를 더 들려주겠다. 벼룩에 대한 이야기다. 벼룩은 본능적으로 앞에 있는 벼룩을 따라간다고 한다. 그런데 앞에 가는 벼룩이 어떤 이유인지 모르겠지만, 앞으로 가지 않고, 그 자리에서 원을 돌면 뒤에 따라가던 벼룩도 그대로 따라서 원을 돈다고 한다. 그 뒤에 따라온 벼룩도 마찬가지로 똑같은 행동을 보인다. 어떤 벼룩은 계속 원을 돌다가 죽기까지 한다는 것이다. 이상한 모델을 따라가면 계속 똑같은 자리에서 원만 돌다가 죽게 되는 것이다.

여러분 인생의 모델은 누구인가? 어떤 사람을 가장 닮고 싶은가? 어떤 사람을 가장 따르고 싶은가?

지금과 같은 젊은이 시절에 이루어야 할 중요한 과제 중 하나는 여러분 인생의 모델을 제대로 정해야 한다는 것이다. 인생의 모델은 여러분이 만나보지 못한 책 속의 위인이어도 좋다. 여러분과 가까이 있는 선배여도 좋다. 중요한 것은 그 모델에 대해 잘 알아야 한다는 것이다. 책 속의 위인이라면 그 위인에 관련된 책을 다 읽어 보며 그 모델이 누구이며, 어떤 인생을 살았는지 정확히 알고, 감동을 받아야 한다. 가까이 있는 선배이면 자주 연락하고, 자주 만나면서 그 선배로부터 좋은 영향을 받아야 한다.

여러분 인생에 있어서 좋은 모델의 전제는 첫째, 내 신앙을 업그레이드 하게 만드는 모델이다. 신앙적 모델은 매우 중요하다. 신앙도 모델을 설정하고 따라가야 쉽게 성장하고, 성숙한다. 그 모델을 만나거나 생각하면 신앙 성숙에 대한 강한 열망이 들고, 내 마음이 뜨거워지고, 신앙적 도전을 받는다면 그 모델은 좋은 모델이다. 둘째, 나의 삶의 열정을 되살아나게 만드는 모델이다. 그 모델을 만나거나 생각하면 우울증이 사라지고, 다시 열심히 살아야겠다는 결심을 하게 되고, 삶을 남김없이 들이키기 위한 인생에 대한 강한 열정이 솟구쳐 나오게 되면, 그 모델은 좋은 모델이다. 그 모델을 따라가야 한다. 셋째, 좋은 사람, 인격적인 사람이 되도록 만드는 모델이다. 어떤 모델을 보면 나도 거칠어지고 싶고, 폭력을 사용하고 싶어지고, 누군가에게 욕을 하고 싶어진다면 그 모델은 좋은 모델이 아니다. 피해야 할 모델이다. 그러나 안타까운 점은 어떤 청소년들은 액션 영화를 보고, 영화의 주인공을 자신의 인생의 모델로 생각하며 친구들을 때리고, 욕하며 껄렁껄렁하게 다닌다는 점이다. 우리가 따라야 할 모델은 그 모델을 보면, 내 자신의 부족함을 깨닫게 되고, 그 모델처럼 인격적인 사람이 되어 좋은 말을 사용하고, 좋은 행동을 하는 사람이 되어야겠다는 결심을 하게끔 만드는 모델이다.

이 세 가지를 갖춘 모델을 만나고, 따라가기 바란다. 그러면, 인생을 제대로 살 수 있게 된다. 영향력 있는 인생이 될 수 있다.

물론 이 세 가지를 갖추신 우리의 주인 되신 예수님을 따라가야 함은 말할 것도 없다. 신앙의 전제이자, 삶의 전제이다. 그리스도인이 된다는 것은 예수님을 따라가겠다는 전제가 함의되어 있기 때문이다.

나를 따라오라. 내가 너희로 사람을 낚는 어부가 되게 하리라.(막 1:17)

예수님을 따라가고, 그 다음 인생의 모델을 찾아서 따라감으로 말미암아 앞으로 나아가는 인생, 삶을 후회 없이 살아가는 인생들이 다 되기를 간절히 바란다.

왕도(王道)는 정도(正道)이다

우리 속담에 "한 술 밥에 배부르랴?"라는 말이 있다. 한 숟가락 정도의 밥을 먹고 배가 부를 수 없듯이 한 번에 모든 일을 이룰 수는 없다는 것이다.

어떠한 목표를 이루기 위해서는 인내의 노력이 필요하다. 인내의 노력에는 고통과 기다림이 수반된다. 고통을 견디어 내고, 꾸준함의 시간이 투자되어야 자기가 세운 목표를 이룰 수 있는 것이다.

기하학의 대부인 유클리드의 일화는 우리가 익히 잘 알고 있다. 어느 날 유클리드에게 그 당시에 세계를 호령하던, 프톨레마이오스 1세가 찾아왔다. 우리가 잘 알고 있는 톨레미 왕조를 연 위대한 왕이다. 그는 유클리드에게 기하학을 빨리 배우고 싶다고 말했다. 그러자 유클리드가 그 하늘같은 왕에게 했던 말이 있다. "기하학에는 왕도(王道)가 없다."

어디 기하학에만 왕도가 없는가? 세상의 모든 학문, 세상의 모든 일이 다 그렇다. 한 술 밥에 배부를 수 없는 것이다.

그러나 우리는 요즘 스피드 시대에 살고 있다. 그래서 무조건 빠른 것이 좋다 한다. 그 결과 뭐든지 빨리 빨리 하려 한다. 시내 한복판을 걸으면, "며칠 완성"이 왜이리 많은지.... 영어 청취 40일 완성, 운전면허 3일 완성, 자격증 10일 완성 등등.

이러한 풍조는 요즘 대학생들의 공부법에도 나타난다. 진득하게 책 한 권을 잡고 탐구하면서 그 책에 담긴 소중한 진리를 찾아내기보다는 인터넷을 통해 그 책의 줄거리를 찾아 오분 만에 읽고 나서 그 책을 다 읽었다고 말한다. 또한 어떠한 학자의 사상을 공부하려면, 그 학자가 쓴 어려운 책을 며칠을 두고 깊이 탐독하면서 공부해야 하는데, 그 과정을 뛰어 넘고, 그 학자의 사상을 쉽게 설명한 책을 읽고, 그 학자의 사상을 다 파악했다고 말한다.

또한 요즘 붉어 나오는 문제인 가짜 학위 소동도 이와 같은 "빨리빨리 문화 시대"의 부작용에 일부 들어간다. 빠른 시간 내에 박사 학위를 주는 미국대학교는 대부분 미국 교육부에 허가되지 않은 비허가, 비인가 대학교이다. 즉, 돈만 주고, 한 학기 정도의 이상한 강의만 들으면 박사 학위를 주는 말도 안 되는 학교들이다. 그런데도 우리 나라 사람들이 이런 박사 학위를 따려고 한다. 왜 그럴까? 빠른 시간 내에 큰 노력과 수고를 들이지 않고도 박사 학위를 딸 수 있기 때문이다.

우리 믿는 자들은 정도(正道)를 걸어가야 한다. 왕도(王道)는 정도(正道)여야 함을 잊지 말아야 한다.

구약 출애굽기를 보면, 성막을 짓는 법이 나온다. 한 마디로 말해 엄청나게 복잡하다. 성막짓는 법이 나오는 성경을 읽기도 힘든데, 만들기는 얼마나 힘들겠는가!

레위기를 보면 더 한숨이 나온다. 레위기에는 수많은 제사법이 나온다. 이 제사법도 한 마디로 굉장히 복잡한 절차를 가지고 시행된다. 왜 그런가? 하나님이 우리를 힘들게 만드시려는 작정이신가? 아니다. 인내의 노력을 통해 정성을 다해 성막도 만들고, 제사도 드리라는 것이다. 그래야만 그 속에서 진정한 신앙의 의미를 발견할 수 있다는 것이다.

믿는 자들이여! 절차를 무시하지 말자. 꾸준한 노력의 인내를 대강 넘어가려 하지 말자. 스피드 디지털 시대에도 아날로그 방식의 느긋함과 여유가 필요하다. 그 느긋함과 여유의 시간을 목표를 이루기 위한 고통과 노력 투자의 시간으로 삼아야 한다. "이룸과 성공"은 그 속에서 나오는 것이다.

모두가 승리자가 되는 길

우리 사회의 대표적인 지성인이신 이어령 교수는 다음과 같이 말했다.

"모든 사람이 360도로 뛰면, 360명의 1등이 나오지만, 한 곳으로 뛰면 1등은 한 명뿐이다."

경쟁적인 우리 나라 사회를 비판하면서 하셨던 말씀이다. 참으로 생각해 볼 가치가 있는 말이라고 생각한다.

우리는 경쟁을 하면서 태어났다. 그리고 경쟁하는 과정 속에서 자라왔다. 그리고, 앞으로도 누군가와 경쟁할 것이다. "경쟁"이라는 단어에는 승자와 패자가 전제되어 있다. 경쟁에서 이기는 자는 승자가 되고, 경쟁에서 지는 자는 패자가 되는 것이다. 약육강식의 동물의 세계나 지금 우리의 삶이나 별반 차이가 없는 것이다.

나는 조기특차로 대학교에 합격해서 입학 전 고3 겨울방학 때부터 대학교를 다녔다. 그때는 전공과목 없이 교양과목을 들었다. 마지막 과제로 교수님은 자기가 앞으로 어떤 진로로 나아갈 것인지에 대해 구체적으로 생각하고, 조사해서 발표하는 과제를 내 주셨다. 그 과제를 발표하는 시간에 나는 정말 많이 놀랐다. 왜냐하면, 거의 모든 친구들의 발표가 똑같았기 때문이었다. 경영, 경제학을 전공하려고 하는 친구들은 대부분 공인회계사가 되어 미국으로 유학해 MBA(경영학 석사)를 따오는 것이 목표였다. 법학, 정치학, 사회학 등을 전공하려고 하는 친구들은 사법고시, 행정고시, 공무원시험을 합격하는 것이 목표였다. 친구들의 발표를 들으면서 이 과제에 정답이 있는 줄 착각할 정도였다. 그만큼 친구들의 진로에 대한 생각이 거의 똑같았다는 것이다. 이렇게 진로에 대한 생각이 비슷하니 계속 경쟁을 할 수밖에 없는 것이다. 경쟁을 계속 하니 WIN-WIN의 사회가 아닌, LOST-LOST, 혹은 WIN-LOST의 문제사회가 될 수밖에 없는 것이다.

내가 청소년, 청년들을 진로 상담할 때도 많이 놀란다. 왜냐하면 진로에 대한 생각이 거의 다 비슷하기 때문이다. CEO가 제일 많고, 공무원이 대부분이다.

소위 잘 나가는 직업이라 불리는 직업은 돈(안정성), 명예와 관련이 있다. 이것이 따라주지 않는다면 과연 그 많은 사람들이 CEO, 공무원, 법관이 되려고 할까?

직업에 대한 가치부여는 시대의 조류에 따라 사회 구성원에 의해 정해지는 것이다. 고대사회는 철학자가 최고의 직업이었고, 중세사회는 성직자가 최고의 직업이었다. 의사나 법관은 의학이나 근대 민주주의가 발달되면서 각광을 받게 된 것이다. 중세사회 때, 의학이 발달하기 전에는 이발사가 외과의사를 겸했던 것을 아는가? 지금도 이발소 앞에 가면, 빨갛고, 흰 줄이 연결되어 돌아가는 이발소 등을 볼 수 있을 것이다. 그것은 중세사회 때 이발사가 칼로 이발도 하고, 몸을 째서 피를 내기도 했는데(중세사회 때는 몸에 피를 내야 병이 낫는다고 생각했다) 피가 나면, 붕대를 감아줬다. 이발소 등의 빨간 줄은 피를 상징하고, 흰 줄은 붕대를 상징하는 것이다.

내가 말하고 싶은 것은 사람들이 부여한 직업의 가치에 너무 연연해 하지 말라는 것이다.

먼저 여러분의 재능을 살피고, 여러분이 좋아하는 것과 여러분의 재능 즉, 여러분이 잘하는 것을 비교해서 중복이 되는 것을 여러분의 진로로 삼으라는 것이다. 물론 하나님께서 기뻐하실 만한 일을 하나님께 여쭤보고, 진로를 찾는 것이 우선되어야 하는 것은 말할 것도 없이 당연한 것이다.

남들의 시선을 의식하지 말고, 사회의 인식에 너무 민감하지 말고, 경쟁되는 틈새를 보면서 자신만의 블루오션의 영역을 찾아라! 도전에는 당연히 위험(RISK)이 따른다. 그러나 하나님 의지하면서 그 위험을 두려워하지 말고 이겨나가라! 여러분이 좋아하고, 잘하는 분야의 실력을 쌓으면서 당당하게 나아가라! 이와 같은 깨어 있는 자들이 많아질 때, 모든 사회 구성원이 웃을 수 있는 윈윈(WIN-WIN)의 사회가 될 수 있는 것이다.

창조적 소수가 되자!

랄프 왈도 에머슨은 다음과 같은 멋진 말을 남겼다.

"길이 있는 곳으로 나아가지 말라. 대신 길이 없는 곳으로 나아가 너의 발자취를 남겨라."

말은 멋이 있으나, 이런 인생을 살기란 참으로 어렵다. 그러나 시대가 시대인 만큼 남들과 구별되는 인생을 살아야 무한 경쟁의 틈바구니 속에서 소위 블루오션이라는, 자기만의 성공의 영역을 찾을 수 있는 것이다.

길이 없는 곳으로 나아가기 위한 전제는 창조성이다. 역사는 소수의 창조적 소수에 의해 발전되어져 왔다. 그 창조적 소수에 들어가기 위해서는 "창조성"이라는 가치가 몸에 체득되어지고, 삶의 발자취에 남겨져야 한다.

그럼, 과연 창조성은 어디에서 오는가?

창조성이 제일 많은 민족은 유대민족이라고 한다. 그래서 소위 유대인들이 세계에서 제일 똑똑한 민족이라고 칭송받는다. 실제로 노벨상의 30% 이상은 유대인들이 거머쥐고 있으며, 세계의 유수한 석학들은 거의 대부분 유대인들이다. 경제학 분야의 예만 들어도 그것을 확인할 수 있다. 고전 경제학의 창시자로 알려지는 애덤 스미스에서부터 분석모델과 수학적인 유추방법을 동원해 경제학을 과학화시켜 "경제학의 아버지"라는 명성을 얻은 데이비드 리카도까지 현대 경제학의 골격을 완성시킨 학자들은 모두 유대인들이다. 그리고 아이러니하게 애덤 스미스나 데이비드 리카도의 이론을 정면으로 반대하고 나선,

공산주의 경제체제를 주장한 칼 마르크스 또한 유대인이다.

유대인들은 왜 이리 창조성이 좋은 것일까? 그 답은 어린 시절의 성경 암기교육에 있다. 유대인 가정에서 행해지고 있는 어린 시절의 교육은 단순하다. 성경을 암기하게 하는 것이다. 취학 이전에 유대인들은 구약의 모세오경(창세기, 출애굽기, 레위기, 민수기, 신명기)을 외워야 한다. 미국의 초등학교 중에는 이와 같은 유대인의 교육 방법을 이어받아서 성경 암기교육을 실시하기도 한다.

암기는 창조성의 기반이 된다. 백지 상태에서의 창조성은 있을 수 없다. 그것은 창조성이 아니고, 상상력에 지나지 않는다. 상상력이 창조성으로 연결되는 경우도 있으나, 이것은 극히 일부에 지나지 않는다. 실현 가능성이 없는 상상력은 탈현실의 돈키호테만 양산할 뿐이다.

나는 교육에 관심이 많은 사람이다. 그러다 보니 한국 교육에 대해 걱정이 많다. 한국 교육의 문제점은 교육철학이 정권에 따라, 시대의 조류에 편승해서 계속적으로 바뀐다는 데 있다. 교육은 "백년지대계"로서 그렇게 쉽게 바뀌면 안 되는 성격을 가지고 있는데도 말이다.

과거에 우리 나라 교육도 암기교육을 중시했다. 그러나 시대가 바뀌고 창조성을 키워준다는 명목 하에 암기교육의 가치를 묵살하며, 소위 열린교육이니 하는 학습자 위주의 교육을 시행하면서 암기교육은 폐지하고 있다. 내가 볼 때 이것은 잘못된 것이다. 물론 요즘은 열린교육의 폐해가 곳곳에서 드러나니까 다시 암기교육으로 돌아가려고 하는 교육정책적 경향을 보이기도 한다.

내가 말하고 싶은 것은 창조성 교육을 위해서는 암기교육이 전제되어야 한다는 것이다. 내가 습득한 것, 머리 속에 가진 것 속에서 창조성이 발현되어 나오는 것이다.

창조성 발현을 위한 제일 좋은 방법은 첫째, 유대인들과 같은 성경암기를 하는 것이다. 성경 암기는 신앙훈련에서도 매우 중요하다. 우리는 모세오경을 외우기 힘드니까 쉬운 성경구절부터, 은혜로운 성경구절부터 외우자! 매주 설교의 본문 중에서 중요한 한 구절을 외우자! 성경 암기는 여러분의 삶에서 강한 무기와 같이 어려울 때 힘이 되어 주고, 여러분의 삶을 지켜준다. 순간순간 여러분이 암기한 말씀을 통해 하나님은 메시지를 주신다.

둘째, 책을 꾸준히 읽고, 중요한 내용을 암기하는 것이다. 나는 책을 많이 읽는 것보다 읽은 책을 제대로 기억하는 것이 더욱 중요하다고 생각한다. 그래서 나는 귀찮지만, 책을 읽으면서 중요한 내용, 기억에 남을 만한 멘트에 줄을 긋는다. 그리고, 책을 다 읽고 나서 줄을 그은 부분을 바탕으로 노트에 정리한다. 그리고, 몇 번 읽으면서 노트에 정리한 내용을 암기한다. 나는 누군가에게 선물 받은 것 빼고는 설교 예화책을 갖고 있지 않다. 내가 설교시에 드는 예화나 칼럼을 쓸 때 인용하는 통계나 멋진 말, 연구조사는 이와 같이 암기한 독서노트를 활용하는 것이다. 내가 읽고, 정리한 책을 완전히 소화하고 나면, 그 다음 내 머리 속에서 일어나는 현상은 그 책을 쓴 사람이 생각하지 못한 새로운 부분이 떠오른다는 것이다. 이것이 바로 창조성이다. 나는 아르키메데스가 외쳤던 창조성의 외침인 "유레카"를 동일하게 외칠 때가 종종 있다. 그 때의 통쾌와 희열은 이루 말할 수가 없다.

성경암기와 독서암기를 통해서 창조성을 키우며, 여러분의 삶에서 그 창조성을 발현시킴으로 말미암아 역사를 이끌며, 세상을 이끄는 창조적 소수, 창조적 리더의 범위에 들어가는, 선택받는 사람들이 다 되기를 간절히 소망한다.

성실성은 인격이다

하버드 경영대학원 조셉 바다라코 교수는 『조용히 다스리는 법(Leading Quiety)』에서 다음과 같이 말한다.

"세상을 움직이는 힘은 눈에 보이는 신화적 리더들뿐만 아니라, 주어진 자리에서 조용하고 성실하게 일하는 수많은 사람들의 노력과 아이디어의 합(合)이다."

역사는 신화적 위인들에 의해 이루어진다고 생각하는 견해가 많은 역사학자가 견지하고 있는 사관이다. 이 견해는 옳을 수도 있고 그를 수도 있다. 왜냐하면, 신화적 위인 한 명이 있기 위해서는 보이지 않은 수많은 조연들이 있어야 하기 때문이다. 주연이 빛나기 위해서는 조연이 더 잘 해 주어야 한다. 조연들이 역할을 충실히 해 나가야지 주연이 주연의 영광을 받을 수 있는 것이다. 이런 관점에서 보면, 역사란, 수많은 조연들의 성실한 삶의 합(合)이라고 말할 수 있다.

인정받는 사람의 특징 한 가지를 꼽으라면 바로 성실성이다. 기업도 뛰어나고, 성실한 한 명의 CEO에 의해 움직여지는 것이 아니다. 그 아래 수많은 직원들의 성실한 근무에 의해 움직여지는 것이다. 그래서 소위 잘 나가는 기업, 이윤 창출이 잘 되는 기업을 조사해 보면, 직원들의 성실성이 매우 높게 나온다. 요즘 어떤 방송사에서는 대통령이 사는 청와대의 일상을 취재한 특집 다큐멘터리를 방영했다. 이 다큐멘터리를 보면서 대통령 혼자 힘으로는 아무 것도 할 수 없다는 것을 느끼게 해 주었다. 대통령이 연설 한 번 하기 위해서는 연설원고 담당자들과 국어 전문가들이 모여서 밤을 새면서까지 토씨 하나 틀리지 않도록 완벽한 원고를 만들어 낸다. 대통령이 말씀하시는 것을 하나라도 놓치면 안 되기 때문에 비서관들은 밥을 먹을 때에도 노트북을 친다. 원활한 행정을 위해서 행정담당 직원들은 새벽부터 출근한다. 대통령 옆에 있는 비서실장은 대통령의 스케줄을 정확히 맞추기 위해 항상 동분서주 뛰어다닌다. 이와 같은 청와대 직원들의 성실한 노력에 의해서 대통령은 대통령의 역할을 할 수 있게 되는 것이다.

교회도 마찬가지이다. 교회는 목사 혼자서 이루어가는 조직이나 기관이 아니다. 성도들의 성실한 노력, 헌신된 모습을 통해 움직여지는 것이다. 부흥되는 교회, 잘 되는 교회를 가 보면, 목사 혼자 동분서주하지 않는다. 목사는 영적인 부분에 전념하고, 나머지 부분은 성도들이 리더가 되어서 알아서 다 해나간다.

기업이 찾는 사람, 국가가 원하는 사람, 교회가 요구하는 사람은 성실한 사람이다. 그 뿐만 아니라, 하나님께서 원하시는 사람도 바로 성실한 사람이다. 성실성은 인격이다. 성실한 모습은 자신의 완숙된 인격을 보여 주는 것이다. 그래서 하나님은 성실한 사람을 좋아하신다. 하나님은 절대 뺀질뺀질한 사람을 쓰시지 않으신다.

성경을 봐도 하나님께서 쓰시는 사람은 다 성실한 사람이었다. 아브라함, 야곱, 다윗, 모세, 여호수아, 베드로, 바울 등등 성경에서 하나님께서 찾으시고 쓰시는 사람은 다 성실한 사람이다. 아브라함은 성실한 사람이기에 어디를 가나 인정받는 사람이 되었다. 야곱은 자신이 속는 것을 알고도 장인 라반의 집에서 20년 동안 성실하게 일했다. 다윗은 하나님의 성전을 열심히 사모하면서 성실한 통치를 하였다. 모세는 성실하게 남자만 60만 명이 되는 이스라엘 백성들을 출애굽 시켜 가나안 땅으로 인도했다. 여호수아는 성실한 리더의 표본을 보이며 가나안 땅을 점령했다. 베드로는 성실하게 예수님을 따랐다. 바울은 성실하게 목숨을 걸고 예수님의 복음을 전했다.

지금도 마찬가지이다. 베스트셀러 『내려놓음』, 『더 내려놓음』의 저자이신 이용규 선교사는 서울대학교, 하버드대학교를 졸업한 수재 중의 수재이다. 하나님께서 그를 몽골 선교사로 쓰셔서 놀라운 역사를 나타내시는 것은 그가 똑똑해서가 아니다. 그가 성실하기 때문이다. 그는 성실했기에 공부도 잘 할 수 있었던 것이다.

중국 연변에 과학기술대학교란 기독교학교를 세워서 복음이 전파되기 힘든 중국에 간접적으로, 그러나 영향력 있는 방법으로 선교를 하고 계신 정진호 교수.... 그도 수재 중의 수재이다. 서울대학교를 졸업하고, MIT에서 공부하신 분이시다. 그는 하나님의 부름을 받고 모든 것을 내려놓고 중국에 가게 된 것이다. 하나님의 은혜로 중국뿐만 아니라 북한 평양에도 이 과학기술대학이 세워지게 되어서 개교를 눈앞에 두고 있다. 이 학교를 통해 북한 땅에도 예수 그리스도의 복음이 전파되는 놀라운 역사가 일어날 것이라고 믿는다. 이 놀라운 사역에 정진호 교수를 쓰시는 것도 그가 똑똑해서가 아니다. 그가 성실해서이다. 그는 주님의 사역을 위해서라면 잠을 못 자고, 밥을 못 먹는 한이 있어도 다 감당해 낸다. 하나님의 사역과 역사는 하나님께 헌신된 성실한 사람들에 의해 이루어진다.

성실성은 인격이다. 성실성은 생활의 신앙이다. 성실한 모습이 하나님을 기쁘시게 하고, 사람들을 기쁘게 한다. 성실한 모습을 통해 하나님께 영광 돌리고, 하나님께 귀히 쓰임 받는 사람들이 다 되기를 간절히 소망한다.

거짓에 현혹되지 말라!

요즘 대학가를 가 보면, 많이 볼 수 있는 카페가 있다. 바로 "사주카페"이다. 얼마 전만 하더라도 사주카페하면 너무나 낯설게 느껴졌는데, 이제는 자연스럽게 느껴지게 되었다. 텔레비전 프로그램에는 예쁘고, 멋진 사주카페를 소개하고 있고, 남녀 커플들은 사주카페에 가서 아무 거리낌 없이 사주를 본다.

어른들이 많이 쓰는 말 중에 "사주팔자(四柱八字)"가 있다. 우리가 병들고, 아파하고, 실패하는 것, 혹은 건강하고 잘 되는 것은 다 사주팔자 때문이라고 말한다. 우리가 성공하는 것은 팔자가 좋아서 그렇다고 말한다. 우리가 실패하는 것은 팔자가 드세기 때문에 즉, 안 좋기 때문에 그렇다고 말한다. 우리는 "팔자가 왜 이러냐? 개 팔자가 상 팔자다."와 같은 말들을 생활 속에서 자연스럽게 사용한다. 하나님을 믿는 사람조차도 말이다. 그만큼 우리 생활 속에서 사주팔자의 문화가 깊이 자리 잡고 있다는 증거이다.

사주는 생년, 월, 일, 시를 천간과 지지(支持)로 표시한 것으로, 천간과 지지가 각기 두 자씩 되어 여덟 글자를 이룬다. 팔자 즉 생년은 60갑자, 월은 12월, 일은 60일진, 시는 12시간으로 구분한다. 이에 대한 경우의 수는 60×12×60×12=51만 8400가지가 나온다. 현재 지구상의 인구를 65억 명으로 잡는다면, 1만 2,538명의 팔자가 똑같다는 말도 안 되는 통계학적인 결론이 나온다. 사주팔자는 통계학적인 놀음이요, 그럴 듯한 사기이다.

사주팔자의 문화는 과거에 대한 후회, 다가올 미래에 대한 불안감을 운명론적으로 해석하려 하는 책임회피의 문화이다. 잘 되도 사주팔자 탓이요, 못 되도 사주팔자 탓인 것이다. 내 책임은 없는 것이다. 우리 나라는 사주팔자의 문화가 있었기 때문에 변화가 더디었다. 개혁이라는 단어는 우리 나라 문화권 속에서 너무나 이질적인 단어였다. 잘 되면 자기가 잘나서 그런 줄 착각하고, 안 되면 너무나 쉽게 조상 탓하고, 운명 탓하고, 다른 사람 탓을 한다. 핑계의 문화가 자리 잡은 것이다.

이러한 사주팔자의 문화는 반(反) 기독교 문화이다. 기독교의 문화가 아니다. 기독교의 복음은 운명론을 폐지하는 살아있는 가르침이요, 자유하게 하는 진리이다. 운명론은 없다. 예수 그리스도를 의지하고 비전을 바라보며 달려가면 되는 것이다. 고린도후서 5장 17절에서 바울 사도는 강하게 우리에게 선포하신다.

그런즉 누구든지 그리스도 안에 있으면 새로운 피조물이라. 이전 것은 지나갔으니 보라 새 것이 되었도다.

기독교는 운명론이 아니고, 섭리론이다. 미래는 사주팔자의 숫자놀음에 달려있는 것이 아니고, 하나님의 놀라우신 섭리 안에 있는 것이다. 즉, 우리를 가장 잘 아시는 하나님께서 나에게 가장 알맞은 미래를 보장해 주시는 것이다. 오직 미래는 하나님만이 아신다. 나의 아버지 되신 신실하신, 나를 가장 완벽하게 알고 계시는 하나님을 붙잡고 살면, 미래에 대해 불안할 것도 없고, 걱정할 것도 없다. 말도 안 되는 사주팔자의 숫자놀음에 기웃거릴 필요가 없다.

그리고 기독교의 가르침은 자기 책임을 강조한다. 열심히 노력하면 그만큼의 결과를 맛보는 것이고, 노력하지 않고 게으르면, 비참한 결과를 맛보는 것이다. 시편 126편 6절에는 이렇게 나와 있다.

울며 씨를 뿌리러 가는 자는 반드시 기쁨으로 그 곡식 단을 가지고 돌아오리로다.

농사짓는 것은 엄청난 시간과 노력이 들어가는 고된 작업이다. 눈물을 흘릴 정도로 힘들게 수고하면서 봄에 씨를 뿌리면, 가을에 기쁨으로 곡식 단을 가지고 돌아올 수 있는 것이다. 힘든 수고와 노력을 통해 달콤한 결과를 맞이하게 되는 것이다. 갈라디아서 6장 7절에는 다음과 같은 말씀이 있다.

스스로 속이지 말라. 하나님은 업신여김을 받지 아니하시나니 사람이 무엇으로 심든지 그대로 거두리라.

우리 속담처럼 콩 심은 데 콩 나고 팥 심은 데 팥 나는 것이다. 이것이 바로 축복이다. 자기 책임을 누군가에게 떠넘길 여지가 기독교에는 없는 것이다.

은연중에 스며들어 있는 사주팔자의 문화를 걷어내자! 하나님은 미신을 믿거나, 신을 받았다는 신접한 사람이나 무당과 같은 사람에게 찾아가서 점 보는 것, 사주팔자 보는 것을 싫어하신다. 왜냐하면, 유일하게 미래를 아시는 하나님을 무시하는 행위이기 때문이며, 하나님을 믿지 못 한다는 불신앙의 표현이기 때문이다. 레위기 20장 6절에는 무서운 말씀이 나온다.

접신한 자(신을 받았다고 말하는 자)와 박수무당(점쟁이)을 음란하게 따르는 자에게는 내가 진노하여 그를 그의 백성 중에서 끊으리니.....

"한 번쯤 재미로 사주보는 거지."라고 쉽게 생각하며 사주팔자 문화를 받아들이지 말고, 확고하게 하나님만 의지하고, 철저한 책임의식을 가지고, 여러분에게 펼쳐질, 하나님께서 주실 밝은 미래를 향해 힘차게 달려가는 믿음의 자녀들이 다 되시기를 간절히 바란다.

부활의 소망

기독교는 부활의 종교이다. 예수님께서는 우리 인류의 죄를 위해서 십자가의 비참한 고난과 인간이 처할 수 있는 가장 극한 고통과 슬픔을 당하셨다. 그 처절한 고통과 고난 속에서 예수님께서 돌아가신 것, 그 사실에서 예수님의 인생이 끝났다면 기독교의 종교적 이미지는 고난, 고통, 슬픔, 암울함이었을 것이다.

그러나 예수님의 인생은 그 죽음에서 끝난 것이 아니다. 예수님은 인간의 한계라고 말할 수 있는 죽음에서 다시 살아나신 것이다. 인간의 한계를 뛰어넘으신 것이다. 모든 인간의 고난과 고통, 슬픔과 암울함을 이겨내신 것이다. 이 놀라운 부활로 말미암아 기독교의 종교적 이미지는 희망, 영광, 기쁨이 된 것이다.

예수님의 부활은 모든 믿는 자의 선취(先取)라고 말한다. 예수님께서 최초로 부활하신 것이고, 예수님을 믿는 우리들도 부활하신 예수님을 따라 부활할 것이라는 의미이다.

예수님의 부활이 우리 믿는 자의 근원적인 소망이 된 것이다. 우리가 살면서 어려운 일이 다가오고, 슬픈 일이 다가오고, 견디기 힘든 괴로운 일이 다가와도, 가장 처절한 고통과 고난을 이기신 예수님을 생각하고, 의지하며, 우리도 이겨낼 수 있다는 확신과 소망을 가지게 되는 것이다. 괴로움과 어려움 속에 살다가 죽을지라도 가장 영광스러운 부활이 있기에 삶의 환경과 관계없이 희망찬 인생을 살아갈 수 있는 것이다.

기독교는 희망의 종교이다. 부활이 있기에 가능하다. 타종교는 "인생은 뭐 그런 거지."라고 말하며, 체념적인 인생관을 가지고 있지만, 우리 기독교는 항상 희망과 기쁨을 노래하는 인생관을 가지고 있다. 삶에 대한 긍정성은 요즘에 뜨고 있는 성공을 위한 방법이 아니고, 기독교가 가지고 있는 근원적인 삶의 철학인 것이다.

기독교 역사 가운데서 예수님을 전하다가 십자가의 제단에 피를 뿌린 수많은 순교자들이 있다. 순교자의 반열에 들어선 사람들은 죽음의 순간에도 웃으면서 희망과 기쁨의 찬양을 불렀다. 죽음은 인생의 마지막, 인간의 근원적인 슬픔, 고통, 처절한 비극이라고 말하는데, 예수님 때문에 자발적인 죽음을 맞이하면서도 기쁨과 만족, 행복감을 누릴 수 있었다. 그 이유는 바로 부활에 대한 소망과 확신이 있었기 때문이다.

사랑의 화신이었던 순교자 손양원 목사님은 한국전쟁 전에 일어났던 여순 순천 반란사건 때 공산당원에 의해 자신의 두 아들을 잃었다. 부족한 나에게 이러한 상황이 닥쳤으면, 하나님을 원망하고, 감옥에 갇혀 있는 공산당원을 당장 쳐죽이라고 했을 것이다. 그러나 손양원 목사님은 그렇게 하지 않았다. 두 아들 장례식 때 기쁨과 감사의 예배를 드렸다. 그리고 슬픔을 위로하러 온 사람들에게 이렇게 말했다.

"미국으로 보내 공부시키려 했던 두 아들, 미국과는 비교도 안 되는 최고로 좋은 천국에 빨리 가게 해 주시니 감사합니다."

두 아들의 장례식을 마치고 나서 손 목사님은 감옥에 가서 자신의 사랑스런 두 아들을 죽인 사람을 자신의 양자로 받아들이고, 자기 집으로 데리고 와서 같이 살았다. 그 사람은 진심으로 회개하고, 기독교인이 되어 손양원 목사님의 아들 역할을 충실히 했다. 부활의 소망, 근원적인 기독교적 희망이 손양원 목사님의 삶에 자리 잡고 있었기에 이러한 놀라운 삶의 모습이 나올 수 있었던 것이다.

어떠한 역경과 어려움, 고난이 오더라도 넘어지지 말고 이겨내기 바란다. 기독교의 근원적인 희망인 부활의 진리를 마음 속 깊이 받아들이고, 삶 속에서 긍정적인 자세로 살아가기 바란다. 항상 기뻐할 수 있고, 삶의 환경과 관계없이 항상 웃을 수 있게 만드는 놀라운 선물은 부활의 진리를 깨닫고, 받아들이는 자들에게 주어진다는 사실을 잊지 말기 바란다. 예수님의 부활은 가장 큰 신비이자, 인류에게 주어진 가장 큰 축복이다!

웃자! 건강한 청년들이여!

웃음을 과학적으로 연구하는 사람들이 조사한 바에 따르면, 여섯 살 난 어린이는 하루 3백 번 웃고 정상적인 성인은 겨우 17번 웃는다고 한다. 우리가 나이가 들면서 점점 약해지고, 병이 드는 이유는 웃지 않아서라는 재미있는 연구 결과도 있다.

미국 로마린다 의대 리베르크 박사와 스탠리 탠 교수가 조사한 바에 의하면 웃음은 세균을 몰아내는 T임파구와 자연 살해세포 활성화, 감마 인터페론 생산, 새로운 면역세포 생산, 면역 기능을 떨어뜨리는 호르몬 감소 등을 통해 면역체계를 강화시켜 준다고 한다.

이런 연구 조사도 있다. 한 번 웃는 것을 운동과 비교하면 에어로빅 5분 하는 효과와 맞먹는다는 것이다. 우리 몸에는 내장을 지배하는 교감신경과 부교감 신경의 두 가지가 있는데, 놀람, 불안, 짜증은 교감신경을 과민하게 만들어 심장을 상하게 하고, 여러 장기의 활동에 해를 끼치지만, 웃음은 부교감신경을 자극해서 심장을 천천히 뛰게 하며 우리 몸의 상태를 편안하게 해 준다는 것이다. 그리고 기왕 웃을 바에는 배꼽을 잡고 크게 웃는 것이 좋다고 한다. 폭소는 긴장을 이완시키고, 혈액순환을 도와주며, 질병에 대한 저항력을 길러 주기 때문이다. 또한 크게 웃으면 상체 운동도 되고, 위장, 가슴근육, 심장까지 운동하게 만들기 때문이다. 쾌활하게 웃을 때 우리 몸 속의 6백 50개의 근육 중에서 2백 31개가 움직인다고 한다.

이와 같이 웃음은 돈의 가치로 매길 수 없는 만병통치약, 질병예방제인 것이다. 그러나 우리는 잘 웃지 않는다. 왜냐하면 웃을 일이 없기 때문이다. 하루하루 살아가기도 힘든데 뭐 웃을 일이 있겠는가! 맞다. 웃을 일이 없다. 목사인 나도 일을 하다보면, 웃을 일이 없다. 육체적으로, 정신적으로 힘든데 웃을 여유가 어디에 있겠는가!

그러나 소수의 사람들은 웃는다. 얼굴에 미소를 머금고 있다. 그 사람들은 웃을 일이 있기에, 기쁜 일이 넘치기에 웃는 것일까? 아니다. 상황과 조건과 관계없이 삶의 자세가 바로 웃는 것이기에, 얼굴에 미소 띤 얼굴을 하고 있는 것이다.

우리 속담에 "웃으면 복이 온다."라는 말이 있다. 그리고 이런 속담도 있다. "웃는 얼굴에 침 못 뱉는다."

웃으면 건강도 좋아지고, 인간관계도 좋아지고, 무엇보다도 신앙이 좋아진다. 기독교 신앙은 긍정성을 전제로 하기 때문에 웃는 삶의 자세와 일맥상통한다. 웃으면 하나님도 웃으신다. 예수님을 전하다가 감옥이라는 고통의 현장으로 내려간 바울은 옥중서신인 빌립보서에서 이렇게 말한다.

"주 안에서 기뻐하라. 내가 다시 말하노니 기뻐하라!"

힘든 삶의 환경, 괴로운 고난의 상황이 닥치면 슬퍼하고, 인상 쓰고, 짜증 내야 하는데, 바울의 삶의 자세는 웃음이었던 것이다. 우리가 웃을 수 있는 이유는 상황이 좋아서도, 기쁜 일이 생겨서도 아니다. 우리가 웃을 수 있는 이유는 딱 한 가지다.

"하나님이 나와 함께하시기 때문이다."

하나님은 내가 힘들 때도, 슬플 때도, 괴로울 때도, 어려울 때도, 반대로 기쁠 때도, 좋을 때도, 즐거울 때도 언제나 함께하시기 때문에 이 믿음만 가지만, 언제든지 내 삶의 자세는 웃음일 수 있는 것이다. 그래서 바울은 "주 안에서 기뻐하라!"고 말한 것이다.

하나님이 나와 함께하신다는 믿음을 가지고 웃기를 바란다. 그리고, 다른 사람에 웃음을 주는 유머감각이 있는 사람이 되기를 바란다. 미국의 기업들은 신입사원을 뽑을 때, 유머감각이 있는지, 없는지를 살펴본다고 한다. 최근에 우리 나라 어떤 대기업에서도 직원을 뽑을 때, 유머감각을 본다는 소식을 들었다.

미국의 대통령이 반드시 갖추어야 할 자질도 유머감각이라고 한다. 대통령 후보 유세 기간 동안 연설할 때, 유머감각을 살리지 못하면, 유권자들이 그 후보를 외면한다고 한다. 상대를 비방하기만 하는 우리 나라 대선후보들과는 너무나 다름을 알 수 있다. 그래서 실제로 미국 대통령들은 다 유머감각이 특출 난 사람들이다. 미국의 가장 위대한 대통령이었던 링컨은 코미디언에 버금가는 유머가 있던 사람으로 알려져 있고, 레이건 전 대통령, 클린턴 전 대통령도 유머의 프로들이었다. 대통령뿐만 아니라, 미국을 이끌고 나가는 사회 엘리트 리더들은 다 유머감각을 필수로 가지고 있다고 한다.

미국의 유명한 소설가였던 마크 트웨인도 유머의 사람으로 알려져 있다. 어느 날 교회에서 설교를 다 듣고 난 마크 트웨인은 설교하신 목사님께 "참 감명 깊었습니다. 한 마디 한 마디가 내가 애독하는 책 속에 있는 말이긴 했습니다만....."이라고 말했다. 이 말을 듣고, 목사님은 웃으면서 이렇게 말했다. "저는 남의 설교를 표절한 적이 없는데요?" 그러자 마크 트웨인은 더 크게 웃으면서 "그럼 당장 그 증거가 되는 책을 보여드리죠."라고 했다. 다음날 그가 목사님에게 보낸 것은 두툼한 영어사전이었다.

마크 트웨인은 다른 사람들을 웃기기 위해 항상 노력했다. 그의 유머는 사람들을 웃게 했고, 사람들은 그를 존경까지 하게 되었다.

또 한가지 이야기를 들려 주겠다. 백만장자 데일 카네기는 경제 불황이 미국을 덮쳤을 때 뉴욕 맨하탄에서 살고 있었는데 그에게도 모든 상황이 나날이 악화되었다. 깊은 절망 속에 빠진 카네기는 희망 없는 인생은 살 가치가 없다고 생각하며 자살하기로 결심했다. 어느 날 아침 그는 강물에 몸을 던지려고 강가로 나갔다. 강 쪽으로 가기 위해 모퉁이를 돌아섰을 때 한 남자가 그를 소리쳐 불렀다. 돌아보니 두 다리를 잃은 사람이 바퀴 달린 판자 위에 앉아 있었다. 그는 가진 게 아무것도 없고, 아주 불행한 처지에 놓인 사람이었다. 그럼에도 불구하고 그 남자는 밝은 미소를 짓고 있었다. 그는 카네기에게 말했다.

"선생님, 연필 몇 자루만 사 주시겠습니까?"

카네기는 남자가 내미는 연필 자루들을 물끄러미 바라보다가 주머니에서 1달러 한 장을 꺼내 주었다. 그리고는 돌아서서 죽기 위해 강을 향해 걸어갔다.

남자가 카네기에게로 힘들게 굴러오면서 소리쳤다.

"선생님, 연필을 가져 가셔야죠."

카네기는 그에게 고개를 저어 보이며 말했다.

"그냥 두시오. 난 이제 연필이 필요 없는 사람이요."

하지만 그 남자는 포기하지 않고 두 블록이나 따라오면서 카네기에게 연필을 가져가든지 아니면 돈을 도로 가져가라고 말하는 것이었다. 더욱 놀라운 것은 그러는 동안, 내내 그 남자는 얼굴에 미소를 잃지 않고 있었다. 마침내 연필 몇 자루를 받아든 카네기는 자신이 더 이상 자살을 원치 않는다는 사실을 깨달았다. 훗날 카네기는 말했다.

"난 내가 살아 있어야 할 아무런 이유를 발견할 수 없다고 생각했었다. 그런데 두 다리가 없으면서도 밝게 웃음 지을 힘을 갖고 있는 그 남자를 보는 순간 생각이 달라졌다."

밝은 웃음을 전달한 것이 역사적인 큰 인물을 살린 것이다.

밝게 웃자! 그리고 다른 사람에게 그 웃음을 보여 주자! 그리고 더 나아가 다른 사람에게 웃음을 줄 수 있도록 유머를 기르자! 유머도 노력하면 길러지게 된다. 아부도 계속하면 충성이 된다고 하지 않는가! 천부적으로 유머가 없는 사람도 유머 있는 척 계속 노력하면, 결국 유머 있는 사람이 되는 것이다.

하나님이 나와 언제나 함께 하심을 믿고 밝게 웃자! 그리고 다른 사람에게 웃음을 전달하는 아마추어 코미디언들이 되자! 웃음 속에서 웃을 일도 계속 생겨나는 것이다!

오드 뚜왈렛의 인생

나는 향수를 좋아한다. 향수에는 4가지 종류가 있는데, 첫 번째는 Parfum Extrait(파팡 엑스트렛)이고, 두 번째는 Edu de Parfum(오드 파팡)이고, 세 번째는 Eau de Toilette(오드 뚜왈렛)이고, 네 번째는 Eau de Cologne(오드 코롱)이다. 파팡 엑스트렛은 향을 내는 원액이 15~30% 들어간 농도가 제일 짙은 향수이고, 오드 파팡은 원액이 10~15% 들어간 농도가 짙은 편에 속하는 향수이고, 오드 뚜왈렛은 원액이 5~10% 들어간 농도가 적절한 향수이고, 오드 코롱은 원액이 2~3% 들어간 농도가 옅은 향수이다. 그래서 이 오드 코롱은 주로 샤워 후에 뿌리는 용도로 쓰인다.

여러분은 이 중에 어떤 향수를 아는가? 세 번째인 오드 뚜왈렛은 알고 있을 것이다. 향수 병을 보면 거의 다 Eau de Toilette(오드 뚜왈렛)이라고 쓰여져 있다. 이 오드 뚜왈렛은 너무 짙지도, 옅지도 않은 문안한 향수의 농도이기 때문에 대중들의 사랑을 받는 것이다.

우리 인생도 향수의 농도와 같다고 생각한다. 주위 사람들로부터 인정받는 사람은 짙은 농도를 자랑하는 파팡 엑스트렛과 같은 사람이 아니다. 또한, 반대로 옅은 농도의 오드 코롱과 같은 사람도 아니다. 사람이 빈틈이 없이 너무 완벽하면, 사람들과 거리감이 생겨서 좋아하지 않지만, 반대로 너무 빈틈이 많으면, 사람들이 무시하고, 우습게 생각하게 되는 것이다.

그래서 제일 대중들에게 인정을 받고, 사랑을 받을 수 있는 사람은 오드 뚜왈렛과 같은 농도를 가지고 있는 사람이다. 즉, 적절하게 재능도 있고, 일도 잘 하지만, 어설픈 면이 있는 사람이다. 즉, 2%가 부족한 사람이다. 적절하게 부족한 면이 있을 때, 다가가기 쉬운 것이고, 이런 사람이 인기 있는 사람이 되는 것이다.

사람은 너무 완벽할 필요가 없다. 왜냐하면 완벽한 사람은 이 세상에 아무도 없기 때문이다. 아무리 완벽해 보이는 사람도, 알고 보면, 자신의 부족함을 교묘하게 가리고 있을 뿐이다. 완벽주의를 추구하면서 살면, 자신도 피곤하다. 맨날 잘 해야 하기 때문이다. 자신의 삶에 철저해야 하기 때문에 항상 여유가 없다. 그 뿐만이 아니라, 주위 사람들과 어울릴 시간도 없다. 그리고, 주위 사람들을 항상 이겨야 하기 때문에, 주위 사람들이 보았을 때는 직설적인 표현으로 재수없는 사람이 된다.

반면, 사람은 너무 없어도 안 된다. 너무 모자라거나 부족한 사람은 다른 사람들이 무시하기가 십상이다. 사람은 경쟁주의적인 본성을 다 가지고 있다. 그렇기 때문에 자신과의 경쟁에서 진 사람, 자신보다 못한 사람이 있을 때, 은연 중에 그 사람을 패배자로 여기며, 무시하거나 우습게 보는 경향이 있다.

그래서 제일 이상적인 삶의 모습은 최고가 아닌, 최선을 다하는 삶이다. 즉, 완벽주의를 버리고 하나님께서 주신 하루하루를 즐기면서 열심히 사는 삶이다. 열심히 일도 하지만, 일한 만큼 쉬기도 하고, 자기 자신을 가꿀 수 있는 여유도 즐길 수 있는 삶이다. 주위 사람들과 함께 웃을 수 있고, 같이 운동할 수도 있고, 같이 차도 마실 수 있는 열려진 삶이다.

나의 예전의 모습은 완벽주의적인 일 중독의 모습이었다. 모든 일이든 완벽하게 잘 해 내려고 노력했다. 일 벌리기 선수였다. 그러니까 항상 바빴고, 언제나 시간이 부족했다. 이런 상태에서는 여유를 찾기가 너무 힘들었다. 친구들을 만날 시간도 없었고, 1주일 동안 운동하거나 산책할 시간 1시간도 없었다. 점점 건강도 나빠졌고, 성격도 날카로워졌고, 삶 속에서 웃음도 사라졌다. 이 모습에서는 신앙도 자동적으로 다운되었다. 어느 날 완전히 지친 상태에서 진지하게 나 자신의 모습을 살펴보았다. 이런 모습은 하나님도 싫어하신다는 확신이 들었다. 이 확신이 내 존재를 흔들었을 때, 나는 앞만 바라보거나, 너무 완벽하게 잘 하려는 강박주의적인 생각을 버리고, 열심히 하되, 즐기면서, 여유를 찾으며, 주위 사람들과 어울리며 해야겠다는 결심 속에 새로운 삶의 자세로 나아갈 수 있게 되었다.

물론 지금도 일 벌리기 선수이지만, 완벽주의적인 성향은 버렸다. 최선을 다할 뿐이다.

오드 뚜왈렛의 삶으로 나아가자! 완벽주의를 버리지만, 삶의 여유는 놓치지 않고, 최선을 다해 사는 삶..... 그 삶이 하나님께서 기뻐하시는 삶이다. 이러한 삶의 모습으로 나아갈 때, 기도할 수 있는 마음도 생길 수 있는 것이고, 성경을 집중해서 읽을 수 있는 여유도 생길 수 있는 것이며, 자신의 삶을 바라보며, 주위를 바라보며 감사할 수 있고, 기뻐할 수 있는 평안한 생활이 될 수 있는 것이다. 더 나아가 주위 사람들에게 사랑받고, 인정받는 삶이 될 수 있는 것이다.

나는 향수를 뿌릴 때마다 이러한 다짐을 한다.

"오드 뚜왈렛의 인생으로 살아가자!"

사랑할수록 닮는다

나는 목회를 하면서 많은 부부들을 만나 보았다. 그런데 행복한 부부들의 특징이 무엇인 줄 아는가? 행복한 부부들은 이상하리만큼 닮았다는 것이다. 성격도 비슷할 뿐만 아니라, 외모까지도 비슷하다는 점이다. 너무 신기해서 과학기사를 찾아보았더니 이에 대한 해답을 얻을 수 있었다. 부부들이 닮은 이유는 인간 관계에서 도파민이라는 호르몬이 발생하고, 육체 관계에서 옥시토신이란 호르몬이 발생하기 때문이라는 것이다. 이 도파민 호르몬은 성격을 닮아가게 하고, 옥시토신 호르몬은 외모를 닮아가게 하는 성분이 있다고 한다. 이 두 호르몬은 서로가 같은 느낌을 받을 때 더 많이 생성이 되는데 이로 인해 외모뿐 아니라 성격까지도 닮아간다는 것이다.

여러분도 이와 같은 경험을 해 보았을 것이다. 어느 순간 여러분이 교제하고 있는 여자, 남자 친구, 부인과 남편의 모습이 내 모습임을 발견하며 깜짝 놀랄 때가 있었을 것이다. 없었다면 반성하면서 옆에 있는 애인을 더 사랑하시고, 있었다면, 지금 내가 여자, 남자 친구나 남편, 부인을 진짜 사랑하고 있다는 증거임을 확신하면서 안도하시기 바란다.

위의 연구 결과는 신앙에 깊이 있는 통찰을 준다고 생각한다. 여러분의 신앙에 직격탄을 날리는 질문을 던져 보겠다.

"여러분은 얼마만큼 여러분이 믿는 하나님과 닮았는가?"

하나님과 닮기 위해서 도파민 호르몬을 발생시켜야 하고, 옥시토신이라는 호르몬도 발생시켜야 한다. 이와 같은 호르몬을 발생시키기 위한 전제는 만나야 한다는 것이다. 만나지 않고는 사랑할 수도 없고, 닮게 하는 호르몬을 발생시킬 수도 없다.

"out of sight, out of mind."라는 미국 속담이 있다. 눈에서 멀어지면, 마음에서도 멀어진다는 것이다. 만나지 않고는 관계를 지속하기가 힘들다. 만나서 이야기 하지 않고는 계속 사랑하기가 쉽지 않다.

외국에서 있었던 일이다. 2년 동안 애인에게 700통 이상의 편지를 써서 기네스 북에 올랐었던 사람이 있었다. 이 편지를 받은 여자는 편지를 쓴 남자와 결혼을 했을까? 그렇지 않았다. 이 여자가 누구와 결혼한 줄 아는가? 이 여자는 바로 700통 이상의 편지를 자신한테 전달한 우체부와 결혼을 했다. 우체부는 700통 이상의 편지를 전달하기 위해 700번 이상을 만났던 것이다. 만남이 중요한 것이다. 만나야 사랑이 이루어진다.

사랑하는 여러분! 하나님을 사랑하기 위해서는, 하나님과 닮기 위해서는 하나님과 만나야 한다. 하나님과 만날 수 있는 방법은 성경과 기도이다. 성경말씀을 읽고, 기도를 해야만 하나님과 만날 수 있다. 하나님과 만나야만 하나님을 사랑할 수 있고, 하나님을 사랑해야 하나님과 닮을 수 있다. 역으로 표현하면, 하나님과 많이 닮은 사람일수록 하나님을 많이 사랑하는 사람이며, 말씀과 기도를 통해 하나님과 많이 만나는 사람이다.

기독교인의 생활은 기도와 말씀으로 이루어져야 한다. 너무나 뻔한 답 같지만, 기도를 하고, 말씀을 읽기가 쉽지만은 않다. 세상에는 너무나 재미있는 것들이 많기에, 너무나 해야 할 일들이 많기에 기도와 말씀 생활을 꾸준하게 지속해 내기가 힘든 것이다.

그러나 기도와 말씀 생활의 맛을 알게 된 사람은 하지 말라고 해도 하게 된다. 기도해서 내 자신이 변하고, 내 소원이 이루어지는 경험을 맛보았기 때문에 기도가 재미있는 것이다. 말씀을 보면서 하나님이 누구인지 알게 되고, 성경의 모델들을 만나고, 하나님의 역사를 알게 되니 재미있어서 만화책보다 성경책을 더 즐겨 읽게 되는 것이다. 따라서 맛을 아는 것이 중요하다. 맛을 제대로 알기 위해서는 먹는 노력을 계속 해야 한다. 비위가 약한 사람이 잘 안 먹는 선지 해장국, 순대국, 보신탕, 추어탕 등이 있다. 이런 음식을 잘 먹는 사람에게 물어봤더니, 처음에는 몸에 좋을 것 같아서 정기적으로 먹다가 어느 순간부터는 그 맛을 제대로 알게 되면서 수시로 찾으면서 계속 즐겨 먹게 되었다는 것이다.

말씀과 기도 생활도 마찬가지이다. 처음에는 내 신앙과 삶에 유익을 주니까 억지로라도 하는 것이다. 그러다가 그 맛을 알게 되면, 즐기면서 자동적으로 하게 되는 것이다.

말씀과 기도 생활에 충실하면, 의도하지도 않았는데도 내 자신이 변해감을 느낄 수 있다. 하나님께서 이끄시는 변화이다. 내 안에 하나님을 닮게 하는 호르몬이 계속 나오게 됨으로 말미암은 변화이다.

"사랑할수록 닮는다!"

이것은 진리이다. 말씀과 기도 생활을 통해 하나님을 많이 사랑하고, 하나님을 가장 닮은 사람... 성경을 읽다가 "예수님의 행동이 나의 행동과 비슷하네....."라는 것을 인식하며 깜짝 놀랄 수 있을 정도의 성숙한 신앙인이 다 되기를 주님의 이름으로 간절히 소망한다.

강점적인 지능과 관계된 일을 선택하라!

내가 존경하는 학자 중에 한 명은 하버드 대학교 교육학과 교수인 하워드 가드너이다. 그는 "다중지능이론"으로 유명하다. 하나의 지능이 우리를 지배하는 것이 아니라 다양한 지능이 우리 안에 있다는 것이다. 그 지능은 언어지능, 수리논리지능, 공간지능, 음악지능, 신체운동지능, 대인관계지능, 자기이해(성찰)지능, 자연친화지능이다. 이 8가지 지능이 우리 안에 있는데, 이 지능 중에 높은 것도 있고, 낮은 것도 있다는 것이다. 그래서 다중지능이론에 따른 교육의 목표는 학생의 강점적인 지능과 약점적인 지능을 바로 알아서 강점은 부각시키고, 약점은 보완하자는 것이다. 그리고 궁극적으로는 강점적인 부분의 진로를 선택하게끔 도와주자는 것이다.

예전에 EBS에서 다중지능이론과 관련된 조사를 한 적이 있다. 그 조사에 따르면, 자기 일에 만족하지 못하는 사람의 지능을 조사해 보니까 다 자신의 강점적인 지능과는 관련 없는 일을 하고 있었던 것이다. 반면에 어느 분야에서 성공한 사람의 지능을 조사해 보니까 다 자신의 강점적인 지능과 관련되는 일을 하고 있었던 것이다.

예를 들어, 성공한 L 디자이너의 지능을 조사해 보니까 공간지능이 제일 높게 나왔고, 그 다음 언어지능, 그 다음 자기이해지능이 높게 나왔다. 디자인하는 일은 구도를 잡는 것이 중요하기 때문에 공간지능이 가장 중요하고, 디자인을 설명해야 하므로 언어지능이 중요하다. 다음으로 성공한 K 의사의 지능을 조사해 보니까 수리논리지능이 제일 높게 나왔고, 다음으로 자연친화지능, 그 다음 자기이해지능이 높게 나왔다. 의학은 이과이므로 수리논리지능이 가장 많이 필요하고, 존재를 사랑해야 하므로 자연친화지능이 필요하다. 다음으로 성공한 H 발레리나의 지능을 조사해 보니까 신체운동지능이 가장 높게 나왔고, 그 다음 대인관계지능, 그 다음 자기이해지능이 높게 나왔다. 발레는 운동이므로 신체운동지능이 가장 많이 필요하고, 대중 앞에 서야 하니까 대인관계지능이 필요하다. 마지막으로 성공한 L 음악가의 지능을 조사해 보니까 음악지능이 가장 높게 나왔고, 그 다음 언어지능, 그 다음 자기이해지능이 높게 나왔다. 음악 분야는 음악지능이 가장 많이 필요하고, 작곡을 하니까 언어지능이 요구된다.

그래서 EBS가 조사한 결과에 의하면, 성공하기 위한 조건은 자신이 가진 강점적인 지능 상위 세 가지가 맞아떨어지는 직업을 택할 때, 그 직업을 즐길 수 있고, 결국 놀라운 능력을 발휘해서 성공으로 이끌 수 있다는 것이다. 그리고, 성공한 사람들이 가진 강점적인 지능 상위 3가지 중에 꼭 들어가는 것이 자기이해지능인데, 이 자기이해지능이 있어야 자신을 반성하고, 성찰하고, 자신을 격려하며 더 열심히 일하게 만들어서 결국 성공으로 이끈다는 것이다.

이상으로 알아본 하워드 가드너의 다중지능이론에서 성공하기 위한 조건을 추출해 내면 다음과 같다. 첫째, 자신의 강점과 관계되는 일을 해야 한다는 것이다. 즉, 자신의 재능과 관련된 일을 해야 한다는 것이다. 그러기 위해서는 자신의 재능을 제대로 파악하고, 그 재능을 근육처럼 계속 키워야 하는 것이다. 하나님께서 우리에게 왜 재능을 주셨을까? 취미생활하라고? 하나님께서 우리에게 재능을 주신 이유는 그 재능을 이용해서, 다시 말하면 그 재능을 써 먹고 살라는 것이다. 남의 눈치 보지 말고, 다른 사람 시선 의식하지 말고, 돈에 집중하지 말고, 자신의 재능과 관계되는 일을 하기 바란다. 그래야 재미있게 일 할 수 있고, 보람찬 삶을 살 수 있는 것이다.

둘째, 자기이해지능을 키워야 한다는 것이다. 자기이해지능은 자신을 성찰하고, 자신을 반성하게 만드는 지능이다. 사람은 생각하는 존재이다. 이 생각은 자기 자신을 깊이 있게 바라본다는 의미이다. 자신을 성찰하고, 자신을 반성하는 삶은 빠르게 흘러가는 삶에 마침표를 찍어주며 정리하게끔 만드는 삶이다. 자신이 누구인지, 자신의 부족한 점이 무엇인지, 더 나은 삶이 되기 위해서는 어떻게 해야 하는지를 알 수 있게 만드는 삶이다. 자기이해지능을 높이기 위한 가장 좋은 방법은 바로 말씀묵상과 자기성찰적 기도이다. 말씀묵상을 통해 자신의 삶을 반성할 수 있게 된다. 또한, 자신의 내면, 자신의 부족함을 돌아보며, 회개하고, 변화를 소망하는 기도를 통해 더 나은 자신의 모습으로 성숙할 수 있게 되는 것이다. 그렇기 때문에 하나님을 잘 믿는 자는 이 자기이해지능이 높다. 결국 성공할 수 있는 조건을 갖추니까 기독교인 중에는 성공자가 많을 수밖에 없는 것이다.

우리도 성공할 수 있다. 자신의 지능과 관련된 직업을 가지고, 자신을 성찰하는 습관을 가지고, 항상 최선을 다해 살면 말이다. 자신의 강점적인 지능을 더 키우고, 그 지능과 관련된 직업을 잘 선택함으로 말미암아 일하는 만족을 누리며, 일 속에서 보람을 맛보며 살아가는 여러분이 되기를 간절히 소망한다.

실패를 두려워하지 말라!

초등학교 졸업학력이지만, 일본인이 존경하는 3대 경영자 중 한 사람인 혼다 소이치로는 "성공은 실패라고 불리는 99%의 산물로부터 얻어지는 1%의 결과물이다."라고 말했다. 참으로 의미심장한 말이라고 생각한다. 발명왕 에디슨도 다음과 같이 말했다.

"인생에서 실패하는 대부분의 경우는, 그들이 포기한 바로 그 순간 그들이 성공에 얼마나 근접했는지를 깨닫지 못했기 때문이다."

얼마 전에 베스트셀러가 되었던 신현만 씨의 책 『20대가 끝나기 전에 꼭 해야 할 21가지』에서 나온 글귀가 삶의 열정을 자극한다.

"성공한 사람과 그렇지 못한 사람의 차이는 작다. 성공하기 위해서 100번을 시도해야 한다면 실패한 사람은 99번 시도하고 말지만, 성공한 사람은 한번 더 도전한다. 그 한 번의 차이가 성공과 실패를 구분하고, 그 한번의 차이가 고급과 저급을 구별하며, 그 한점의 차이가 시험에서 당락을 좌우한다."

실패자와 성공자의 공통점이 무엇인 줄 아는가? 그것은 실패자와 성공자 모두 실패를 경험한다는 것이다. 그러면, 실패자와 성공자의 차이점은 무엇인 줄 아는가? 그것은 실패자는 실패에서 자신의 한계를 느끼며 포기한다는 것이고, 성공자는 실패 요인을 철저히 분석하고, 실패를 발판으로 성공을 향한 도전을 계속 한다는 것이다.

여러분의 모습은 실패자인가? 성공자인가? 물론 실패하면 기운이 죽 빠진다. 삶의 열정을 잃는다. 내가 잘 해낼 수 있을지에 대한 의구심이 들면서 자신감이 사라진다. 하지만, 이내 정신을 차려야 한다. 실패하냐, 안 하냐가 중요한 것이 아니다. 실패하고 나서 어떠한 반응을 보이느냐가 중요한 것이다. 정신을 차리고 냉정하게 실패의 요인을 분석하는 것이 필요하다. 실패 요인을 분석하지 않으면, 계속 같은 문제에 실패하게 되어 있다.

공부 잘하는 학생과 못하는 학생의 차이가 무엇인 줄 아는가? 그것은 공부 잘하는 학생은 문제집을 풀면서 자신이 틀린 문제를 철저하게 분석하고, 이해하려고 노력한다는 것이다. 모의고사를 치고 나서 채점을 하면 더 이상 보기 싫다고 시험지를 덮어버리는 것이 아니라, 자신이 틀린 문제를 해답을 보면서 이해하고, 자신이 왜 틀렸는지를 분석한다. 그러나 공부 못하는 학생은 자신이 틀린 문제에는 관심이 없고, 자신이 맞춘 문제에 관심이 있다. 자신이 잘하는 부분에 관심이 있다. 그래서 문제집을 풀어도 자신이 좋아하고, 잘하는 부분만 열심히 푼다. 틀린 문제는 대수롭지 않게 여긴다. 모의고사를 치고 나면 시험 끝났다고 시험지를 버린다.

오답에 대한 철저한 분석이 없이는 공부를 잘 할 수 없다. 다음 시험에서도 자신이 틀렸던 문제 유형에서 또 틀리게 되어 있는 것이다.

우리의 삶도 마찬가지이다. 실패를 했다면, 왜 실패했는지를 냉정하게 분석해볼 수 있어야 한다. 그리고 똑같은 실패를 경험하지 않으려면 어떻게 해야 하는지를 곰곰이 생각해 보아야 한다. 그리고 나서 그 실패를 발판으로 성공을 향한 도전, 전진을 계속 해 나가야 한다.

하나님은 우리가 실패자로 살아가기를 원하지 않으신다. 그렇다고 실패하면 혼내시는 분도 아니시다. 하나님께서 우리에게 원하시는 모습은 실패했으면, 실패에서 좌절하거나 실패 속에서 자기 한계를 느끼는 것이 아니라, 신앙으로 그 실패를 극복하고, 다시 일어서는 모습이다.

하나님께서 이사야 선지자를 통해서 우리에게 힘을 불어 넣어주신다.

일어나라 빛을 발하라. 이는 네 빛이 이르렀고 여호와의 영광이 네 위에 임하였음이니라. 보라 어두움이 땅을 덮을 것이며 캄캄함이 만민을 가리려니와 오직 여호와께서 네 위에 임하실 것이며 그의 영광이 네 위에 나타나리니 나라들은 네 빛으로, 왕들은 비치는 네 광명으로 나아오리라.

사랑하는 여러분! 실패를 두려워하지 말고, 도전하는 자세로 열심히 살아가며, 혹여나 실패했더라도 좌절하지 말고, 신앙을 통해 다시 일어설 새 힘을 얻고, 실패 요인을 철저히 분석해서 그 실패를 발판으로 성공으로 나아가는 믿음의 용사들이 다 되기를 간절히 소망한다.

서른세 번째 메시지

두려움을 차단시켜라

심리학자들은 우리가 태어나면서 두 가지의 두려움을 타고난다고 말한다. 그 첫 번째는 추락의 두려움이고, 두 번째는 큰 소음에 대한 두려움이다. 높은 곳에 가면 떨어질 것 같은 두려움..... 이 두려움은 인간이라면 누구나 가지고 있다. 그리고 콘서트장에 갔을 때 시스템 오류로 말미암아 스피커에서 큰 소음이 들리면 깜짝 놀라고, 그 다음에도 또 큰 소음이 나올까 봐 조마조마하면서 두려워하는 모습..... 그 모습도 인간 본연의 모습이다.

이 두 가지 두려움 이외의 모든 두려움은 인간이 살면서 스스로 만들어 낸 두려움이라고 한다.

두려움이 있으면, 어떠한 일을 해 내기가 힘들다. 왜냐하면 두려움이 있으면, 자신감도 생기지 않고, 자신이 가지고 있는 실력도 발휘할 수 없기 때문이다. 아무리 실력있는 축구선수라도 중요한 경기에서 패널티킥을 실축하면, 다음 번에 패널티킥을 찰 때, 또 실축할 확률이 높다. 왜냐하면 실패에 대한 두려움이 있기 때문이다. 실패에 대한 두려움이 있기에 아무리 실력이 있는 선수라도 위축되어서 골대가 작아 보이고, 골키퍼가 커 보이며, 다리에 힘이 빠지게 되는 것이다.

시험도 마찬가지이다. 맨날 1등만 하던 공부 잘하는 학생이 시험에서 실수해서 1등의 자리를 내어주면, 그 다음 시험에서도 1등을 못할 확률이 높다. 왜냐하면 성적 떨어짐에 대한 두려움이 자리잡고 있어서 시험을 보면, 긴장이 되고, 위축이 되기 때문이다.

두려움을 이겨내고, 극복해 내어야 여러분이 목표한 바를 이룰 수 있다. 심리학적인 결과를 믿으시기 바란다. 추락의 두려움과 큰 소음에 대한 두려움 이외의 두려움은 우리 스스로가 만들어 낸 것이라는 사실을 말이다.

그렇다면 두려움을 어떻게 극복할 수 있을까?

계속 실패하다가 우연히 보게 된 쥐를 통해 창조력을 발휘해서 성공한 월트 디즈니는 오직 적극적인 행동으로 두려움을 깨뜨릴 수 있고, 따라서 어떤 무서움이 온다 하더라도 용기 있게 행동을 해야 한다고 말했다.

월트 디즈니의 말에 공감한다. 두려움을 이겨내는 방법은, 마음에는 두려움이 찾아오지만, 행동은 마음과 반대되게 용기있게, 적극적으로 해 나가는 것이다. 내가 이 방법에 이름을 붙이면, "역설의 방법"이라고 말할 수 있다.

일에 대한 두려움이 있다면, 마음 속의 두려움과는 반대되게, 일을 할 때 일부러 용기있게, 적극적으로 해 나가는 것이다. 잘하든지 못하든지 열심히 하는 것이다.

사람에 대한 두려움이 있다면, 마음 속에 가지고 있는 인간관계에 대한 두려움과는 반대되게, 일부러 사람들에게 말을 걸어 보고, 친한 척 해 보고, 크게 말해 보고, 활달한 모습을 보이는 것이다.

마음이 변해야 행동도 변하지만, 반대로 행동이 변하면, 마음도 변한다. 마음은 약하고, 두려움이 많지만, 겉으로 강한 모습을 보이고, 활발한 모습을 보이면, 행동에 따라서 마음도 강해지고, 담대해질 수 있다.

그리고 우리가 두려워하지 말아야 할 이유는 하나님께서 우리와 함께하시기 때문이다.

이사야 43장 1~3절에 귀한 약속의 말씀이 나와 있다.

너를 지으신 이가 말씀하시느니라. 너는 두려워하지 말라. 내가 너를 구속하였고, 내가 너를 지명하여 불렀나니 너는 내 것이라. 네가 물 가운데로 지날 때에 내가 너와 함께할 것이라. 강을 건널 때에 물이 너를 침몰하지 못할 것이며, 네가 불 가운데로 지날 때에 타지도 아니할 것이요, 불꽃이 너를 사르지도 못하리니 대저 나는 여호와 네 하나님이요 이스라엘의 거룩한 이요 네 구원자임이라.

이 말씀을 붙들고, 하나님이 언제나 함께 하심을 믿고, 믿음 안에서 두려움을 차단시키며, 강하고, 담대하고, 적극적인 행동을 통해 여러분이 계획하는 모든 일 가운데서 승리하시기를 간절히 소망한다.

'실비오 피에르산티'라는 이탈리아 사람이 쓴 『국민 모두가 사장인 나라』라는 책이 있다. 책 제목부터 특이하다. 이 책은 이탈리아인들의 우수성과 창조성을 다룬 자화자찬 형의 책이다. 그러나 이 책은 우리 한국 사회에 읽혀져야 한다고 생각한다. 이 책에 나온 사장들은 우리가 소위 "사장"이라고 생각하는 사람들만 의미하는 것이 아니다. 이 책에 나오는 사장들은 다국적기업의 CEO나 엔지니어는 물론이거니와 이탈리아 최고의 구두수선공, 파파라치, 수상택시 운전사, 심지어 무보수로 20년 간 4만 건의 의식을 치러 악마 퇴치의 1인자가 된 성직자이다.

우리 나라에도 분명 최고의 구두닦이와 수선공, 최고의 미장이와 목수, 최고의 춤꾼과 청소부가 있을 것이다. 그러나 이들을 국가를 이끌어가는 창조적 모델로 여기는 사람은 없고, 국가와 사회의 미래로 인정하고, 소개하는 작가도 없다. 서점에는 서열에 따라 최고의 대학을 졸업해, 최고의 직업과 최고의 직장에 들어가서, 최고의 재테크를 통해 최고의 부를 획득한, 획일적 성공을 독려하는 지침서만 넘쳐날 뿐이다.

어떤 나라가 선진국인가? 나쁜 일을 제외하고, 자신이 맡은 일에 최선을 다하는 사람이 인정받는 사회, 직업의 귀천이 없이 다양한 직업이 동등하게 인정받는 사회..... 그 사회가 선진국의 사회인 것이다.

젊은 그리스도인이여! 직업과 성공에 대해 열려진 자세로 살아가기 바란다.

우리 나라 사람들이 인정해 주는 직업을 가지고, 돈을 많이 벌고, 명예와 권력을 누려야만 성공이 아니다. 남들이 잘 인정해 주지 않아도, 자신이 정말 좋아하는 일을 하면서 최선을 다하는 삶 자체가 성공의 삶이다. 돈, 명예, 권력을 성공과 연관시키지 말기를 바란다. 오히려 기독교에서는 남을 사랑하고, 남을 위한 희생의 삶이 가장 성공한 삶으로 평가받는다. 그렇기 때문에 돈, 명예, 권력은 없었어도 사랑과 정의를 위해 항상 타인을 생각하며 살았던 테레사 수녀와 마틴 루터 킹 목사는 가장 성공한 삶을 사셨던 분들인 것이다.

우리의 구주되시는 예수 그리스도께서도 가장 성공한 삶을 사셨던 분이시다. 이 세상에서 돈, 명예, 권력은 없으셨고, 결국 십자가에서 처절하게 죽으신 삶을 사셨지만, 자기 중심의 삶이 아닌, 다른 사람들을 사랑하는 삶, 다른 사람들의 문제를 해결하기 위한 희생의 삶이었기에 가장 성공한 삶을 사신 것이다.

예수님을 믿는 우리 젊은 그리스도인은 올바른 방향으로 미래를 개척하기 바란다. 남의 시선, 사회적 인정, 돈, 명예, 권력에 너무 연연해 하지 말고, 자신이 좋아하는 일을 찾아서 하기 바란다. 그리고, 그 일 가운데서 보람을 느끼고, 최선을 다하는 삶을 살기를 바란다. 그리고 더 나아가 나의 만족만을 채우지 말고, 자신의 일을 통해 다른 사람들을 도와주고, 다른 사람들을 사랑하고, 배려해 주는, 타인 중심적인 삶을 살기를 바란다. 이러한 삶이 성공한 삶이요, 하나님께서 인정하시는 바른 삶이다.

국민 한 사람 한 사람이 브랜드이며, 1인 주식회사로 인정받는 사회…. 우리가 꿈꿔야 할 차별화된 선진국가의 모습이자, 젊은 그리스도인이 일구어야 할 사회의 모습이다.

우리가 잘 아는 발명왕 에디슨은 다음과 같은 명언을 남겼다.

"천재는 1%의 영감과 99%의 노력으로 만들어진다."

미국 플로리다 주립대학교의 심리학 교수인 앤더스 에릭슨 박사는 세계적인 연주자와 운동선수들에 대한 연구조사를 토대로 해서 다음과 같은 결론을 내렸다.

"천부적인 재능이 아니라 오직 연습만이 일류 운동선수와 세계 최고의 예술가를 만든다."

에릭슨 박사는 20세 정도 된 사람으로 세계 유수의 음악원에서 기량을 뽐내고 있는 연주자들을 분석해 보니까, 세계 최고의 연주자들은 약 1만 이상, 조금 낮은 기량을 보이는 연주자들은 약 7천 5백 시간의 연습을 했다는 통계를 얻었다. 연습 시간과 기량은 정비례의 상관관계를 가지고 있다는 것이다.

우리는 노력 없이 대가를 바란다. 우리는 희생 없이 성공을 바란다. 그러나 정당한 노력과 희생 없이 성공은 오지 않는다. 만약 노력과 희생 없이 성공이 온다면, 그것은 진정한 의미에서 성공이라고 말할 수 없을 것이다.

미국의 강철 왕 카네기는 다음과 같은 말을 멋있게 남겼다.

"성공에는 아무 비결도 없다. 나는 다만 어떤 때에도 해야 할 일을 전력을 다해 왔을 뿐이다. 보통 사람보다 조금 양심적으로 노력해 왔을 뿐이다."

의미심장한 말이다. 성공하고 싶은가? 잘 되기를 바라는가?

갑작스런 행운을 바라지 말고, 카네기처럼 해야 할 일에 전력을 다해라.

지금 맡은 일에 전력을 다하는 사람은 어떠한 일을 맡겨도 전력을 다해 잘 해낼 사람이다. 하나를 보면 열을 알 수 있는 법이다. 작은 일에 최선을 다하는 사람은 큰 일에 대해서도 최선을 다할 사람이기 때문이다. 그래서 마태복음 25장의 달란트 비유에서 예수님의 말씀처럼, 하나님께서는 작은 일에 충성을 다하고, 잘 해내는 사람을 기특히 여기시며, 큰 일도 맡겨 주시는 것이다. 자기가 스스로 작은 일이라고 생각하며 대충 하는 그 사람에게 하나님은 큰 일을 맡겨 주시지 않는다. 객관적으로 보더라도 남이 인정해 주지 않는 작은 일이더라도 최선을 다해 노력하면, 그 일에 진보가 나타나고, 성공할 수 있으며, 하나님께서 더 큰 일을 맡겨 주실 것이다.

전력을 다해 일하고, 전력을 다해 노력하면 못 이룰 것은 하나도 없다. 포기만 안 하면, 언젠가는 이루게 된다. '포기'가 문제인 것이다. 포기하지 말고, 될 때까지 노력하고, 전력을 다해라. 그럼 반드시 된다.

또한, 카네기처럼 양심적으로 노력해라. 양심적으로 노력한다는 말은 노력에 있어서 선한 방법을 사용한다는 것이다. 카네기는 정직한 사업가로서도 유명하다. 그는 하나님을 향한 굳건한 믿음이 있었기에 부정직이 판치는 사업현장에서 정직한 방법, 양심적인 방법으로 최고의 성공을 거두었다.

어떠한 일을 잘 해내고 싶은가? 양심에 찔리는 방법을 사용하지 말기를 바란다. 요행을 바라는 방법을 사용하지 말기를 바란다. 정직하고, 양심적인 방법을 사용해서 최선을 다하는 노력이 우리 믿는 자들에게는 가장 필요한 것이다.

서울 강남에 사는 고등학생들 중에 영어시험 중에 정말 어렵다는 토플 시험에 만점 가까이 받는 학생들이 많다고 한다. 그런데 이들이 토플 시험을 잘보게 된 것은 영어를 잘 해서가 아니라, 토플 찍기 강사가 집중적으로 찍기실력을 가르쳐 주어서 잘 보게 되었다는 것이다. 실제로 토플 고득점을 받고도 실제 영어 실력은 바닥인 사람들이 수두룩하다. 토플 시험은 일정한 패턴이 있기에 찍을 수 있기 때문이다. 그래서 영어공부를 하는 것이 아니라, 찍기 기술을 익히는 것에 온 관심이 팔려 있는 것이다. 찍기기술을 연마하고, 노력해서 토플에서 좋은 성적을 받는 것은 결과는 좋지만, 과정이 안 좋기에 아무 가치가 없는 것이다. 우리는 영어공부를 정직한 노력을 통해 해야 하는 것이지, 찍기 공부를 해야 하는 것이 아니다.

하나님의 사람들이여! 정직한 노력을 추구하자! 땀흘림의 수고를 감당하자! 정직한 노력과 수고를 통해 목표한 것을 반드시 이루는 실천력 있는 사람들이 다 되기를 주님의 이름으로 간절히 소망한다.

아프리카의 성자로 알려져 있고, 노벨평화상 수상자로도 유명한 알버트 슈바이처 박사가 있다. 그는 1875년 11월 14일 독일 알사스에서 목사의 아들로 태어났다. 그는 21세 때 이렇게 결심한다.

"30세까지는 학문과 예술을 공부하고, 30세 이후는 다른 사람을 위하여 봉사하는 삶을 살겠다."

그는 신학을 공부하여 목사가 되었고, 대학 교수로 활약하면서 의학을 공부하여 36세 때 의사시험에 합격했다. 또한, 슈바이처는 음악가로도 잘 알려져 있다. 그는 당대에 손꼽히는 오르가니스트였다. 음악사에서도 슈바이처는 큰 획을 남긴 유명한 사람이었다. 그러나 슈바이처는 모든 것을 버리고 1913년 그의 부인을 간호사로 동반하고 적도 아프리카 가봉의 람바레네에 가서 흑인들을 위하여 52년 간 봉사하며 전도하고, 1965년 9월 5일에 눈을 감았습니다. 그는 21세 때 결심한 봉사의 삶을 흔들림 없이 끝까지 실천했던 것입니다.

우리 나라 최초의 선교사이자, 연세대학교 설립자이신 언더우드 목사도 25세의 나이에 목숨을 걸고 이방 땅에 와서 봉사와 선교의 인생을 사셨다. 언더우드 목사는 1885년 25세의 나이로 한국에 와서 경신학교와 한국 최초의 정식 교회인 새문안교회 등을 설립했다. 그는 1915년 사업을 하던 형의 지원으로 연세대의 전신인 연희전문학교를 세우는 등 31년 간 교육과 선교 활동에 매진하다 1916년 건강 악화로 도미한 뒤 그 해 세상을 떠났다. 언더우드 목사의 자손들은 언더우드 목사가 돌아가신 뒤에도 4대째 한국에서 일가를 이뤘으며, 아들 원한경 씨와 손자 원일한 씨와 증손자 원한광 씨 등이 연세대학교와 한국 교육을 위해 일해 왔다.

남을 위한 봉사의 삶은 가장 가치 있는 삶이자, 고귀한 삶이자, 기독교적인 삶이다. 하나님께서 귀하게 인정하시는 삶이다. 타인 중심적인 삶으로 나아갈 때 삶에 진정한 보람과 만족이 채워질 것이다. 왜냐하면, 봉사와 사랑의 나눔이 계신 곳에 하나님이 함께 하시기 때문이다.

"사랑의 나눔 있는 곳에 하나님께서 계시도다! 아멘."

봉사의 삶은 다른 사람을 인정하고, 다른 사람을 배려하며, 다른 사람에게 기쁨을 주려는 노력에서부터 시작된다. 다른 사람이 웃을 때, 나도 같이 웃어 줄 수 있고, 다른 사람이 울 때, 나도 같이 울어 줄 수 있는 자세가 되어야 봉사의 삶으로 나아갈 수 있는 것이다.

봉사의 삶은 희생의 삶이 아니다. 왜냐하면, 봉사의 삶을 실천하면 내가 더 보람되고, 행복해지기 때문이다. 봉사의 기쁨을 느껴본 사람만이 그 맛을 알게 되는 것이다.

나도 대학교 3학년 때 1년 간 노숙자 봉사를 해 본 적이 있다. 야간에 나가서 지하철 역에 모여 있는 노숙자들에게 간식과 이불을 주면서 그들에게 도움을 주는 봉사를 열심히 했다. 노숙자들이 모여 있는 곳은 악취가 장난이 아니다. 그러나 이들이 간식을 먹으며 웃는 모습을 볼 때 온몸에 스며드는 봉사의 기쁨은 표현할 수 없을 정도이다.

봉사의 삶을 실천하자! 그것이 행복한 삶이자, 하나님께서 원하시는 삶이다.

희생과 인기

인기있는 사람이 되기 위해서는 어떻게 해야 하는 줄 아는가?

인기있는 사람이 되기 위해서는 손해를 감수하는 희생의 마음과 희생의 실천이 있으면 된다. 이렇게 이야기하면 인기있는 사람이 되는 것은 정말 어려운 것처럼 보인다.

그러나 말만 거창한 것이지 그렇게 어려운 것은 아니다. 일상생활 속에서 일어날 수 있는 작은 희생과 작은 손해를 말하는 것이다.

외국에 갈 때, 몇 사람이 돈을 모아서 한국 돈을 달러로 바꾼다고 해 보자. 3명이 모여서 모은 돈을 10달러로 환전을 한다고 가정하면, 환전한 돈을 공평하게 다시 나누는 것은 여간 골치 아픈 것이 아니다. 왜냐하면 10달러를 3명이 공평하게 갖기가 매우 힘들기 때문이다. 10달러를 3명이 공평하게 갖기 위해서는 3.33달러씩 나누어 주어야 한다. 그러나 3.33달러로 나눌 수가 없기 때문에 누군가는 희생을 해야 한다. 이런 당황스러울 때에 한 사람이 "내가 3달러를 가질 테니 나머지 두 사람이 4달러나 3달러를 가져라."고 말한다면 문제는 쉽게 해결된다. 더 쉽게 해결할 수 있는 방법은 조금 더 큰 희생을 추구하면 된다. 한 사람이 "내가 2달러를 가질 테니 나머지 두 사람이 4달러씩 가져라."고 말한다면 이 문제는 웃으면서 해결될 수 있다. 그리고, 2달러를 가진 사람은 당장 손해본 것 같지만, 가장 인기있는 사람이 될 수밖에 없을 것이다.

이러한 예는 우리의 일상생활 속에서 얼마든지 찾아볼 수 있다. 피자 10조각을 3명이 먹는다면, 서로 많이 먹으려고 하기보다, 혹은 3조각씩 먹고 1조각 더 먹으려고 다른 사람의 눈치를 보기보다 한 사람이 3조각만 먹고 자리를 일어서거나 혹은 2조각만 먹고, 나머지에게 4조각씩 먹으라고 권유한다면, 그 작은 한 가지의 일로 말미암아 정말 멋진 인간, 인기 있는 사람으로 인정받을 수 있을 것이다.

기독교인으로서 받으려고만 한다면, 기독교인으로서의 자질을 제대로 갖추지 못한 사람이다. 기독교인은 예수 그리스도를 본 받아서 희생할 줄 아는 사람이 되어야 한다. 기독교인은 가장 낮은 데까지 내려오신 예수 그리스도를 따라서 손해 볼 줄 아는 사람이 되어야 한다.

너희 안에 이 마음을 품으로 곧 그리스도 예수의 마음이니 그는 근본 하나님의 본체시나 하나님과 동등됨을 취할 것으로 여기지 아니하시고 오히려 자기를 비워 종의 형체를 가지사 사람들과 같이 되셨고, 사람의 모양으로 나타나사 자기를 낮추시고 죽기까지 복종하셨으니 곧 십자가에 죽으심이라.(빌 2:6~8)

아무든지 나를 따라 오려거든 자기를 부인하고 날마다 제 십자가를 지고 나를 좇을 것이니라.(눅 9:23)

사랑하는 여러분! 예수님은 우리를 위해 인간이 되시고, 가장 처절한 죽음으로 희생의 클라이맥스를 보여 주셨는데, 우리가 일상생활 속에서 작은 희생도 못해서야 되겠는가? 그리고 이 희생은 희생이라고 말할 수 없다. 왜냐하면 희생하는 대신에 사람을 얻기 때문이다. 손해보는 대신에 인기있는 사람이 되기 때문이다.

인기있는 사람이 되고 싶은가? 일상생활 속에서 작은 희생을 실천하시오! 작은 손해를 감수하시오! 눈치 보다가 억지로 손해당하지 말고, 자발적인 손해와 희생을 보여 주시오. 하나님께서 그를 정말 기뻐하신다.

이유있는 성공

마쓰시타 전기의 마쓰시타 고노스케 회장이라는 일본의 유명한 CEO가 있다. 그의 회사는 파나소닉이라는 브랜드로 전 세계에 널리 알려져 있다. 그는 신입사원을 뽑는 마지막 면접을 할 때 자신이 면접관으로 들어가서 후보자들에게 직접 질문을 했다고 한다. 신입사원 후보자들에게 이렇게 물었다.

"당신이 이 회사에 올 정도로 탁월하게 준비된 것이 운이 좋았기 때문이라고 생각하는가, 아니면, 자기의 철저한 노력 때문이라고 생각하는가?"

고노스케 회장은 자기의 철저한 노력 때문이라고 답한 사람은 모두 떨어뜨리고, 운이 좋았다고 답한 사람 중에서만 신입사원을 뽑았다. 몇 년 후에 이것을 눈치 챈 기자들이 그 이유가 무엇인지를 물었을 때, 회장은 다음과 같이 말했다.

"운이 좋았다고 말한 사람의 마음속에는 이렇게 성공한 것이 내 힘만으로 된 것이 아니라 다른 사람의 도움 덕분이라는 생각, 즉 다른 사람에 대한 감사의 마음이 있다. 이런 의식을 가진 사람은 나중에 회사에서 문제가 생겼을 때에도 긍정적인 자세로 문제를 극복해 나가곤 한다. 반대로 자기 노력으로 되었다는 사람은 항상 정당한 대우를 받지 못한다고 생각하고, 섭섭한 마음으로 일을 해서 장기적으로는 회사에 도움이 되지 못한다."

이러한 답변은 겸손의 덕목과 연관된다고 생각한다. 잘된 것은 내가 열심히 노력한 결과이고, 성공한 것은 내가 잠도 안 자고 연구한 결과라고 말한다면,

그것이 사실일지 모르지만 그래도 왠지 교만한 말과 같이 들릴 것만 같다.

사람의 인생은 아무도 모른다. 오직 하나님만이 아신다. 잠언 16장 9절에는 다음과 같이 나와 있다.

사람이 마음으로 자기의 길을 계획할지라도 그 걸음을 인도하시는 이는 여호와시 니라.

아무리 우리가 목표를 잡고 열심히 노력해도 주위 환경에 의해 실패할 수 있다. 아니면 포기할 수도 있다. 생각지도 못한 일이 다가와서 나의 실력을 발휘하기도 전에 실패할 수도 있다.

베이징 올림픽 경기 중에 정말 안타까운 경기가 있었다. 그것은 남자 역도에 출전했던 이배영 선수의 경기였다. 이배영 선수는 실력이 좋은 세계적인 선수였고, 금메달 후보였다. 당일 컨디션도 좋아서 얼굴에는 자신감과 웃음이 가득했다. 자신의 취약 종목인 "인상 종목"에서도 자신이 생각한 것보다 좋은 결과가 나왔다. 자신의 강점 종목인 "용상 종목"에서 연습한 대로만 역기를 들어 주면, 금메달은 따논 당상이었다. 그러나 정말 땅을 칠 만하게 안타까운 일이 벌어졌다. 용상 1차 시기에서 역기를 들다가 왼쪽 다리에 쥐가 난 것이다. 누구도 예상하지 못한 일이었고, 프로선수인 이 선수도 전혀 생각하지 못한 일이었다. 결국 왼쪽 다리의 이상 때문에 2,3차 시기에서도 역기를 들지 못해 꼴등을 하게 되었다. 나도 너무 안타까워서 텔레비전을 보다가 땅을 쳤다.

이것이 인생이다. 아무리 자기가 실력이 있어도 잘 못할 수 있다. 아무리 자기의 목표가 확실하고, 정확해도 갑자기 닥친 어려움 때문에 목표를 이루지 못할 수 있다. 열심히 노력하고 노력해도 실패할 수 있고, 목표치에 도달하지 못할 수도 있다.

그렇기 때문에 우리는 열심히 노력은 하되 겸손한 자세가 요구되는 것이다.

잘 되면, 하나님의 은혜 때문임을 고백해야 하는 것이다. 성공해도 주위 사람들이 도와 주고, 성원해 주어서 가능했다는, 주위 사람들을 향한 감사의 고백이 우러나와야 하는 것이다.

이러한 삶의 자세를 가지고 살면, 성공에 대한 강박적인 집착, 목표 달성에 대한 경쟁적인 모습에서 탈피할 수 있을 것이고, 삶에 대한 여유를 회복할 수 있을 것이고, 도전은 하고, 노력은 하지만, "무조건 해야 한다"는 피곤한 집착에서 벗어날 수 있을 것이다. 그리고 무엇보다도 감사의 내면화가 이루어지고, 겸손의 미덕이 삶 속에서 우러나오게 될 것이다.

진짜 힘 있는 자

진짜 힘 있는 사람은 어떤 사람인 줄 아는가?

진짜 힘 있는 사람은 항상 이기는 사람이 아니라, 이길 수도 있고, 질 수도 있는 즉, 이기고 지는 것을 결정할 수 있는 사람이 진짜로 힘이 있는 사람이다.

남보다 조금 더 힘이 있는 사람은 항상 누군가를 이기려 한다. 남보다 조금 더 돈이 있는 사람은 항상 돈이 많은 척을 해서 있는 체를 한다. 그러나 진짜 뛰어난 힘을 가진 사람은 항상 누군가를 이기려 하지 않는다. 져야 할 때를 잘 찾아서 지기도 한다. 진짜 돈이 많은 부자는 항상 돈을 많은 척을 하지 않는다. 때로는 돈이 없는 척 하기도 한다.

어린 시절 나는 아버지와 씨름을 잘 했다. 씨름을 너무 좋아해서 가장 존경하는 인물은 이만기였다. 아버지와 씨름을 하면, 누가 이길까? 항상 내가 이겼다. 그러나 항상 아슬아슬하게 이겼다. 세 판을 하면, 아버지가 한 판을 이기고, 내가 두 판을 이겼다. 다섯 판을 하면, 아버지가 두 판을 이기고, 내가 세 판을 이겼다. 그래서 그 때는 내가 아버지보다 조금 더 씨름을 잘하는 줄 알았다. 그러나 내가 생각한 것이 정말 맞은 생각일까? 그렇지 않다. 나와 하는 씨름 경기 승패의 열쇠는 나에게 달려 있었던 것이 아니다. 아버지에게 달려 있었던 것이다. 아버지는 힘조절을 하시면서 나에게 지신 것이다. 계속 아버지가 지기만 하면, 일부러 져 주는 줄을 내가 알아차리기 때문에 열심히 하시는 척 하다가 일부로 아슬아슬하게 내가 이기게끔 하신 것이다. 아버지와 씨름을 하는데, 맨날 아버지가 3-0, 5-0으로 나를 이긴다면, 그 아버지는 친아버지가 아닐 것이다. 바로 이것이다!

창세기 32장에 보면, 하나님과 야곱이 씨름을 한다. 그러나 재미있는 것은 결국 아슬아슬하게 야곱이 이긴다는 사실이다. 하나님께서 야곱에게 지자, 야곱의 이름을 이스라엘로 바꿔주신다. 이스라엘이라는 이름은 "하나님과 겨루어 이기었다."라는 뜻을 가지고 있다. 하나님이 백기를 드신 것이다. 어떻게 하나님이 야곱에게 지실 수 있다는 말인가? 진짜 하나님이 야곱보다 힘이 없으셔서 지신 것인가? 그렇지 않다. 하나님은 진짜 힘을 가지고 계시기에 힘조절을 하신 것이다. 위에서 말한 나의 경우처럼 하나님은 야곱을 사랑하시기에 야곱과 열심히 씨름하는 척 하다가 아슬아슬하게 야곱이 이기게끔 하신 것이다. 일부러 하나님이 야곱에게 져 주신 것이다. 하나님은 우리의 아버지이시기에 우리를 사랑하셔서 일부러 져 주시는 것이다.

진짜 힘 있는 사람은 힘 조절을 할 수 있는 사람이다. 이길 때와 질 때를 확실히 구분할 줄 아는 사람이고, 져도 기분 나쁘지 않은 사람이다. 왜냐하면, 내가 힘이 없어서 진 것이 아니라, 사랑 때문에 져 준 것이기 때문이다.

이것이 인간 관계를 풀어가는 지혜이다. 여자 친구와의 관계에서 맨날 이기려고만 하는 사람은 진짜 사랑이 없거나, 진짜 힘이 없는 사람이다. 진짜 힘을 가지고 있고, 여자 친구에 대한 진짜 사랑을 가지고 있다면, 기꺼이 질 수도 있는 것이다. 여자 친구랑 싸워서 만날 이겼다고 자랑하는 사람처럼 못난 사람은 없는 것이다.

동료와의 관계에서도 마찬가지이다. 동료를 만날 이기려고만 한다면, 동료에 대한 애정이나 배려가 없거나, 진짜 실력과 힘이 없는 사람이다. 동료애가 있다면, 동료가 잘 될 수 있도록 일부러 져 줄 수도 있는 것이다.

힘을 갖는 것보다 더 중요한 것은 힘을 조절하는 것이다. 만날 이기려고만 하는 것이 아니라, 이길 때와 질 때를 분별할 수 있는 지혜가 필요한 것이다.

사랑 때문에 질 수 있고, 져서도 웃을 수 있는 승자의 여유를 갖춘 사람이 진짜로 힘 있는 자이고, 진짜로 실력을 갖춘 자이고, 진짜로 인격을 갖춘 자이고, 진짜로 사랑을 가진 자이다. 이런 멋진 사람이 되자!

early adopter의 통찰

현대의 신조어 중에 early adopter라는 말이 있다. 이 말은 early와 adopter의 합성어로 미국의 사회학자 에버릿 로저스가 1957년 저서 『디퓨전 오브 이노베이션(Diffusion of Innovation)』에서 이 용어를 처음 사용할 때만 해도 대중에게 알려지지 못했으나, 1995년 이 책의 재판이 나올 무렵 첨단 기기시대를 맞아 현대의 신조어로 부상했다.

이 말은 원래 남들보다 빨리 신제품을 사서 써 보아야만 직성이 풀리는 소비자군을 일컫는 말이었다. 그러다가 이러한 소비자들이 늘어나면서 의미가 확대되어 제품이 출시될 때 남들보다 먼저 제품에 관한 정보를 접하고, 제품을 먼저 구입해 제품에 관한 평가를 내린 뒤 주변 사람들에게 제품의 특성을 알려주는 성향을 가진 일련의 소비자군을 일컫는 말로 쓰이게 되었다.

early adopter의 성향을 가진 사람들은 장점과 단점을 가지고 있다. 장점으로는 첫째, 탁월한 정보력을 들 수 있다. 새로운 신제품이 어디서 언제 나왔는지를 살펴야 하기 때문에 자신 만의 정보채널을 가지고 있다. 둘째, 부지런함을 들 수 있다. 신제품을 찾고, 사야 하기 때문에 부지런할 수밖에 없다. 셋째, 발전을 위한 변화의 시도를 들 수 있다. 이들은 더 나은 제품을 사려고 노력한다. 즉, 발전을 위한 변화를 시도하려고 애쓰게 되는 것이다.

그러나 이들은 몇 가지 단점도 가지고 있다. 첫째, 낭비가 심하다는 면을 들 수 있다. 새로운 제품, 특히 첨단 전자장비를 구입하기 위해서는 돈이 많이 든다. 예전에 산 제품도 계속 쓸 만한 데도 새로운 제품을 사게 되니까 당연히 낭비하는 안 좋은 습관을 가지게 될 수밖에 없다. 둘째, 깊이가 없다는 면을 들 수 있다. 이들은 오래된 필름카메라, 오래된 구형 자동차의 깊은 맛을 모른다. 비유적으로 표현하면, 청국장의 깊은 맛을 모르는 사람들이다. 한 제품을 사고, 그 제품의 깊이를 파악하고, 빠져들 수 있어야 하는데, 계속 새로운 것에 대한 관심이 있기 때문에 깊이를 느낄 여유가 없는 것이다. 셋째, 변덕이 심하다는 면을 들 수 있다. 변화는 "발전을 위해"라는 의미가 함의되어야 "변화"라는 단어로서의 기능을 제대로 발휘하게 되는 것이다. "발전을 위해"라는 의미가 함의되지 않은 변화는 변화가 아니라 변덕이다. 변덕은 주위 사람들을 힘들게 한다. 변덕이 심한 사람은 주위 사람들에게 안정감이나 믿음을 심어줄 수가 없다.

이처럼 early adopter의 성향을 가진 사람들은 양면성을 지니고 있는 것이다. 그래서 우리가 추구해야 하는 것은 early adopter의 장점들이다. 탁월한 정보력과 부지런함, 발전을 위한 변화의 시도이다.

21세기는 정보력의 싸움이다. 권력을 가진 사람은 다시 말하면, 정보를 가진 사람이다. 그리고, 정보를 가지기만 한 사람이 아니라. 정보를 제대로 활용하는 사람이다. 정보를 습득하고, 분별하고, 활용할 수 있는 지혜를 가지자! 정보 활용력을 배우자! 그 사람이 성공의 열쇠를 가지고 있는 사람이다. 또한, 부지런함으로 인생에 승부수를 띄우자! 부지런한 사람이 성공한다. 규칙적인 생활 위에 부지런함을 더하면, 탁월한 능력을 발휘할 수 있는 사람이 된다. 시간을 지배하는 사람이 된다. 그리고 마지막으로 발전을 위한 변화를 끊임없이 추구하는 사람이 되자! 현실에 안주하지 말고, 발전을 위한 변화를 끊임없이 추구하는 도전의 사람, 열정의 사람이 되자!

early adopter를 통해 얻은 통찰을 잊지 말자! 정보력, 부지런함, 발전을 위한 변화..... 이것이 여러분의 분야에서 최고가 될 수 있는 성공 키워드이다.

독서의 달인이 되자!

우리 나라의 독서인구는 계속 감소 추세를 보이고 있다. 예전에 한국 갤럽이 한국인의 독서 및 도서구입 실태를 조사한 바에 의하면, "지난 1개월 간 잡지를 제외한 책을 읽은 일이 있는가?"라는 질문에 39%가 "있다."고 응답했고, 61%는 "한 달에 단 한 권도 읽지 않는다."고 답했다.

그럼, 우리 나라의 대학생들의 독서 실태는 어떠할까? 각 대학 도서관의 인기 대출 도서 대부분은 대중소설이 차지하고 있고, 전공서적 및 사회 인문교양서적은 극히 저조한 것으로 나타났다. 어느 대학 할 것 없이 무협지와 만화가 대출 순위 상위권을 차지하고 있다고 한다. 한 마디로 복잡하고, 전문적인 책은 안 읽는다는 말이다.

우리 나라 사람들이 가장 존경하는 왕인 조선시대 세종은 일찍이 집현전을 설치하여 인재를 양성하려고 하였다. 그러나 집현전 학자들이 오전에는 관청에서 일하고, 저녁에는 숙직하느라 학문에 전념하지 못하는 것을 알게 되자, 세종은 젊고 재주 있는 인재들을 별도로 선발해서, 긴 휴가를 주고, 글을 읽게 했다. 이것이 바로 "사하독서(賜暇讀書)" 제도였다. 임금이 신하에게 "독서휴가"를 주다니 정말 대단하지 않은가! 그만큼 세종대왕은 지혜로운 왕이었다. 그런데 그것 역시 찾아오는 사람들이 많아 독서에 전념하기 어려운 것을 알게 된 세종은 학자들을 조용한 절에 보내어 책을 읽게 했으니 이것이 바로 "상사독서(上寺讀書)"라는 제도였던 것이다. 이 때 진관사라는 절에서 같이 공부한 선비들이 바로 성삼문, 박팽년, 하위지, 이개 등의 사육신과 신숙주, 이석정 등 6명이라고 한다. 독서가 살면 나라가 살고, 독서하는 지도자가 있으면, 나라의 발전 가능성이 있는 것이다.

후에 세조는 "사하독서" 제도를 폐지했고, 폭군 연산군은 책을 읽도록 만든 도서관의 역할을 했던 "독서당(讀書堂)"을 궁녀들의 놀이터로 만들었다. 그러니까 이 시대에는 나라가 황폐해질 수밖에 없었던 것이다.

"책은 마음의 양식"이라는 말이 있다. 우리가 매일 육체의 양식을 먹는 것처럼, 마음의 양식을 먹어야 한다. 책을 읽어야 사람은 깊이가 있게 된다. 책을 읽어야 내가 경험하지 못한 세계를 경험하고, 맛볼 수 있다. 책을 읽어야 새로운 정보를 습득하게 된다.

사랑하는 젊은이들이여! 책을 읽는 습관을 들이자! 다양한 분야의 책을 읽는 연습을 하자!

먼저 동, 서양의 고전을 읽어라! 고전은 다양한 문학 장르를 가지고 있기 때문에 흥미롭게 읽을 수 있다. 그리고, 고전은 시대를 반영하기 때문에, 고전을 읽으면 세계 역사의 흐름을 생생하게 느낄 수 있다. 그리고, 고전은 언어의 깊이가 있기 때문에 고전을 많이 읽으면, 문장력이나 어휘력이 증진될 수 있다.

그리고, 인문사회과학의 개론서들을 읽어라! 개론서는 그 학문을 집약적으로 소개해 놓은 책이다. 그렇기 때문에 개론서만 잘 읽어도 그 학문이 어떤 것인지 제대로 알 수 있다. 그래서 나는 대학생 때 개론서를 많이 읽어서 인문사회과학에 대해 어느 정도의 통찰을 가지고 있다. 먼저 철학개론(동, 서양 철학개론)을 읽어라. 철학이 인문사회과학의 출발이다. 그 다음 사회학개론을 읽고, 교육학, 심리학, 역사학, 인류학개론을 읽어라. 그 다음 전문활용분야인 정치학, 외교학, 경영학, 경제학(거시경제, 미시경제학개론), 신문방송학, 법학개론을 읽어라! 이정도의 개론서만 읽어도 대학생 생활은 성공인 것이다. 학문을 꿰뚫어볼 수 있는 능력이 생기는 것이다.

그리고, 리더십에 관한 책, 자기계발에 관한 책, 사회적으로 성공한 사람들의 수필집, 통계자료나 생활예화가 많이 담긴 책을 읽어라! 여러분의 생활 속에서 멋있게 써 먹을 수 있는 유용한 내용들이 많이 있을 것이다. 친구들과의 대화 중에 이러한 책들 속에서 감동적으로 읽었던 내용을 말해 주어라! 여러분의 수준이 올라갈 것이다. 여러분은 지적으로 보일 것이다.

그리고, 당연한 말이지만, 성경을 읽어라! 성경은 역사학, 심리학, 철학, 신학, 지리학, 경영학, 경제학, 법학, 사회학, 정치외교학, 자연과학, 언어학, 인류학 등등 모든 학문을 포괄하는 세계에서 가장 많이 팔린 세계 최고의 베스트셀러 책이다. 그 뿐만이 아니라, 성경은 하나님의 말씀이 담긴, 지금도 살아 움직이는 놀라운 책이다. 하나님과 만나서 변화받을 수 있는 신비한 책이다.

> 모든 성경은 하나님의 감동으로 된 것으로 교훈과 책망과 바르게 함과 의로 교육하기에 유익하니, 이는 하나님의 사람으로 온전하게 하며, 모든 선한 일을 행할 능력을 갖추게 하려 함이라.(딤후 3:16~17)

독서의 계절은 가을만이 아닌, 봄, 여름, 가을, 겨울이 되어야 한다. 시간을 내어 좋은 책들을 읽고, 책 속에서 마음의 양식을 얻는 독서의 달인들이 되기를 간절히 소망한다.

나는 소중한 사람이다!

이 세상에 나온 모든 사람은 소중한 사람이다. 하나님께서 당신의 계획 가운데 한 사람 한 사람을 창조하셨기에 소중한 것이다. 그리고, 태어나기 힘든 상황 속에서 태어났기 때문에 소중한 것이다.

요즘 취업이 힘들다고 말한다. 웬만한 대기업 입사 경쟁률은 300:1 정도 된다고 한다. 이러한 경쟁률을 뚫고 대기업에 입사했다면, 자신이 정말 능력 있는 사람, 대단한 사람이라고 느낄 것이다. 그러나 대기업에 입사하는 것보다 비교도 할 수 없이 대단한 일은 바로 우리가 이 세상에 태어난 것이다.

생물 시간에 배운 것을 되살려 보면, 우리 인간은 3억 대 1의 경쟁을 뚫고 이 세상에 태어난 것이다.

정자가 꼬리는 세차게 흔들며 난자까지 헤엄쳐 가는 길이는 18cm 정도 되지만, 그 길은 멀고 험란한 길이다. 남성이 한 번에 사정하는 정액 속에는 약 3억 마리의 정자가 있다. 여성의 질 어귀에 던져진 알카리성의 이 정자들은 우선 질 속의 산성 물질 때문에 상당수가 죽는다. 여기서 살아남은 정자들은 자궁 경부의 점액 층을 무사히 뚫고 들어가지만, 자궁 안에 버티고 있는 백혈구들에게 대부분 잡혀 먹힌다.

이어 소수의 생존 정자들은 난관의 끈끈한 점액을 뚫고 거슬러 올라간다. 그러나 난관 내부를 덮고 있는 섬모는 정자와 반대 방향으로 움직이기 때문에 마치 거센 물살의 강물을 거슬러 올라가듯이 헤엄쳐야 한다. 이 과정에서도 정자들이 많이 죽는다. 그 때문에 마지막으로 난자에 도달하는 정자는 출발할 때의 3백만분의 1에 불과한 1백 마리 정도이다. 그러나 1백 마리 정도의 정도도 안도하기에는 아직 이르다. 난자 주위를 둘러치고 있는 과립 세포라는 마지막 방벽이 기다리고 있다. 정자들이 이번 만큼은 경쟁이 아니라 협동으로 이 방벽을 제거한다. 그러나 이 방벽을 처음으로 통과한 정자 한 마리만이 60~80분의 여행 끝에 난자와 결합하게 된다. 그래서 이 세상에 지금 살고 있는 사람들 모두는 이 과정을 통과했을 터이므로 3억 대 1의 경쟁을 뚫고 이 세상에 태어난 것이다. 만일 나 아닌 다른 정자가 난자에 선착했다면 "나"라는 존재는 이 세상에 영원히 존재 할 수 없었을 것이다.

그러나 안타까운 것은 이렇게 소중한 "나" 자신의 목숨을 경시하는 시대가 왔다. 아무리 삶이 힘들어도, 아무리 인생이 우울해도 스스로 죽으면 안 된다. 태어나고 싶어도 태어나지 못한 수천억의 존재들이 있기 때문이다. 단 하루를 더 살기 위해 많은 돈을 투자하며 산소호흡기에 의존해서 사는 사람들이 병원에는 수도 없이 많이 있기 때문이다.

3억 대 1의 경쟁률을 뚫고 이 세상에 태어난 나를 존중하고, 똑같은 경쟁률을 뚫고 태어난 옆 사람을 존중하고, 소중히 여기자! 이 세상의 주인은 하나님이시다. 하나님께서 우리를 이 세상에 태어날 수 있게끔 뽑아주신 것이다. 그 하나님께 감사하면서, 주어진 인생을 누리며, 최선을 다해 살아가는 것이 우리가 이 세상을 살아가면서 가져야 하는 당연하고도 바른 자세이다.

우리 나라에 와서 미국외교관의 역할도 수행했던, 전 미국 에모리 대학교 총장 제임스 레이니라는 분이 있다. 그는 평교수 때 놀라운 일을 경험했다. 그는 건강을 위해서 매일 걸어서 출퇴근을 했는데, 어느 날 학교에 출근하다가 쓸쓸하게 벤치에 앉아 있는 나이 많은 노인 한 분을 만났다. 그는 노인에게 다가가서 다정하게 인사를 하고, 이야기를 나누었다. 그 후 시간이 날 때마다 레이니 교수는 그 노인을 찾아가서 말벗이 되어 주고, 노인의 집에 가서 마당의 잔디를 깎아 주거나 커피를 함께 마시면서 2년여 동안 교제를 나누었다.

2년여 지난 어느 날, 학교에 출근하는 길에 노인의 모습이 보이지 않았다. 다음 날도, 그 다음 날도 그 노인의 모습은 보이지 않았다. 레이니 교수는 궁금해서 노인의 집을 찾았을 때, 이웃으로부터 노인이 돌아가셨다는 소식을 듣게 되었다. 조문을 하러 장례식장을 찾은 그는 깜짝 놀랐는데, 그 이유는 자기와 교제를 나누던 노인이 평범한 노인이 아니고, 세계 최대의 기업 코카콜라 회장을 지낸 분이었기 때문이다.

그때, 한 사람이 정중하게 다가오더니 레이니 자신의 이름을 확인한 뒤 회장이 남긴 유서를 건네 주었다. 그 유서에는 다음과 같은 내용이 쓰여 있었다.

"당신은 2년여 동안 내 집 앞을 지나면서 나의 친구가 되어 주었소. 우리 집 마당의 잔디도 함께 깎았고, 커피도 나누어 마셨던 나의 친구 레이니… 그 동안 고마웠소. 내가 당신에게 25억 달러와 코카콜라 주식 5%를 유산으로 남겼소. 좋은 일에 써 주시오."

레이니 교수는 그 돈을 자신이 재임했던 에모리 대학교에 기부했고, 그 돈으로 말미암아 에모리 대학교는 명문대학교로 급부상하게 되었다. 그리고 이 일이 계기가 되어 레이니 교수는 총장의 자리에까지 오르게 되었다.

사랑하는 여러분! 이것이 바로 인생역전이 아닌가? 물론 어떤 의도를 가지고 다른 사람에게 잘 대해 주고, 도와주는 것은 순수성이 떨어진다는 의미에게 그리 바람직한 것은 아니지만, 우리가 만나는 사람이 어떤 사람인 줄 모르기에 더 잘해 주고, 더 배려해 주는 자세는 바람직한 자세라고 생각한다.

좋은 일은 부메랑의 법칙에 적용된다. 부메랑은 던지면 다시 돌아오게 되어 있는 것이다. 갈라디아서 6장 9절에는 다음과 같은 말씀이 기록되어 있다.

우리가 선을 행하되 낙심하지 말지니 포기하지 아니하면 때가 이르매 거두리라.

선을 행하면 결국 그 선을 행한 것이 자신에게 돌아오게 된다는 것이다.

사랑하는 여러분! 일상생활 속에서 주위에 있는 모든 사람을 소중히 여기고, 그들이 힘들 때 그들의 친구가 되어 주고, 그들의 차가운 손을 잡아주자! 그러한 작은 선행과 관심이 나의 삶을 풍요롭게 해 주는 것이고, 살맛나는 인생으로 만들어 주는 것이다. 그럴 때 레이니 교수와 같은 행운도 찾아오는 것이다.

깊이 있는 삶

얼마 전에 이마트의 푸드 코트에 갔는데, 다음과 같은 메뉴가 있었다. 그 메뉴의 이름은 "김치철판돈가스"였다. 나는 메뉴의 이름이 신기해서 그 음식을 시켜서 먹었다. 나는 그 음식을 먹으면서 새로운 통찰이 왔다. 돈가스만 먹으니까 기름기가 많아 느끼해졌다. 그리고 고기이기 때문에 퍽퍽하다는 느낌이 들었다. 그래서 정말 매운 김치가 먹고 싶었다.

그때 매운 맛이 나는 볶음김치가 돈가스 옆에 밥과 함께 있는 것이었다. 볶음김치에 밥을 비벼 먹으니까 맛이 끝내 주었다. 돈가스와 볶음김치가 정말 궁합이 잘 맞았다. 나는 이 음식을 먹으면서 반대되는 것이 함께 있어야 깊이가 있어진다는 것을 깨달았다. 기름기 많고 담백하고, 고기로 구성되어 있는 돈가스는 반대되는 기름기 없고, 매운 야채인 김치와 잘 어울린다. 그런 구성이 되어 있을 때 돈가스만 먹거나 김치덮밥만 먹을 때와는 차원이 다른 깊은 맛, 맛있는 맛을 느낄 수 있게 되는 것이다.

사람도 마찬가지이다. 사람이 깊이가 있어지려면 반대되는 것을 많이 공부하고, 경험해야 한다. 과학자는 자신의 분야와는 전혀 상관없을 것만 같은 철저한 순수 인문사회학인 철학, 신학, 사회학을 공부해야 한다. 그러면 양 극단을 아우르는 깊이 있는 학자가 될 수 있는 것이다. 마찬가지로 인문학자는 자신의 분야와 상관없을 것 같은 반대 학문인 수학과 과학을 공부해야 깊이가 생기는 것이다.

세계적인 첼리스트 장한나 양은 지금 하버드 대학교 철학과에 다니고 있다. 줄리어도 음대에서 음악을 전공하는 것이 아니라, 철학과에서 골치 아픈 철학을 공부하고 있는 것이다. 음악과는 전혀 상관없을 것만 같은 철학을 공부한다. 하지만, 그 반대일 것 같은 공부가 음악에 깊이를 더해 주는 것이다. 그래서 장한나의 첼로 연주에는 말로 표현할 수 없는 음악의 깊이가 들어 있다. 그래서 나는 장한나의 음악을 "철학적 음악"이라고 표현하고 싶다.

얼마 전에 내가 만났던 분이 있다. 그분은 서울대학교 수의학과 교수였는데, 엄청난 학문적 깊이와 통찰이 있었다. 후에 그분이 동양철학도 정말 많이 공부한 분이었음을 알게 되었다. 수학자, 의학자이지만 자신의 전공과는 반대일 것 같은 동양철학을 공부하니까 학문의 깊이가 생길 수밖에 없는 것이다.

이들의 영향을 받아 나도 가끔은 반대되는 것 같은 공부를 한다. 지금까지 나의 학문의 여정에서 전공한 것은 교육학과 신학이다. 이 분야에 대해서는 전문가라고 표현할 수 있을 정도로 많이 공부했다. 그러나 나는 이 공부에서 머물지 않으려고 노력한다. 반대 학문일 것 같은 자연과학도 시간이 나면 공부한다. 현대 물리학, 생물학을 공부한다. 반대 학문일 것 같은 과학을 공부하니까 학문의 깊이가 생김을 느낄 수 있다.

학문뿐만 아니라, 인간관계의 경험도 마찬가지이다. 나와 마음이 같고, 생각이 같고, 성격이 같은 소위 말해서 "내 스타일"인 사람들만 만나고, 그들과만 이야기하고, 친하게 지내면 삶의 깊이가 줄어들게 된다. 세계를 보는 자신의 안목이 작아지게 된다. 그러나 자신의 생각과 다르고, 자신의 성격과 다르고, 자신의 판단과 다른 사람들과 만나고, 그들과 이야기하고, 친하게 지내면, 인간관계의 폭이 넓어질 뿐만 아니라, 삶의 깊이도 깊어지게 되는 것이다.

사랑하는 젊은이들이여! 반대되는 것에 두려움을 갖지 말자! 피하지도 말자! 반대되는 학문도 즐겨 공부하고, 나와는 다른 사람들도 많이 만나고, 그들과 친하게 지내자. 그러면 모든 것을 아우를 수 있는 안목이 생기고, 삶의 깊이가 생기는 것이다. 우리의 삶의 모델 예수님은 모든 계층의 모든 사람들을 포용하셨고, 자신의 가르치심 가운데, 인문사회과학적인 지식뿐만 아니라, 자연과학적인 지식과 비유 모두를 사용하셨음을 잊지 말자!

밀물은 온다

철강 왕 카네기는 자신의 사무실에 딸려 있던 화장실에 볼품없는 그림 한 폭을 걸어 두었다. 그것은 유명한 화가의 그림이 아니고, 뛰어난 작품도 아니었다. 그래서 그의 사무실을 찾는 사람들은 그 그림이 왜 걸려 있는지 의아해했다.

그 그림은 커다란 나룻배에 노 하나가 아무렇게나 놓여 있는 초라하고 삭막한 그림이다. 그 배는 썰물에 밀려 황량한 모래사장에 덩그러니 내팽개쳐져 있다. 삭막한 느낌과 더불어 '이게 무슨 작품이지?' 라는 의구심이 들 정도의 별로 가치없어 보이는 작품이다.

그러나 카네기는 이 그림을 보물처럼 아꼈다. 왜냐하면, 그는 춥고 배고프고 가난했던 청년 시절에 그 그림과 처음 만났기 때문이다. 힘든 시절 카네기는 지나가던 길에 이 그림을 보았고, 이 그림 속의 나룻배 밑에 작가가 적어 놓은 글을 읽고 희망을 품었다. 그 글은 다음과 같았다.

「반드시 밀물이 몰려오리라. 그날 나는 바다로 나아가리라.」

청년 카네기는 비록 지금은 춥고 배고픈 역경의 나날이지만, 반드시 '밀물'이 밀려올 그 날을 기다렸다. 그 글귀는 카네기가 시련을 극복할 수 있게끔 만든 원동력이 되었다. 훗날 세계적인 부자가 된 카네기는 힘들고 어렵던 시절 자신에게 용기를 준 나룻배 그림을 수소문해 찾아서 고가에 구입해서 자신의 사무실 화장실에 걸어 놓았던 것이다.

사랑하는 여러분! 우리 인생 가운데에는 항상 썰물이 있는 것이 아니다. 밀물도 있는 것이다. 밀물과 썰물이 교차하는 지점 속에서 우리 인생은 진행된다. 그렇기 때문에 때로는 좋은 날도 있고, 때로는 나쁜 날도 있는 것이다. 기쁜 날이 있는가 하면, 슬픈 날도 있는 것이다. 함께 있어 행복한 날이 있는 반면, 외롭고 고독한 날도 있는 것이다.

전도서 3장에서 솔로몬은 다음과 같이 인생의 철학을 논한다.

범사에 기한이 있고, 천하 만사가 다 때가 있나니 날 때가 있고, 죽을 때가 있고, 심을 때가 있고, 심은 것을 뽑을 때가 있으며, 죽일 때가 있고, 치료할 때가 있으며, 헐 때가 있고, 세울 때가 있으며, 울 때가 있고, 웃을 때가 있으며, 슬퍼할 때가 있고, 춤출 때가 있으며....

이 전도서 3장의 결론은 11절에 나온다.

하나님이 모든 것을 지으시되 때를 따라 아름답게 하셨고, 또 사람들에게는 영원을 사모하는 마음을 주셨느니라. 그러나 하나님이 하시는 일의 시종을 사람으로 측량할 수 없게 하셨도다.

우리 인생에는 다 때가 있는데, 그것도 다 하나님의 손에 달려 있다는 것이다. 그래서 우리가 해야 할 것은 하나님의 때를 신뢰하고, 하나님께서 주실 좋을 때를 기대하고, 기다리는 것이다. 그리고 더 나아가 이 세상, 이 땅에서의 시간 속에서 진행되는 즐겁고, 기쁘고, 행복하고, 만족하고, 때로는 슬프고, 외롭고, 고통스럽고, 비참한 그 상황에 연연해 하지 말고, 변덕의 때에 사로잡혀 있지 않는 '영원' 즉 평안과 기쁨, 행복의 연속으로 이루어진 하나님의 나라를 사모하는 것이다.

사랑하는 여러분! 여러분의 인생의 시간은 그저 우연히 진행되는 것이 아니다. 나쁜 일이 있다고 해서 자기 후회와 자기 한탄에 빠질 필요가 없는 것이다. 반대로 좋은 일이 있다고 해서 자기 만족과 자기 우월에 빠질 필요도 없는 것이다. 하나님을 믿는 자의 삶은 하나님께서 계획하시고, 인도해 주신다. 그 믿음 속에 사로잡혀 살 때 겸손할 수 있는 것이고, 하나님께서 당신의 때에 나의 인생 가운데 밀물의 상황을 주실 것이라는 기대와 희망 속에 살아갈 수 있는 것이다.

밀물이 오지 않는다고 생각해서 좌절하고 낙망한 사람이 있는가? 다시 일어서라! 곧 밀물이 온다. 바다로 나아갈 때가 온다. 희망의 끈을 놓지 말고, 하나님의 때를 신뢰하며, 회복을 기대하자. 화이팅!